湖南省县域经济研究会2023年度理论研讨会

湖南县域经济高质量发展实践

湖南省县域经济研究会　组织编写

来亚红　主　编
邓　彬　副主编

图书在版编目（CIP）数据

湖南县域经济高质量发展实践/湖南省县域经济研究会组织编写.—北京：知识产权出版社，2024.7.—ISBN 978-7-5130-9420-7

Ⅰ.F127.64

中国国家版本馆CIP数据核字第2024HJ1594号

内容提要

在乡村振兴战略的带动下，农业农村现代化发展迅速，着力推动县域经济高质量发展刻不容缓。本书对以县城为载体推进新型城镇化、县域财政高质量发展及平台公司转型、县域民营经济高质量发展、县域产业园区高质量发展和县域社会治理问题等方面展开研究，以湖南省为研究范围，经分析得出研究结论，并对如何从这几个方面推动县域经济高质量发展给出可行的建议。

本书可供政府人员、经济学者、企业家及对县域经济发展感兴趣的人士参考使用。

责任编辑：苑　菲　　　　　　责任印制：孙婷婷

湖南县域经济高质量发展实践
HUNAN XIANYU JINGJI GAOZHILIANG FAZHAN SHIJIAN

湖南省县域经济研究会　组织编写
来亚红　主编
邓　彬　副主编

出版发行	知识产权出版社 有限责任公司	网　址	http://www.ipph.cn
电　话	010-82004826		http://www.laichushu.com
社　址	北京市海淀区气象路50号院	邮　编	100081
责编电话	010-82000860转8769	责编邮箱	laichushu@cnipr.com
发行电话	010-82000860转8101	发行传真	010-82000893
印　刷	北京建宏印刷有限公司	经　销	新华书店、各大网上书店及相关专业书店
开　本	720mm×1000mm　1/16	印　张	22
版　次	2024年7月第1版	印　次	2024年7月第1次印刷
字　数	348千字	定　价	88.00元

ISBN 978-7-5130-9420-7

出版权专有　侵权必究
如有印装质量问题，本社负责调换。

本书审定委员会

主　任：伍晓华

副主任：戴　军　陈水波

委　员：曹海燕　张友良　颜　涛

　　　　王赞新　李伟舵

目 录

上 篇

以新质生产力促进县域经济高质量发展（王克修）……………………………003
县域营商环境建设的现状、问题与优化路径（刘勇华）…………………………010
资兴市水资源可持续利用助力县域经济高质量发展的实践与思考（何双启）……019
津市市工业经济高质量发展问题探析（陈　蓉）…………………………………032
破解省际边界地区治理难题的实践与思考（钱　政）……………………………041
关于常德市鼎城区发展夜间经济的调查与思考（段淑娟）………………………048
关于新宁县优化营商环境的调查与思考（余　达　唐　慧）……………………055
关于桂阳县通航产业发展的调查与思考（罗爱国）………………………………064
双牌县民营经济高质量发展的调查与思考（奉定勇）……………………………073
临武县锂电产业助推高质量发展的思考（廖楚涵）………………………………080
资兴市对接湖南自贸试验区郴州片区建设研究（何小昌）………………………089
以"四敢"精神引领资兴市县域经济高质量发展的思考（李　蓉　余伊琳）……099
耒阳"夜经济"发展现状及提升对策研究（陆　琼）……………………………108
新宁县以县城为载体推进新型城镇化的思考和建议
　（余　达　陈湘淼　刘　帆　徐钰洁）…………………………………………114
宁乡市打造千亿级生命科学产业集群的实践与思考（高益云）…………………124
沅陵县以县域为载体推进城镇化建设的调研与思考（瞿赤兵）…………………134
脱贫地区以人为核心推进县域发展的保靖探索（来亚红）………………………144

下 篇

平江高新区产城融合发展研究（杨大庆）……159

"双碳"目标下常德市县域工业园区低碳发展研究（冯秀萍）……169

辰溪县西庄文化生态产城融合园区建设初探（滕 嫒 林道成）……179

桂阳县工业园区经济高质量发展研究（汪宏民）……186

洪江区高新技术产业开发区发展研究（肖洪嵩）……197

数字乡村赋能农业农村现代化路径探索（吴 楠）……205

全面推进乡村振兴战略背景下资规使命任务的调研与思考（段 宁）……215

长沙县建设宜居宜业和美乡村的实践与思考（全建业）……225

蓝山县农村集体经济高质量发展的实践与思考（王爱民）……237

隆回县农村集体经济发展调查与思考（肖 菲）……251

"三农"短视频赋能乡村振兴的逻辑机理与优化路径（王立娜）……264

加强县域产业园区高质量发展的对策研究（覃佐东）……274

关于苏仙区庭院经济发展的调查与思考（刘海燕 周丽萍）……280

宜章乡村有效治理的龙村调查与思考（张利芳）……288

通道侗族自治县乡村治理体系中的村规民约研究（吴练斌）……298

郴州市苏仙区现代设施农业高质量发展研究（罗文华）……307

衡阳市新的社会阶层联谊组织助力乡村振兴研究（陈 佩）……316

长沙县春华镇组级集体经济发展的现实启示（周 扬）……326

邵阳市北塔区民营企业助力乡村振兴的路径研究（李忠华 肖芳苞）……335

上 篇

以新质生产力促进县域经济高质量发展

⊙ 王克修（中共湖南省委党校二级教授）

近年来，县域经济发展取得显著成效，整体实力不断增强，县域产业不断壮大，城镇化水平不断提升，发展基础不断夯实，民生福祉不断改善。但是也存在"县域不经济"现象，一些县域在资源禀赋、产业基础、创新动力等方面存在不足。截至2021年年底，我国内地共有县城1866个，占全国国土面积的90%左右，占中国大陆人口和GDP比重分别为52.5%和38.3%。这种空间规模、人口规模和经济规模的不匹配现象，说明了县域经济发展的"不经济"。县域经济发展存在不少困难和问题，要坚定信心和决心，以改革创新、奋发有为的精神状态推动县域经济高质量发展，以新质生产力引领县域经济高质量发展。

一、新质生产力的基本内涵

习近平总书记在黑龙江考察期间指出，要整合科技创新资源，引领发展战略性新兴产业和未来产业，加快形成新质生产力。新质生产力是相对于旧质生产力而存在的。某种性质的社会生产力经过量的不断积累，发展到一定阶段的末期，便会在内部产生一种新质生产力。当这种新质生产力发展到一定程度，便与旧的生产关系发生激烈冲突，最后在多种社会因素的多边合力作用下，产生出一种与新质生产力发展基本相适应的新的生产关系，以此推动社会不断向前发展。

要实现高质量发展，必须积极培育战略性新兴产业和未来产业，形成新质生产力。党的二十大报告指出："高质量发展是全面建设社会主义现代化国家的首要任务。"要到2035年基本实现社会主义现代化，到21世纪中叶把我国建成富强民主文明和谐美丽的社会主义现代化强国，客观上要求加快转变发展方式、优化经济结构、转换增长动力，努力推动经济发展质量变革、效率变革、动力变革，提高全要素生产率，实现高质量发展。高质量发展涉及国民经济的各个方面，但最为重要的是战略性新兴产业的广度和深度。所谓广度，就是战略性新兴产业覆盖的产业数量。第一次产业革命以蒸汽机的发明和应用为标志，第二次产业革命以电、火车等的发明和应用为标志，第三次产业革命以微电子技术的发展和普遍应用为标志。由此可以看出，过去产业革命基本上聚焦于某一点或者少数点上，覆盖产业范围相对较小；而今天，新一轮科技革命则呈多点爆发，新一代信息技术、人工智能、生物技术、新能源、新材料、高端装备、绿色环保等覆盖的产业范围越来越多，科技革命已经渗透到经济和社会生活的方方面面，从微观世界到宏观世界，广度大大拓展。所谓深度，就是战略性新兴产业衍生出来的产业链条越来越长，附加值越来越高，"沿途下蛋"越来越多。因此，实现高质量发展就需要在战略性新兴产业和未来产业上深耕细作，加速实现潜在生产力向现实新质生产力的转化，实现经济发展动力的新旧转换，实现国民经济的旧貌换新颜。

科学技术是推动生产力发展的重大杠杆，也是"新质生产力"的核心要义。借助现代最先进的科学技术形成"新质生产力"，通过最合理的社会组织释放"新质生产力"，就能后来居上，实现产业的转型和跨越式发展。由此，我们就不难理解，习近平总书记在黑龙江考察调研期间提到的"新质生产力"指向意味非常明显——从东北地区的战略地位与现实问题出发，基于经济转型发展、创新驱动发展和区域协调发展等多重考量，激发"新质生产力"必然成为未来的行动方向。由此观之，"不经济"的县域要在新的形势下实现破题，跨越发展的"级差"，可以从习近平总书记对东北地区的指示中得到"解题思路"。"新质生产力"对应的是新的生产方式、新的科学技术和新的产业形态，这也是"不经济"的县域经济转型所需要的发展模式。依托创新引领发展，可以实现新旧动能转换，逐步缩小区域差距、城乡差距，更好地实现区域均衡发展。

二、以新质生产力促进县域经济高质量发展的对策

首先，注重新的生产要素组合。"县域不经济"与县域自身发展条件和认识

相关。在发展目标上追求大城市化、在产业结构上追求"大而全"、在增长动力上高度依赖政府投资且创新驱动不够，一些"不经济"的县域由此形成了固化的认知定式，难以找到发展的突破口。新质生产力的提出为破解"县域不经济"和推动县域经济高质量发展提供了正确方向。新质生产力是习近平总书记在黑龙江考察期间提出的一个令人耳目一新的词语。生产力包括劳动者、劳动资料、劳动对象三要素，生产力是所有生产要素的总和，新质生产力主要由新的生产要素组成，如新兴的技术、人力资本及数据要素等。新质生产力指的是能够代表新兴技术、能够创造新的价值、形成新兴产业的生产要素或生产要素的总和。

马克思主义经济学观点认为，在经济发展的历史进程中，生产力和生产关系相互作用，不断推动着社会经济制度变革和进步。因此，新质生产力的形成，还需要不断调整生产关系。全面深化改革的内在逻辑之一，就是不断调整生产关系，以激发社会生产力发展活力。新质生产力带来的不仅是发展思维，更是改革思维，由此要求我们跳出县域看县域，县域经济不只是"县"的问题，还有"域"的问题。随着县域经济发展的决定要素从"土地"向"产业链""要素链""价值链"转移，县域经济发展，也从"竞争"走向"合作"。新的生产要素组合对新质生产力形成会起决定性作用，比如位于湘鄂交界处的桑植县，与地处省会的长沙县共建"飞地经济"产业园，长沙市雨花区和怀化市溆浦县共建产业园区，实现了优势互补、合作共赢、协同发展，探索了产业、项目、资源、人才、资金融合发展的新模式。

近年来，为巩固雨花区对口帮扶溆浦县乡村振兴成果，推动雨花溆浦模式成为全省对口帮扶的样板，雨花经开区与溆浦产业园共建雨溆工业园，项目占地面积343亩，计容建筑面积30万平方米。根据"政府、部门、园区、企业、金融机构'五方挂钩'，实现产业、项目、资金、技术、人才和劳动力'五项转移'"的要求，雨花经开区积极推动"园区共建、交流共商、政策共享、平台共通、模式共创"的"五共"举措，探索打造"总部＋基地""上游＋下游""主机＋配套""品牌＋代工"的"四加"产业协作新模式，以产业振兴带动溆浦乡村全面振兴。

一是着眼园区"共建",建强组织保障。雨花经开区把共建雨溆工业园作为头号工程,根据"一年成形、二年成势、三年建标杆"的推进步骤,制定了"1+3"的工作方案,以《长沙雨花经开区深化雨花区溆浦县乡村振兴对口帮扶主要任务实施方案》为总揽,以《雨花经开区关于促进雨花区和溆浦县"共建园区"高质量发展扶持政策(试行)》《雨溆工业园企业金融服务工作方案》《雨溆工业园企业产业服务工作方案》3个要素保障方案为抓手,以雨花驻溆专班(2个招商工作组、1个落地服务组)为桥梁,全力保障共建园区发展壮大。

二是突出交流"共商",深化协作共识。雨花区、溆浦县、雨花经开区、溆浦产业园主要负责同志,积极开展考察学习与互访交流,工作开展与团队配合两手抓,加快建立健全共建园区协调和推进机制,探索优势互补、互惠互利、共谋发展的合作发展新路径,形成了畅通高效的领导调度机制、部门协调机制、对上汇报机制。强化"走出去",两地负责同志先后赴江西萍乡、江苏宿迁、江苏沭阳等地考察学习园区建设先进经验;截至目前,雨花经开区主要负责同志赴溆浦联络沟通10余次,召开线上线下调度会议30余次,为雨溆工业园的建设与发展打下了坚实基础。

三是围绕政策"共享",提质营商生态。编制出台《雨溆共建园区中长期产业规划》,全力补足产业发展所需基础设施、延伸产业链、引入新业态。结合产业特点,给足政策支持,编制《雨溆工业园惠企政策口袋书》,发布实施《溆浦产业开发区标准厂房管理办法》《雨花经开区关于促进雨花区和溆浦县"共建园区"高质量发展扶持政策(试行)》,从项目投资、采购配套、贷款贴息、企业入驻、科研平台、企业人才、总部入驻7个方面给予企业扶植,特别是对总部在雨花经开区、配套生产在共建园区的企业,同步享受雨花区的子女入学、产业扶植等普惠政策,形成叠加效应,进一步丰富其基础保障。

四是推动平台"共通",活用资源优势。借助省会城市优惠的融资成本和丰富的融资产品,探索"小步快跑"的金融服务模式,推动长沙5家银行向雨溆工业园金融授信达5亿元,向部分入驻共建园区企业发放贷款达1800万元(其中国建设银行为顺成服装发放300万元贷款、为雪峰竹业发放200万元流贷;长沙农商银行为正信高科发放贷款200万元等),进一步助推企业降低沟通成本，提高放贷效率。同时，依托雨花经开区39个省级以上科技创新机构，叠加30余个科创企业带动作用，为共建园区产业升级和技术攻关创建良好的人才支撑生态环境。

五是聚焦模式"共创"，助推达产增效。立足雨花经开区产业特色和溆浦当地资源禀赋，按照"总部＋基地""上游＋下游""主机＋配套""品牌＋代工"的产业协作模式，组建两地联合招商工作组，全方位引导企业签约落地，高质量助推项目投产达效。目前，已推动30家企业（项目）赴溆浦实地考察，达成意向入园企业（项目）20家；已签约落地鑫宏德科技、正忠科技、兴能电力等企业（项目）10家，其中，鑫宏德、火凤皇、平良暖通等8个项目已实现投产，总投资达55亿元，预计提供就业岗位3700余个。此外，还将遴选一批长沙在溆发展的优质企业和产业链上游企业，加快与其区域总部项目的洽谈进度。

其次，突出科技创新提升县域自我发展能力。纵观人类发展史，科技创新始终是一个国家、一个民族发展的不竭动力，是社会生产力提升的关键因素。新质生产力形成的关键在于推进科技创新。要深入推进县域科技创新跃升计划，完善科技创新主体，优化创新创业环境，以科技创新激活发展新动能，为县域经济转型升级和高质量可持续发展提供科技支撑。具体湖南省委主要领导在益阳调研县域经济时强调，要强化农业科技支撑、加强核心技术创新。纵向分析，几十年来，我们见证了县域经济从传统作业方式向现代生产方式的不断发展；横向分析，不同县域经济发达程度，突出表现为科技创新的应用程度。20多年前，江浙一带的部分县域就因为农业科技的普及，农田实现了高投入高产出，遥遥领先于欠发达地区的县域，而且至今仍然保持着领先位置。强化企业科技创新主体地位，夯实县域经济高质量发展基础，是浙江推进县域科技创新的关键一招。浙江省深入实施科技企业"双倍增"行动计划，构建完善"微成长、小升高、高壮大、大变强"的梯次培育机制，加快培育科技型中小企业、高新技术企业、科技"小巨人"企业、科技领军企业，县域科技企业占比逐年提高。截至2022年年底，浙江全省已累计培育认定科技型中小企业9.87万家、高新技术企业3.56万家、科技领军企业74家。这些经验值得湖南借鉴。

数字科技创新也让越来越多的"新农人"把视频作为"新农具"，把直播变成"新农活",互联网与数字科技正在为县域经济发展提供新的增长动能。湖南很多地方正着力培养网红直播等新业态创业人员,赋能乡村振兴和县域经济高质量发展。要以实施"数商兴农"为抓手,打造"电商+网红+农户"模式,助推"湘品出湘";完善电商孵化服务体系建设,打造县域电商服务平台。

最后,建设高质量县域现代化产业体系。新质生产力的核心是创新,载体是产业。离开作为载体的产业,创新就成为了无源之水、无本之木。县域经济发展从来不靠一个产业"打天下",而是百舸争流、千帆竞发,主导产业和支柱产业在持续迭代优化。在黑龙江考察期间,两次谈及新质生产力,习近平总书记提到的关键词都是"战略性新兴产业"和"未来产业"。湖南省委十二届四次全会通过的《中共湖南省委关于锚定"三高四新"美好蓝图加快推动高质量发展的若干意见》强调,突出抓好现代化产业建设,紧紧抓住先进制造业这个主攻方向。战略性新兴产业作为先进制造业的核心主体,湖南"三个高地"建设的主战场,在现代化产业体系构建中发挥先导性支撑性作用。推动创新链产业链资金链人才链"四链"融合、三次产业跨界融合、数字经济与实体经济加速融合,打造具有核心竞争力的优势产业集群,加快构建具有智能化、绿色化、融合化特征和符合完整性、先进性、安全性要求的高质量县域现代化产业体系。

结合战略性新兴产业和未来产业发展要求,抓好以下工作:一是提升县域各级干部驾驭经济工作的专业能力。制定干部跨界交流、跨区交流机制,培养大批胜任新质生产力工作环境的创新型干部。加强知识产权、技术、人才支撑,增加新兴产业发展动力,落实知识产权战略行动计划,实施高技能人才振兴计划,培育一大批县域战略性新兴产业发展相关人才。二是分业施策,在重点领域出台针对性政策措施。强力推进企业科技创新与技改建设。企业是发展县域战略性新兴产业的实施主体。要支持企业提高技术研发、品牌塑造、市场开拓等核心能力,增强整体实力。三是加大招商引资力度。战略性新兴产业衍生出来的产业链条越来越长,附加值越来越高,"沿途下蛋"越来越多。因此,实现县域高质量发展就需要在战略性新兴产业和未来产业上深耕细作,加速实现潜在生产力向现实新质生产力的转化。要进行县域产业链招商,招进与县域龙头企业配套的上下游企业,延长产业链。如浏阳通过招大引强,培大育强,浏阳县域经济从传统花炮产业"一枝独秀",发展成为电子信息、生物医药、智能装备制造等战略性新兴产业"百花齐放"的良好态势。其中,电子信息、生物医药向 1000 亿元级迈进。浏阳放大蓝思科技、惠科光电龙头核心引领力,瞄准玻璃基板、偏光片等产业链上下游关键环节招大引强,加快打造显示功能器件千亿产业集群,电子信息产业实现了从"缺芯少屏"到"芯屏器合",先后引进建设了蓝思智控、蓝思新材料、惠科金杨等上下游产业链项目 40 多家,吸引 60 余家配套企业进驻,打造了触控玻璃面板制造为核心,显示屏制造、触控传感器、Wi-Fi 模组等为矩阵的产业集群。通过大项目打捆式引进、集群化发展,让浏阳产业耦合度、集群化水平不断提升,逐步从一棵"企业大树"变成一片"产业森林"。

新质生产力的提出,意蕴深刻、信号鲜明。要积极解放思想、培育新兴产业和未来产业,增强发展新动能,以新质生产力引领县域经济高质量发展,为中国式现代化建设提供强大支撑。

县域营商环境建设的现状、问题与优化路径

⊙ 刘勇华（中共湖南省委党校副教授）

营商环境是指企业等市场主体在市场经济活动中所涉及的体制机制性因素和条件[1]。党的十八大以来，党中央、国务院审时度势决策部署优化营商环境，各地党委政府积极响应，加快打造市场化、法治化国际化营商环境，聚焦市场主体诉求，主动作为、改革创新，全国营商环境建设取得长足进步。县域作为推动国民经济发展的重要一环，县域经济是我国经济社会高质量发展的重要基石，县域经济高质量发展是全面推进中国式现代化所赋予的时代使命。作为营商环境的落地、执行及与企业联系最紧密的层级，优化县域营商环境尤为迫切。

一、县域营商环境建设的现状

优化营商环境，构建区域竞争新优势，是各级政府在新发展阶段的使命任务。近年来，各县域积极落实党中央、国务院、省委、省政府的决策部署，把优化营商环境作为推动县域经济高质量发展的头号工程来抓，营商环境建设成效显著，市场主体和办事群众的体验感和获得感明显增强。

（一）县域营商环境建设氛围日趋浓厚

2020年1月1日《优化营商环境条例》的实施标志着我国营商环境建设进入制度化、规范化、法治化新阶段，各省、自治区、直辖市相继出台省级优化营商环境条例或规定，固化营商环境建设的有效经验，进一步明确具体举措和任务分工，各地竞相优化营商环境的氛围日趋浓厚。在此背景下，优化县域营商环境已成为县域经济高质量发展的内在要求和重要保障，县域人口对此认识

---

[1] 参见2020年1月1日实施的《优化营商环境条例》第2条。

不断深化，重视程度普遍提升，在营商环境建设的"最后一公里"上下功夫，深化细化落实举措，结合各地实际加强实践探索，一些颇具县域地方特色的经验做法不断形成，不同层级政府优化营商环境的合力进一步增强，以评促建、以评促优、争先进位的营商环境工作氛围逐步形成。

（二）重点难点堵点问题破解有力

县域政府以市场化、法治化、国际化为原则，坚持问题导向、目标导向、结果导向，围绕优化营商环境出台系列政策文件，加快推进营商环境攻坚行动各项任务落地见效，针对重点任务清单和问题整改清单，开展明察暗访、实地督导、定期调度、问责追责，破解事关市场主体发展的权益保护、效能提速、降本增效、政策落地等重点难点堵点问题成效明显。如落实市场主体平等保护、纵深推进"一件事一次办"、推动减税降费政策落实落地、重视解决融资难融资贵问题、开展政府合同履约情况专项清理等，营造企业办事更加便利、企业经营更加安心、企业发展更有动力的良好营商环境。

（三）法治保障不断强化

2019年2月，中央全面依法治国委员会第二次会议召开，习近平总书记深刻阐述了"法治是最好的营商环境"这一重要论断。在全面推进营商环境优化的实践中，县域政府以平等保护市场主体为核心，提升政府依法治理能力，推动政务服务法治化，打造规范公正执法环境，优化涉企法律服务。坚决扫黑除恶和打击各类涉企经济犯罪，进一步健全调解、仲裁、行政裁决、行政复议、诉讼等多元化纠纷解决机制，司法在服务和保障营商环境优化中的积极作用进一步显现。

二、县域营商环境建设存在的主要问题

县域政府全面深化营商环境改革，一些好的经验和做法正在逐步形成，县

域政务环境不断优化、县域市场环境不断净化、县域法治环境不断规范，但对标党中央、国务院的决策部署与要求、与推动县域经济高质量发展的要求、与市场主体和办事群众期盼仍有差距，营商环境建设的市场化、法治化、国际化仍需不断提升。

（一）县域营商环境要素保障亟待进一步加强

要素保障是优化营商环境的基础要件，囿于区位、人才、资源、经济发展水平等资源禀赋的差异，部分县域在营商环境建设中要素保障不完善、不充分。

1. 财政投入明显不足

县域营商环境建设离不开财政投入，部分县域尤其是中西部地区县域财政投入不足，严重影响营商环境改革进程。如因财政投入不够，一些县域政务服务大厅办公面积小，一些审批科室无法入驻，信息化建设落后，影响政务服务提质；交通、教育、医疗等配套基础设施建设不力导致企业"招工难"问题凸显，高科技人才、复合型人才留用效益不强，专业人才短缺；财政支持企业科技创新力度不够，部分企业仍习惯性拼资源或依靠传统工艺，科研投入明显不足，科技创新滞后。

2. 获取要素成本偏高

企业用地紧张，用地流程慢影响企业开工建设；民营企业、中小微企业的贷款门槛高、抵押要求苛刻、综合融资成本偏高，"融资难""融资贵"问题未根本解决；水电气等行业市场化改革不彻底、市场主体获取水电气成本偏高；物流运输结构单一，对各种综合性货运枢纽等投入较少，物流成本整体偏高。

3. 惠企政策普惠性不够

惠企政策渠道不畅通、不透明、信息不对称、企业获取政策难的问题普遍；政策执行标准不规范，地区间、企业间差异大；政策落实"最后一公里"未打通，申请政策时存在"多次跑""多头跑"，层层申报，申报难、获批难问题突出。

（二）县域营商环境建设能力亟待进一步提升

从近年营商环境评价结果来看，区域营商环境与区域经济发展水平关联度较大，但区域营商环境并不完全取决于区域经济发展水平，有些区域在经济发展相对落后的情况下通过营商环境基础优化、进阶优化和深层优化，区域营商环境建设迈上新台阶，因此，营商环境建设能力对区域营商环境提升有关键作用，目前我国明显存在县域营商环境建设能力不强的现象。

1. 推进县域营商环境改革创新的能力有待加强

优化营商环境是全面深化改革和体制机制创新的重要内容，《优化营商环境条例》第七条规定："国家鼓励和支持各地区、各部门结合实际情况，在法治框架内积极探索原创性、差异化的优化营商环境具体措施；对探索中出现失误或者偏差，符合规定条件的，可以予以免责或者减轻责任。"[1] 我国鼓励和支持各地区、各部门推进营商环境的改革创新。目前，我国推进县域营商环境改革创新的能力存在以下主要问题：一是精准提升县域营商环境的改革举措不多，部分县域营商环境建设指标化推进，优化营商环境存在应急化、碎片化现象，形式上整改应对检查和评价，结果是评价打分排名提升了，但市场主体和办事群众并不满意。二是部分政府工作人员怕惹事、不愿做事、不担当、不作为，遇到难题拖沓敷衍，没有明确法规政策依据不办事，没有领导签字留痕不办事，用老办法解决新问题等。

2. 推进县域营商环境优化的全面协同能力有待加强

我国以"放管服"改革为核心推动营商环境优化，呈现出以政府为主导推进的特征。基于营商环境资源具有公共性、整体性和外部性，营商环境建设中政府责任转型；营商环境区域发展不平衡等因素，多元主体全面协同推进营商环境建设成为必然发展趋势。我国县域营商环境建设中的全面协同存在以下主要问题：一是政府主体在推进营商环境优化的协同性不强。①不同层级政府之间的不协同，如在"放管服"改革中，放权不到位、不精准、放权后基层政府

---

[1] 参见 2020 年 1 月 1 日实施的《中华人民共和国优化营商环境条例》第七条。

由于自身承接有限等原因陷入"接不住"的困境；②不同政府部门之间的不协同，在需要多个政府部门协同联动推进的事项，统筹协同、一化推进力度不够，如"放管服"改革的放权过程中跨部门放权缺乏协同性和联动性，营商环境数字化转型升级中，系统不联通、业务不协同、数据难共享，"信息烟囱""数据孤岛"等现象仍在一定程度存在；③不同区域政府之间不协同，集中体现在地方保护、隐性壁垒、政务服务不同质、监管执法标准不统一等多个方面。二是府院协同高效履职不力，如在知识产权的司法与行政执法衔接、办理破产案件的府院协调联动、法院与自然资源和规划部门、人力社保部门、公安机关等部门的执行联动等方面均存在不同程度的落实力度不够。三是政府、市场和社会等多元主体推进营商环境优化的不协同，市场和社会等多元主体参与营商环境建设的广度与深度严重不足、碎片化、形式化现象较明显。如政企沟通机制不畅通，市场和社会参与营商决策制定、营商评价的机制不完善，市场、社会因缺乏话语权难以对政府形成有效监督和制约，最终导致市场、社会参与营商环境建设的意愿不强。

（三）县域营商环境发展不平衡态势亟待进一步改进

营商环境建设是一项基础性和系统性工程，涉及市场主体准入、经营和退出的全过程。近年来，各地不断加大营商环境改革力度，区域营商环境得以较大改善，但区域经济水平不同、营商环境要素基础不同、重视程度和推进执行程度不同等因素致使我国营商环境建设呈现区域营商环境差距大，县域间相对市州间而言，营商环境发展不平衡态势更为明显。

1. 县域营商环境省际分化明显

我国北京、上海等省份率先开展优化营商环境行动，营商环境指数在全国排名靠前，而一些中西部省份明显滞后，经济发达地区省份明显优于经济欠发达地区省份。从历年国家发展和改革委员会开展的国家营商环境评价结果来看，东中西部区差异较大。据中国社科院发布的《全国营商环境百强县（市）（2021）》，营商环境百强县（市）分布在15省（市)，江苏、浙江并列首位，各为 25 个，福建和安徽各为 9 个，山东、湖北和河北分别为 8 个、5 个和 4 个，四川、湖南和河南都为 3 个，江西为 2 个，云南、陕西、贵州则各为 1 个，而东三省黑龙江、吉林、辽宁则无一上榜，省际分化明显。

2. 部分省市县域营商环境省内分化明显

从近年来各省营商环境评价结果来看，在省域范围内，省会城市所在地的市所属县域营商环境通常明显优于其他市州所属县域，以湖南省为例，长沙市所属的宁乡市在 2021 年、2022 年度全省营商环境评价中分别排名第二位、第一位，长沙县在 2021 年度全省营商环境评价中排名第一位，浏阳市连续 3 年蝉联"国际化高质量发展环境标杆县（市、区）"，2023 年又相继获评"最具投资吸引力县（市、区）""城市营商环境创新县（市）""2023 中国高质量发展营商环境最佳县（市、区）"。再如，在工程建设领域改革，以办理工改高频事项为例，湖南省改革成效较好的县与较差的县相比，办理时间快 2 个多月，成本也节省一半以上，具体到各县的告知承诺率，差距更是高达 90% 以上。

三、县域营商环境建设的优化路径

优化县域营商环境是一项长期性工作，且在一定时期具有反复性，在新发展阶段，县域要聚焦市场主体和办事群众需求，契合县域经济发展定位，以补齐县域营商环境短板为切入点，持续激发市场活力和创新动力，助推新时代县域经济高质量发展。

（一）立足降本增效，提升有效供给

土地、人才、资金等要素保障是企业经营发展的基础，降低企业获取成本，优化要素保障服务，提升企业获得感，对优化县域营商环境至关重要。

1. 加大财政投入，夯实基础建设

县域财政要立足本地现状，做好预算管理，加大对营商环境工作的经费投入，完善交通、教育、医疗等配套设施，提升区域竞争硬实力，落实人才引进、

科研经费支持政策，确保各项费用及时足额到位，为投资者来县域投资经营提供基本的保障支撑。

2. 强化要素保障，优化要素服务

一是降低企业获取要素成本。落实"先租后让"等灵活供地方式，进一步清理县域存量建设用地，探索开展经营性集体建设用地收储，对储备土地进行必要的前期开发，切实做到"地等项目"。深化"多规合一""多审合一"和"多证合一"改革，加快"多测合一"步伐，提高建设项目工程审批效率；聚焦降低企业融资成本，健全激励机制和约束机制，引导金融机构加大对中小微企业、民营企业的信贷支持力度。充分发挥"金融超市"作用，大力推行"信易贷"，畅通多层次、精准化、高效率的金融服务对接通道，切实解决企业"融资难""融资贵"；通过价格谈判、能源直供、同网同价、切实降低企业获得水电气成本；构建公路铁路水路航空立体交通，发展多式联运，搭建物流平台，降低企业物流成本。二是优化要素服务。强化多层次人才引育，制定和落实"人才新政"，构建"订单式"人才培养模式，不断优化完善引进人才的住房、医疗、教育等配套支持政策；围绕县域优势产业链，鼓励引导龙头企业和高校、科研院所开展科技创新研发。

3. 落实惠企政策，助企纾困解难

全面梳理惠企便民政策，加大政策宣讲力度，扩大政策知晓力度；构建政策精准服务平台大力推行惠企便民政策"一件事一次办""免申即享"，落实政策精准摄像头和快速兑现；建立政策兑现跟踪问效机制，确保政策全面及时高效落实。

（二）立足能力建设，推动改革创新

优化营商环境的本质就是不断改革创新，强化改革创新能力建设是关乎营商环境改革成效的关键之举。

1. 加强行政机关营商环境履职能力建设

营商环境建设牵涉经济社会发展的方方面面，体系庞大，不是一朝一夕的事情，也不是单靠某个部门就能完成的，人人都是营商环境的建设者和推动者，尤其县域更是营商环境改革举措落地落实的直接践行者。2019年5月，习近平总书记主持召开推动中部地区崛起工作座谈会时强调，着力营造稳定公平透明的营商环境，不要老想着争优惠政策，而是要勇于开展首创性、差异化的改革探索。进一步优化县域营商环境，首先，应当提高政治站位，全面树牢"人人都是营商环境、事事关乎营商环境"的理念。政府工作人员应从被动履职尽责向主动积极作为转变，对标国际国内最优标准、最高水平，全方位、全领域、多层次改革创新，打造县域营商环境升级版。其次，建立健全优化营商环境的监督考核和容错免责制度，通过统筹衔接巡视巡察、纪检监察监督、审计监督统筹衔接，对履行优化营商环境职责，改革探索出现失误错误的，如果符合有关法律政策规定，予以免责或者减轻责任。

2. 构建多元主体协同推进营商环境优化格局

政府在营商环建设中要发挥主导作用，但不能由政府唱独角戏，高能级的营商环境应该是多方主体自发自主共建的可持续发展局面。一是强化不同层级政府和政府跨部门的全面协同。①推动跨地域、跨部门的审批关联事项全链条下放，加强事中事后监管，对取消和下放管理层级的行政审批事项抓好落实与衔接，确保放到位、接得住、管得好。②协调推进数据跨部门、层级、地域的互认、融合和共享，实现营商环境数字化转型升级。二是深化府院高效协同履职机制。通过府院联合发文、府院联席会议、常态化沟通机制等方式，统一思想、深化认识、强化调度，推动府院高效协同履职。三是形成政府、市场与社会优化营商环境的合力。①积极培育市场力量和社会力量的营商参与能力，完善市场、社会参与营商环境建设的机制，如健全政企沟通机制，推动市场主体自律制度建设，规范政商交往行为，全面构建"亲""清"新型政商关系，大力营造重商、亲商、爱商、富商、安商的良好氛围；②动员市场与社会深度参与营商决策，构建以市场和社会为主体的营商环境评价机制，实现政府主导一元治理向市场和社会参与多方共治的转变。

（三）立足协调发展，凝聚区域合力

县域营商环境的发展不平衡态势进一步加大了我国县域经济发展的不平衡，应当立足协调发展，凝聚发展合力，逐步缩小县域营商环境发展不平衡。

1. 促进薄弱县域加快改革进程

省、市级政府以《优化营商环境条例》和省市相关改革举措的落实落细为标准，对营商环境改革进程滞后的县域强化指导与督促。薄弱县域应当结合县域实际情况，聚焦市场主体和办事群众反映的普遍性、深层次问题，加大改革力度，探索特色化县域营商环境优化路径。

2. 发挥示范引领地区协同

持续做好营商环境创新试点城市经验的总结推广，鼓励各地区学习借鉴并改革创新，充分发挥营商环境建设先进县域的比较优势，推动全国营商环境竞跑氛围形成。

3. 积极探索地方协同立法机制

推进营商环境的区域协同必然要求以营商环境地方协同立法为基础和保障，通过协同立法确保区域内优化营商环境的重要制度有机对接[1]。积极探索地方协同立法机制，以地区协同立法推进区域政务服务同标、资质资格互认、产权保护一体、市场监管协同、司法领域合作，形成区域合力，推进国家一流营商环境建设。

📖 参考文献

[1] 刘勇华，龙婧婧. 我国营商环境地方立法检视与优化——基于营商环境地方立法中"市场环境"章的内容比较[J]. 行政与法，2022（12）：97.

资兴市水资源可持续利用助力县域经济高质量发展的实践与思考

⊙ 何双启（中共资兴市委党校）

近年来，资兴市深入实施创新驱动和可持续发展战略，着力转变发展观念、创新发展模式、提高发展质量，积极探索以水资源可持续利用赋能资兴县域经济的高质量发展，并取得了初步成效。

一、资兴市以水资源可持续利用积极探索县域经济的高质量发展之路

（一）从"资源枯竭型城市"到"水生态城市"，探索"两山"发展之路

资源枯竭型城市是指矿产资源开发进入衰退或枯竭过程的城市。当前，我国很多资源型城市面临资源枯竭、生态环境恶劣、经济结构失衡、替代产业发展乏力等问题。伴随着我国经济发展进入新常态，资源型城市的转型升级势在必行。资兴因煤而兴，是全国典型的资源枯竭型城市，2000年煤炭及相关产业增加值占生产总值比重达51.6%，2016年下降到18.1%。为走出煤炭资源枯竭困局，资兴积极探索转型之路，探索用好东江湖水资源，推动"水生态优势"向"水经济优势"转变，大力发展东江湖水工业产业、水休闲产业、水生态农业等绿色产业，实现了从"资源枯竭型城市转型"向"水生态城市"的转型，成功实践了"两山"发展之路。资兴市先后获评全国新型城镇化质量百强县市、国家首批循环经济示范创建县市、全国科技工作先进县市等荣誉称号。

（二）从"人工湖泊"到"湖城共荣"，探索"高质量"发展之路

资兴市境内的东江湖地处湘江上游，是因东江水电厂发电而形成的"人工湖泊"，水面24万亩、蓄水量81.2亿立方米，其一级保护区水质长期保持国家地表水I类标准。为保护好一湖清水，资兴市在1996年就率先以水资源保护和开发为主题创建了湖南省社会发展综合实验区，1999年获批湖南省第一个国家级可持续发展实验区，2008年又成为湖南省唯一的国家可持续发展先进示范区。20年来，资兴市一直坚持碧水为魂、科技为先，形成了以水生态文明为主题的资兴模式，在河流、湖泊、水库的保护与发展上探索了经验，为我国乃至全世界的"人工湖泊"城市探索了一条利用"人工湖泊"资源禀赋实现"湖城共荣"的可持续发展之路。东江湖成为国家湿地公园、国家首批生态旅游示范区和国家5A级旅游区，资兴市也因东江湖入选国家全域旅游示范区第二批创建名单。

（三）从"黑色经济"到"绿色经济"，探索"可持续"发展之路

资兴市因历史和资源禀赋形成的以资源型经济为主的经济结构，产业层次低、附加值不高、污染性较大，就像"抽水机"一样吸纳了大量要素，造成了对其他产业的"挤出效应"，随着煤炭资源枯竭，产业结构问题逐步凸显。产业结构不合理倒逼资兴必须转型发展，资兴市把目光由地下矿产资源转向地上山水资源，推动经济发展从"地下"向"地上"、从"黑色"向"绿色"、从"冒烟"向"无烟"转变，走出了一条科学发展、绿色发展、可持续发展之路。

二、资兴市水资源可持续利用取得的成效与面临的问题

（一）水资源可持续利用取得的成效

1. 东江湖水环境保护取得了较好成绩

在全面落实《湖南省东江湖水环境保护条例》的基础上，积极探索东江湖司法保护机制，试点成立了东江湖环境资源法庭和东江湖生态保护检察局，对

流域环境资源类民事、刑事、行政案件实行集中管辖"三合一"审查审理。聘请中、省环科院专家科学编制了《东江湖流水环境保护规划》《东江湖生态环境保护总体方案》，科学划定东江湖流域内生态保护红线，划定红线面积为767.75平方公里（占资兴市国土总面积的28.07%）。成功争取并实施总投资达16亿余元的"东江湖生态保护一湖一策"、亚行贷款东江湖生态保护等重大项目，完成网箱养殖退水上岸、畜禽规模养殖退养、船舶污染防治湖区周边生活污水与生活垃圾集中处理、矿山地质环境恢复治理等重点工程，强化了源头治理。调整对乡镇的绩效考核体系，建立完善了以生态文明为导向的差异化绿色考核评价体系，对所有乡镇不再考核生产总值，大幅提高了生态环境保护工作的考核权重，东江湖出境水质长期保持地表水一类标准。

2. 水资源新兴产业发展较快

利用小东江特有的冷水资源优势，规划建立了总面积为4000亩的东江湖大数据产业园，着力打造全国乃至亚洲最节能环保的"绿色数据谷"。由湖南云巢和湖南电信合作建设运营的东江湖大数据中心已正式启用，已有阿里巴巴、腾讯、华为、中国电信、网宿科技、爱数科技、易信科技等企业入驻。同时，培育和壮大了新能源、新材料、电子信息等八大新兴产业链。围绕"唱山歌走山水路"，适度开发东江湖水生态旅游，东江湖成为国家湿地公园、国家首批生态旅游示范区和国家5A级旅游区，资兴市入选国家全域旅游示范区第二批创建名单，青岛啤酒、浩源食品、海底捞、瑞香等食品加工企业争相入驻资兴东江罗围食品加工工业园。郴州市东江引水工程、清除公路、东江湾大桥等一批重大民生项目顺利竣工，新兴产业的高效发展带来了经济综合实力的稳步提升，2022年全市实现生产总值378亿元，同比增长8.2%；一般公共预算收入24.69亿元，增长7%；全体居民人均可支配收入31 056元，增长8.6%。

3. 水资源科学利用取得新突破

全市建立省级研发机构3家，省级科技公共服务平1家，引进了香港科技大学李泽湘团队在资兴市建立水域机器人及智能技术研发应用中心，为科学利用水资源搭建了科研平台；建立了东江潮水环境保护、渔业可持续发展两个院士工作站，大力实施科技领军人才、急需紧缺人才、高技能人才等人才引进与培养工程；已有桂建芳院士、立元教授来资兴开展水资源保护与利用研究工作，有130名各类专家、教授、工程技术人员进入资兴人才库。在全国率先开展"一户一产业工人"培养工程，培养了一大批产业工人，有效保障了企业的用工需求。实施了国家科技支撑计划项目"大型矿产基地生态恢复技术与示范"，完成了投资4亿余元的矿山地质环境治理工程。在此基础上，资兴市成立了高规格的工作领导小组，完善出台了《资兴市推进郴州市建设国家可持续发展议程创新示范区工作方案》，明确了以项目建设为抓手全力推进示范区建设工作的具体思路，确保了该项工作有力有序有效推进。

4. 水文化影响深入人心

资兴市坚持把水文化作为城市发展的灵魂，城市建设定位为"最美中国水城"。一是高层次打造东江湖水文化品牌，定期举办东江湖水文化论坛，弘扬水精神、倡导水文明、探讨水经济。二是大力开发特色水景观，建设了以水为主题的东江湾城市公园、东江湖水街等水文化场馆项目，雾漫小东江成为世界著名的水主题摄影创作胜地。三是积极发展水乡饮食文化，青岛啤酒因东江湖优良水质而落户资兴，东江湖畔的啤酒文化内涵丰富多彩；同时开发了三文鱼美食城等以水为主题的美食项目。四是积极发展水康养文化，东江湾水上运动中心是湖南省皮划艇、赛艇训练基地，定期举办的东江湾国际龙舟赛传承着逆水行舟、团结拼搏的精神。同时，深入挖掘寿佛文化、移民文化、农耕文化等特色文化，资兴连续多年被评为全国文化先进县市。

（二）水资源可持续利用面临的问题

1. 生态保护与区域发展矛盾突出

为保护东江湖生态环境，东江湖流域大部分被列为限制发展地区、禁止发展地区，工业、旅游、农业、林业等产业发展全面受限，近年来，先后在东江库区实施了网箱退水上岸、退果还林、生猪退养和关矿禁伐等一系列严格的环保措施，网箱退水上岸累计249万平方米，退养生猪10万多头，库区发展面临有水不能渔、有矿不能采、有猪不能养、有树不能植的困境，库区产业受到不同程度冲击，发展陷入困境，部分地区库区群众面临断崖式返贫风险。虽然近年来资兴谋划启动了"双转移"工程，致力逐步把库区移民向库区外转移，移民由从事第一产业向第二、第三产业转移，但由于工程巨大，涉及库区群众有8万多人，需要的资金多，上级也尚未安排专项资金，导致工程推进缓慢。

2. 水经济还未成为全市发展主导

水经济是指在节约优先、保护优先的前提下，把水资源作为重要生产要素，创造、转化与实现水资源的量、质、温、能的潜在价值。具体来说包括对水依赖程度高的第一产业，第二产业中用水量大或对水特性有特殊要求的酒类和软饮料、医用针剂、水电、新兴战略产业等，第三产业中的对水生态环境要求高的旅游业。近年来，资兴市尽管产业结构有所优化，2022年三次产业结构调整为9.0∶53.5∶37.5，但经济发展还是依赖工业尤其是有色金属等传统行业的发展，对水特性有特殊要求的酒类和软饮料、医用针剂、水电、新兴战略产业发展不足，现代服务业占生产总值比重仍然偏低，特别是对水生态环境要求高的旅游业，还处于"名气大财税贡献不大、投入高产出不高"阶段，水优势、水经济、水资源尚未充分挖掘，还未成为全市发展的主导产业。

3. 水环境投入产出效益比还未显现

2016年5月资兴市为全面治理东江湖，争取到亚行贷款的东江湖生态环境保护与综合利用项目，该项目总投资16.2亿元，建设内容包括污染源治理、生态恢复、环境监测与生态建设等6大类共42个子项目，项目建设为期5年，省政府、郴州市政府分别把东江湖生态环境保护项目列为重点工程、一号工程。资兴市成立了专门机构保护东江湖，常抓不懈，投入财政资金6.2亿元，在2019年全面完成建设。虽然项目完成，初步建立了的污染防治体系、生态保育体系、生态环境监测监察网络和长效运行机制，在全国湖泊生态环境治理上具有典范意义，但对资兴市的直接经济效益还未显现，受政策原因，保护投入多，开发利用少，造成巨大的偿债还债压力。

4. 水产业链还处于低端水平

近年来，资兴市水产业有了长足的发展，引进青岛啤酒，开发灌装、原浆、鲜麦生产线，啤酒产业链不断完善，成为全市水产业发展的领先企业。但其他水产业发展水平仍然很低，初级产品、原料产品多，精深加工、再利用产品少，如大力发展的大数据产业，还处于数据机架引进阶段，大数据储存应用研发还未起步，一些水饮料、东江湖酒业也因经营不善关闭淘汰。

三、水资源可持续利用赋能县域经济高质量发展的对策与建议

可持续发展指明了全球增长的新蓝图。资兴市要达到以水资源可持续利用赋能县域经济高质量发展，必须围绕"水"字谋发展，聚焦"水"字促转型，推动科技创新与水生态建设的深度融合，从保护好"水环境"、治理好"水生态"、利用好"水资源"、保障好"水安全"、打造好"水文化"、发展好"水科技"六个方面开展工作。

（一）强化保障机制，保护好"水环境"

1. 强化组织保障

在成立国家可持续发展议程创新示范区建设工作推进领导小组的基础上，建立国家可持续发展议程创新示范区建设联席会议制度，进一步强化统筹调度，及时解决推进中存在的突出困难问题。建立完善项目责任单时间表，明确具体的责任领导和责任人，实行"一周一调度、一月一通报"制度，倒排时间和进度，有力有序有效扎实推进。将示范区建设各项工作纳入年度综合绩效考核，出台全过程考核评价办法，构建示范区建设综合考评体系，引导各级干部真抓实干、提高效能，使可持续发展理念转化为干部的自觉行动，确保有力有序有效推进可持续发展建设工作。

2. 强化制度保障

以落实"省十条"关于"加快落实东江湖流域生态补偿机制，加大生态补

偿力度"为契机，积极探讨建立以生态流量、水权交易市场为平台的生态补偿模式，采取收取生态建设保护收费、水费提成、电站增效分享、联合成立流域保护基金、下游补偿赔偿上游、申请专项财政支付转移等措施，逐步完善落实东江湖生态补偿机制。探索示范区项目立项、行政审批、用地等权限简化及下放工作，推进实施"多规合一"，实现可持续发展规划与国民经济和社会发展规划、城市总体规划、土地利用总体规划协调统一，形成全社会共同参与的可持续发展共建共享机制[1]。依法加强水环境监管，加大水行政执法力度，开展部门联合执法行动，切实解决群众反映强烈的水环境问题，严厉查处危害群众利益的破坏水生态、污染水环境的违法行为，建立法治保障机制。

3. 强化资金保障

全面落实国家有关生态文明建设节能环保、新能源、资源综合利用等方面的各项优惠财税政策加大财政支持力度，财政预算安排可持续发展专项资金，专门支持示范区建设各项工作、进一步完善政府引导、市场运作、社会参与的多元投入机制争取省财政设立东江湖水资源保护、治理、开发利用、生态补偿和节水奖励专项资金将东江湖流域作为湖南省水质生态补偿的重点区域，开展生态补偿试点，提升生态公益林补助标准。

（二）践行"两山"理论，治理好"水生态"

习近平同志指出："保护生态环境就是保护生产力，改善生态环境就是发展生产力。""良好的生态环境是最公平的公共产品，是最普惠的民生福祉。"

1. 涵养好"源头"水

资兴市境内河流基本形成于八面山、回龙山、七宝山等地，属湘江流域，主要有东江水系、永乐江水系、船形河水系和程江水系，有大小河流67条，较大河流有东江、汜江、浙水、滁水、程江、永乐江等，境内有较大人工水库3座，其中东江湖达24万亩，蓄水量81.2亿立方米，为战略水源地。"青山常在、绿水长流、空气常新"的美丽资兴，是全市上下舍眼前图长远、精心呵护、"倾其所有"取得的。今后，要实现"中国好水"水源地目标，还要持续加大森林植被及环境保护、修复力度，持续加强水源、水系环境监测和管护，确保全域河流水质均在Ⅱ类以上。

2. 监管好"龙头"水

水环境问题，表面在水里，问题在岸上，症结在产业和企业，根子在人的行为和观念[2]。"龙头"水，即各入河（江）排污口的水，这是治污、监管的重点和难点。一是制定排放标准，划清红线、明确底线。二是确定责任主体，各司其职，失职追责。三是建立"一河一档"，实行实时监测。四是落实"一河一策""一地一策""一企一策"监管措施。五是解决城区湖区雨污分流问题。总之，要分类采取措施，切实提高管理、监测信息化、可视化、智能化、精准化水平，让流入江河的"龙头"水清洁、干净，流入东江湖、半坳水库、扬洞水库等饮用水源地的水达到规定水质要求。

3. 巡查好"江河"水

水生态修复，需要上下同心、全民勠力、久久为功。要加强领导，深入推进市乡村三级"河长制"，落实好巡查江河、护水管水责任；要加大投入，建立河（江）湖数字化监测、管理、预警系统，处罚、曝光一批破坏水环境、污染水资源、损害水生物的典型案件。通过加强生态保护、绿色产业发展知识宣传，强化政策、投诉、专业咨询等平台建设，让保护绿水青山成为社会共识，成为市民自觉行为，为实现水质优、水面清、水环境好的目标，提供坚强的组织、舆论保证。

（三）做强水产业园区，利用好"水资源"

"东江湖"既是资兴旅游的王牌，也是资兴农产品的地理标志品牌，还是资兴"绿水青山"水源地的名牌。如何依托优质水资源，发展"水"产业，实现"生态经济化，经济生态化"，让资兴"绿水青山"的生态优势转化为"金山银山"的经济效益，培育特色鲜明、亮点突出、市场占有率高的绿色产业上下游企业，争创国家绿色产业示范基地。

1. 做强水科技产业园建设

按照产城融合的理念，利用小东江特有的冷水资源优势，抓好东江湖大数据产业园建设，重点推进大数据中心、大数据展、中心能源站、量配电项目、大数据研发中心、高端宾馆酒店、专家公寓等建设项目，不断完善基础设施配套，着力打造全国乃至亚洲最节能环保的"绿色数据谷"，利用水元素发展"水产品"，抓好罗围食品工业园建设，清退盘活园区僵尸企业和闲置资源做大做强与水密切相关的青岛啤酒、浩源食品、东江湖生态渔业等食品、饮料企业，引进海底捞等龙头食品、饮料加工企业，不断延伸食品工业产业链，提高"水产品"附加值。积极招商，力争引进水产业500强企业（集团）1家以上，建设2家以上鱼类水产品标准化养殖基地。开展科技攻关，积极开发、广泛应用冷热水项目，打造节能、减排典范。

2. 做强大数据产业园

依托东江湖优质的冷水资源，紧紧抓住国家、省对东江大数据产业园支持、重视的发展机遇，开展项目包装、项目招商、项目建设，开展绿色引商、项目招商、政策扶商，引进一批存储、运营、研发等方面的企业，多措并举，改善一批基础设施，落地建设一批大数据应用企业，树好资兴"绿色数据""绿色发展"标杆，争创国家大数据产业示范基地。

3. 做大农业产业园

以对接粤港澳大湾区为契机，充分发挥资兴市农产品有机、生态、绿色优势和鱼、果、茶、菜等农产品规模优势，唱响"东江湖"系列农产品品牌。立足本地特色、优势，建立供应大湾区标准化农产品生产基地；集中力量，建设一批清江柑橘、汤溪（狗脑贡）茶叶、八面山楠竹、兴宁蔬菜、州门司东江梨、东江美食等产业特色小镇，逐步实现产业产品标准化、规模化、品牌化发展；扎实推进农村人居环境整洁，大力改善农业基础设施，建设节水型农业、设施农业、"互联网＋农业"，发展体验、休闲、创意农业；实施乡村振兴战略，巩固和运用农村产权制度改革试点成果，深入推进农村土地、房产、金融等系列改革，撬动土地、房产、林木等资源优化配置，建设美丽宜居且富有浓郁地方特色特点的新农村，让农田变游园、让农村变乐园。

（四）推进水环境治理工程，保障好"水安全"

紧紧围绕"兴水、活水、亲水"做文章，推进水治理工程，确保水安全。

1. 做好水资源综合利用工程

科学规划好水力发电、生活用水、生产用水、工业用水、航运、旅游、生态保护、冷水资源利用等方面工作，提高水资源综合利用程度。远期规划好"长株潭"直饮水工程，近期维护好郴州城区东江饮水工程，实现东江湖水资源永续利用。探索建立水金融制度，争取建立东江湖生态补偿机制，在水资源使用权确权登记、水权交易流转、相关制度建设等方面积极探索实践，使水资源转化为金融资本。加强与金融行业的对接，在水资源开发利用与保护、节水项目研发、水利水电项目开发、污水处理项目建设等方面与银行充分合作，引入社会资本参与涉水项目建设。

2. 做好水生态治理保护工程

实施好总投资达16亿元的东江湖"一湖一策"和亚行贷款东江湖生态保护和综合利用项目，抓好生活污水与生活垃圾集中处理、船舶LNG清洁能源、湿地保护等工程，积极推进国家生态红线试点，巩固网箱退水上岸、生猪退养等工作成果。加强农业面源污染防治和农家乐整治，实现生产生活"零排放"[3]。推进海绵城市建设，修复城市水生态、涵养水资源，增强城市防涝能力。

3. 做好绿色生活引导工程

积极探索科技创新与社会事业融合发展新机制，推进以人为核心的新型城镇化，倡导"节能、节水、节材、节地"，推广绿色生活方式和绿色消费理念。积极推进"清洁水源、清洁能源、清洁家园、清洁田园"建设，开展洁净乡村行动，营造"山青、水绿、天蓝、地净"人居环境。

（五）开展"四境"建设，打造好"水文化"

资兴的底色是青山，特色是绿水。要探索"水资源可持续利用与绿色发展"的系统解决方案，必须在加强保护的基础上做好"水"资源利用这篇大文章，认真研究、开发水运动、水景观、水休闲等系列旅游产业和产品，让美丽的资兴更加魅力四射。不仅要做好用水、管水、护水工作，还要引导游客亲水、观水、戏水、拍水、写水、绘水，让习以为常的"水"发挥文学、艺术、审美、娱乐的作用，让"水"成为资兴经济发展、旅游休闲的新亮点。

1. 作美"雾境"

"人间天上一湖水，万千景象在其中。"小东江因"雾境"而名扬四海，许多游客感叹道：小东江的雾为"中国仅有，世界少有"。万千景象的雾、漂渺神奇的雾让海内外游客魂牵梦萦，小东江也成为摄影者的天堂。但服务做优、景观做美、创意做特、宣传做强、品牌作响的空间还很大。加大提质、提升力度，把泛小东江景区建设成摄影小镇，让游客观雾、拍雾、品雾、画雾、诗雾。不仅广泛吸引国内游客，还要打响国际市场。

2. 做特"水境"

水赋予了资兴灵气。目前，在水境打造上还停留在"自然天成"上，还有"璞玉浑金"没有打磨出来，还没有形成以"水"及水文化为核心的旅游特色。可在东江湖、东江湾等地打造一批以水为特色的景观建筑，如玻璃桥水境、喷泉水境、大厦景观水墙、水餐厅、数控（广告）水景、泳池水境等景观，给人独特亲水近水感受，让人流连忘返，成为旅游新的网红打卡地。

3. 做实"影境"

定期举办"拍资兴、绘资兴、诗资兴、唱资兴"系列竞赛活动，让征集、投票、评选、展览的过程变成宣传、展示资兴"绿水青山"成果、效果的过程，增强资兴旅游竞争力、影响力。充分利用东江湖摄影艺术馆资源，紧贴"全民旅游、全域旅游"的实际，让每个来资兴旅游观光的人都有出彩的机会，定期展示、评选游客优秀摄影、书法、绘画、诗词作品，让摄影馆成为游客获奖作品的展示馆、体验馆，增强游客参与性、回头率。招商引资建设兴宁电影城、电影人学校，充分利用现有的空置房屋、院落、街道、景观、人文，建设不同时期的特色街区、影视拍摄基地。同时，扩大覆盖范围，将杭溪湿地、坪石湾、回龙山、白廊等地景区、景点连为一体，丰富资兴旅游、休闲产品，让游客停下来、留下来、住下来、经常来。

4. 做优"意境"

意境本属于文学艺术的审美内容，就是把自己融入美丽的景色而形成的情景交融、虚实相生的意境美。通俗理解为：人在景中、景在心中、美在境中、乐在其中。资兴市打造美的意境已有许多"让人回味、令人畅想"的生动实践，如新建的喜言·湖隐松间、东江湖华美达酒店等已成为游客网红打卡之地，展现了东江湖美景与酒店的完美融合，令人印象深刻、流连忘返。下一步，在保证不触及环保红线的前提下，要在东江湖周边及回龙山、天鹅山周边等地招商，选择有实力、有创意、有影响力的客商，打造几个高品质、高品位的养生、康养基地，让游客"看得见山、望得见水、记得住乡愁"的美好意境梦想成真。

（六）挖掘水资源高附加值，发展好"水科技"

当前，全球已进入以绿色可持续发展为主题的新的密集创新和产业振兴新时代，我国经济社会发展正面临前所未有的深刻调整。习近平总书记明确指出，当前，我国依靠要素成本优势所驱动、大量投入资源和消耗环境的经济发展方式已经难以为继。只有不断推进科技创新，不断解放和发展社会生产力，不断提高劳动生产率，才能实现经济社会持续健康发展。可见，依靠改革和科技创新实现绿色可持续发展已成为中国经济社会健康发展的新趋势和新模式。

1. 深入实施科技引领的创新驱动体系

深入实施创新引领战略，抓好创新创业基地建设，培育一批创新领军企业，壮大一批众创空间，转化一批重大科研成果。加强院士工作站、工程技术中心等研发平台建设，加强与贝加尔湖、日瑞瓦湖等国际国内知名湖泊所在城市的交流，在水生态保护、水资源利用、水科技推广、水产业发展等方面开展深度合作。加强与高校和科研院所的产学研合作，积极开展深水湖泊治理与渔业可持续发展等方面的研究。建立东江湖研究基地和检测基地。推进体制机制创新和关键环节改革，激发市场主体活力[4]。

2. 深入实施引培结合的人才建设体系

深入实施"人才强市"战略，引进一批取得重大科技成就的知名专家学者，造就一支解决企业重大技术难题的高级工程师队伍，培养一批适应市场化竞争的企业管理人才。推广"人才+产业+项目+金融"的人才培养模式，打造"一户一产业工人"培养工程升级版。大力实施科技领军人才、急需紧缺人才、高技能人才等人才引进与培养工程，积极将高校人才和技术资源引进企业，有130名各类专家、教授、工程技术人员进入资兴人才库。

3. 深入实施水科技开发应用工程

充分发挥亚欧水资源研究和利用中心东江湖示范站和东江湖2个院士工作站作用，深入开展区域水生态与环境要素长期监测、流域生态系统研究与环境治理等方面的科学研究[5]。充分利用东江湖冷水资源，推进冷热联供产业项目，建立完善大数据产业发展科技支撑机制，建成全国知名的大数据产业园。积极推进李泽湘团队水上无人机项目和人工智能研发基地建设。

参考文献

[1] 赵士洞，谷树忠.资源科学与资源可持续利用[J].当代生态农业，2000（Z2）：25-26.

[2] 万玉胜.浅谈农业水土资源可持续利用性[J].中国农业信息，2014（13）：19-20.

[3] 范辉，王义民.河南省耕地资源可持续利用水平等级差异变动分析[J].信阳师范学院学报（自然科学版），2009（3）：41-42.

[4] 李林.生态资源可持续利用的制度变迁分析[J].商场现代化，2007（35）：13-14.

[5] 程叶青.农业资源可持续利用综合评价模型[J].辽宁农业科学，2004（2）：38-39.

津市市工业经济高质量发展问题探析

⊙ 陈　蓉（中共津市市委党校）

郡县治，天下安。2023年中央一号文件多次提及"县域"一词，并提出要"培育壮大县域富民产业"。产业兴则县域兴，产业作为县域经济的根本支撑，也是县域实现高质量发展的核心驱动力。党的二十大报告明确提出，要"建成现代化经济体系，形成新发展格局，基本实现新型工业化、信息化、城镇化、农业现代化"，新"四化"的提出为县域经济实现高质量发展提供了根本路径。产业发展要立足新发展阶段，合理布局，科学谋划，走出一条人无我有、人有我优的差异化、特色化、集约化的发展道路。

一、津市市工业经济发展现状及主要做法

津市市位于湖南省西北部，是一座仅有23万人口的洞庭湖滨小城，国土面积558平方公里。2022年津市市实现地区生产总值208.9亿元，增长6.9%，其增速在九个区县位列第一。第一、第二、第三产业对经济增长的贡献率分别为8.0%、53.2%和38.8%。

常德市2022年各区县生产总值及增速

区县	武陵区（区属）	鼎城区	桃源县	汉寿县	石门县	临澧县	安乡县	澧县	津市市
生产总值/亿元	476.9	435.9	492.6	368.5	360.3	235.5	254.3	448.1	208.9
增速/%	4.9	3.9	5.8	6.4	5.8	6.2	4.5	6.2	6.9

（一）工业经济发展现状

2022年，津市市工业对生产总值增长的贡献率高达53.2%，占津市市经济的

"半壁江山"。近年来，津市市锚定"三高四新"美好蓝图，牢牢把握"企业、产业、产业链、产业生态"四个着力点，把园区作为经济建设的"主战场"，打造支撑带动县域经济发展的新引擎。津市市高新区是国家火炬特色产业基地、省级新型工业化产业示范基地和省生物医药特色产业园，每年为津市市贡献了近50%的生产总值，90%以上的规模工业总产值，60%以上的地方税收。目前，津市市已形成以生物医药产业为主导，绿色精细化工产业为特色的"一主一特"产业发展格局，成为全国最大的甾体原料药、中间体生产出口基地和酶制剂生产出口基地。2023年上半年，规模工业增加值增长4.1%，排名常德第三；制造业增加值占生产总值比重39.1%，排名常德市第一。

（二）主要做法

1. "因地制宜"选好工业立市的津市市道路

津市市作为一座工业老城，也是曾经的湘西北工业重镇，其鼎盛时期，曾有斑马蚊香、麦穗味精等五十多个部优国优产品，其生产总值曾一度占据常德市的半壁江山。后因水运没落，体制机制僵化，加之产品落后，津市市工业经济也逐步走向衰落。作为一个人口基数小、地域窄、农业份额偏少的中部老工业小城，其发展的基础在工业、出路也只能在工业。2016年，津市市第十二次党代会因地制宜，坚定提出"工业立市，产业兴城"的发展定位，津市市这座老工业城市再次焕发出勃勃生机，破茧重生，其规模工业总产值也从2016年的193.52亿元增长到2022年的354.1亿元。

2. "突出重点"构建"主特"支撑的产业体系

津市市以"五好"园区创建为目标，立足多年以来形成的产业基础，积极调整产业布局，将其从曾经的生物医药、装备制造、健康食品、精细化工"三主一特"调整为以生物医药为主导、精细化工为特色的"一主一特"产业发展格局。近年来，紧盯"主特"两大产业和传统制造产业，走差异化发展、特色鲜明的产业发展路子。

一是做大生物医药产业。十年来，依托湖南省新合新生物医药有限公司进行强链延链补链，津市市构筑起以溢多利、新合新、引航生物等为龙头的27家规模以上生物医药企业集群，成功构建甾体药物全产业链。2022年，津市市生物医药产业完成产值86.13亿元，产业税收贡献率保持在40%以上。

二是做优精细化工产业。津市市依托湘澧盐化，抢抓新一轮产业结构调整和产业梯度转移机遇，迅速集聚经世新材料、阿斯达新材料、利尔化学等16个优质项目，成为全省4家C级化工园区之一。2022年，津市市精细化工完成产值40.5亿元。

三是升级传统重点企业。近年来，津市市不断推进传统制造产业转型升级。中联车桥投资新建工程车桥智能制造项目、升级商用桥生产项目及新投产新能源整车底盘项目；津东云纺升级改造智能化生产线，减少用工80%；天盛电化转型发展空分气体；湘澧盐化新上零添加颗粒盐生产线，抢占了高端盐市场。

3. "外引内培"打造创新驱动的核心引擎

津市市克服资源、区位等劣势，围绕产业发展需求，巧借外力，发好内功，积极打造创新驱动的核心引擎。

一是对外借力借智。2021年，津市市邀请12名院士、23名专家组成院士专家咨询委员会，为津市市发展提供"智慧"外援。瞄准合成生物学、化工新材料等领域，采取"外地研发—本地制造"模式，加快推进"一院一平台一基地"建设。通过校地合作，在岳麓山实验室设立生物制造研究院，在麓山科创园建立飞地孵化器，高校项目组从津市市园区企业获得资金、设备、科研场地等支持，研发成功后，最终在园区企业实现成果转化；发挥市场主体作用，在深圳市光明区设立生物制造科创平台；加强与央企合作，在津建设合成生物技术成果转化公用型中试基地。实现院士专家、企业家、金融机构与主特产业细分领域的精准对接与结合，目前已实施产学研合作57项，承接转化院士专家优质项目16个，津市市也成功获批国家级生物医药科技企业孵化器和全省创新型县市。

二是对内深挖潜力。津市市对工业企业不仅强化技术支撑，还加大资金支持，对内不断培植、挖掘企业科技赋能的潜力。尤其对初创企业发挥政府"组合拳"作用，实行"扶上马"，再"送一程"。以湖南新合新生物医药有限公司为例，津市市在企业投产的第一年就给予 4000 万元资金支持，现每年支持 1000 万元的科创资金。凭借技术和成本优势，新合新生物快速发展壮大，并迅速占领国际市场。

4."多措并举"提供优质高效的营商环境

津市市坚持把优化营商环境作为"生命线"工程来抓，让企业"引得进"，更能"留得住"。

一是营造尊工重企的良好氛围。连续 17 年，津市市坚持常委联产业、部门联企业制度，市领导带头拜访战略投资者，常态化推进"送解优"行动，全面推行"一查二劝三改四罚五公开"涉企执法检查机制，全面营造重商亲商环境。高新区管委会与企业构建"合伙人"关系，实现投资合伙、科技合伙、运营合伙、打造法治化、市场化、专业化的服务环境。此外，通过开展"技能比武""百优员工评比"等活动，在企业中营造了尊重劳动，弘扬工匠精神的良好氛围。

二是帮助企业降本增效。津市市聚焦制约企业发展的难点和痛点问题，不断完善功能配套，帮助企业降本增效。从产业规划、产业工人培养、污水处理提质、蒸汽价格优化、电力有效供给等十个方面精准发力，全力推进"十大配套"建设。通过强化园区生活和基础设施配套，提升园区承载能力，帮助降低企业成本。通过开展"银行行长联企业"等活动，帮助企业纾解融资困境，将降费政策落到实处。截至目前，津市市已两次获评湖南省优化营商环境先进县市。

二、津市市工业经济发展面临的主要问题

近年来，津市市坚持"工业立市"核心发展战略，克服了金融危机和新型冠状病毒感染的持续冲击，工业经济"逆势而上"，获得了平稳快速的发展。但无论从总量还是质量来看，津市市工业经济与发达地区相比，仍有不小差距。目前，津市市工业经济发展主要存在以下四方面制约因素。

（一）经济总量偏小，企业规模不大

近年来，津市市虽然引进了中国化学集团、利尔化学等一批优质企业，多项经济指标位居全省、常德市前列，但从总体来看，津市市工业经济总量不是很大，仅以规模以上工业企业生产基本情况来看，2022年津市市规模以上工业企业完成总产值354.1亿元，而宁乡市是1603亿元，是津市市的4.5倍；长沙县是2067.51亿元，是津市市的5.8倍。不仅如此，津市市支柱产业的年产值才刚刚过百亿元，反观其他发达地区，其产值都以千亿计算。无论是工业经济总量、支柱产业规模还是产业项目数量，与新形势下中央、省委、省政府、市委、市政府对经济发展的要求相比还有较大差距。

（二）产业层次偏低，传统产业比重偏高

目前津市市工业仍以传统制造产业、初加工企业居多，其中装备制造、食品、纺织等传统制造产业产值占比高达近60%，代表未来发展方向的新兴产业和高新技术产业项目不大，且好项目不多。另外，津市市产业层次不高，还体现在产业链条短，产业集聚度较低，抗风险能力不强。如纺织、食品等行业，过度依赖传统粗放增长模式，大多为上游产业，产品附加值非常低，且没有话语权和定价权。

（三）科研人员匮乏，企业发展后劲不足

随着津市市千亿产业园区建设的提质加速，工业企业对科技人员特别是有高学历、高技能的高层次人才需求明显加大。目前，津市市规模以上工业企业具有本科以上学历的科技人员仅有200人，具有初级以上职称的仅有156人，高技能、高职称、高层次创新型人才和优秀企业经营管理人才紧缺。尤其是生物医药、绿色化工"一主一特"战略支柱产业科技人员只有133人，其中具有研究生以上学历层次的仅有19人，人才"招不进、留不住"的问题较为明显，企业发展后劲明显不足，极度缺乏人才智力支撑。

（四）资源要素短缺，项目建设推进缓慢

一是工业用地指标紧张与节约集约用地不足并存。津市市前期土地利用较为粗放，工业用地"铺张浪费"，重规模轻效益、久批不建、久建不用等问题较为突出。目前，园区已核准的化工片区总面积仅为 105.05 公顷，剩余可用的 5.7 公顷土地已预留给园区龙头企业引航生物三期项目，实际已无地可用。同时，由于在核定园区面积时将小区湖泊等面积全部核算进去，导致园区统计的开发面积比较大，造成园区亩均税收指标未能达到规定的调扩区指标要求，暂无法调扩化工园区，造成有项目无法承接、有产业无法壮大的尴尬局面，制约园区持续稳定发展。

二是产业工人短缺严重。当前津市市高新区的产业工人为 11 644 人，其中技术工人 1731 人。面对产业快速发展的需要，仍存在人才总量不够，技能水平不高等问题。现津市市职业中专的专业设置与津市市产业结构吻合度不高，且职业教育本地生源明显不足，2022 年，职中应届毕业生选择本地就业的仅 50 余人。津市市人口基数偏少，大多数青壮年选择了外出务工。由于传统的就业偏见，加上薪资待遇不高，福利保障不健全等原因，工业企业"用工难"的问题十分突出。

三、加快推动津市市工业经济高质量发展的对策建议

走新型工业化道路是县域经济实现跨域式发展的必然选择，也是进一步优化经济结构，提高经济运行质效的关键所在。津市市应立足产业基础，在新发展理念引领下，以"五好园区"创建为契机，走出一条有技术、高效率、低能耗、以绿色为底色的新型工业化道路。

（一）加快产业集群，推动综合实力新提升

2022 年工信部印发《促进中小企业特色产业集群发展暂行办法》（以下简称《办法》），根据该《办法》，中小企业特色产业集群定位在县级区划范围内。

相关数据显示，县域贡献了全国近四成的生产总值和近三成的专精特新"小巨人"企业，可见县域产业集群已成为我国工业发展的中坚力量。津市市要围绕主特产业和战略性新兴产业，深耕细分领域，强化龙头企业的带动和吸附作用，打造医药化工产业集群。聚焦传统产业提质升级，加快推进装备制造、健康食品、纺织向智能化、数字化转型。建立完善链长制，实施"一链一图""一链一策"，加快推进强链补链延链。通过制定、实施、优化产业集群发展的地方性政策、战略性计划及加大促进集群创新的财政支持等方式实现企业间良性互动，由此推动产业集群的发展，实现工业经济综合实力的有效提升。

（二）突出招大引强，培植工业发展后发优势

2023年中央一号文件明确指出："引导劳动密集型产业向中西部地区、向县域梯度转移，支持大中城市在周边县域布局关联产业和配套企业。支持国家级高新区、经开区、农高区托管联办县域产业园区。"津市市要抢抓发展契机，突出招大引强，培植工业发展后发优势。全力推进招商引资"一把手工程"，提高针对性时效性，强化对项目的全生命周期服务。重点聚焦主特产业，推进以商招商、科技招商、基金招商，充分发挥"两图两库"作用，动态更新优质资源名录库，紧盯重点区域和头部企业，对接战略投资者，着力引进"三类500强"、总部企业、上市公司及细分领域的"隐形冠军"。立足自身产业基础，发挥比较优势，积极承接产业的梯度转移，精准对接产业链条，与城市经济体建立产业关联并形成产业循环。与兄弟县市在分工基础上实现优势互补与错位发展，利用产业互补性和关联性开展产业合作，形成建立在地域分工基础上的县域产业发展体系。

（三）坚持多管齐下，构建良好生态聚集人才

人才是引领发展的第一动力。津市市要积极谋划人才政策的升级版本，打通来津市市创新创业的"绿色通道"，坚持多管齐下引进人才。围绕生物医药、绿色化工、装备制造等产业建立企业科技人才需求清单，通过招聘、考录、产

教融合校企合作等方式，提高企业科技人才需求匹配度和岗位匹配度。积极拓宽企业选才用才渠道，创新柔性引才机制，帮助企业引进高层次和急需紧缺人才。开通龙头企业"线上线下"人才专线，通过联建重点实验室、研究中心等方式，吸引拥有科技成果、发明专利或掌握高新技术的高层次人才来津市创新创业。在全市范围内营造惜才爱才的良好氛围，在住房、医疗、子女教育、职称评定等方面，给予高端人才最优待的服务，让人才招得进，更能留得住，力争把津市市打造成澧水流域的"人才洼地"。

（四）优化资源配置，合力补齐要素供给短板

促进要素与资源优化配置是工业经济良性发展的必要前提。津市市在土地、人力资源、金融信贷等要素供给方面存在众多制约因素，影响了工业经济的运行与发展壮大。为此，聚焦短板，精准施策，夯实工业经济基本盘，才能推动津市市工业实现高质量发展。

一是加强用地保障。津市市要积极盘活闲置用地，科学做好用地规划，进一步提高土地利用率和土地价值。严把项目准入关，对企业容积率充分论证，多引进土地利用率高，税收贡献大的项目，并建立健全土地"源头管控、能批能收"全流程监管机制。适当扩容全省化工园区，支持发展来势好、产业集聚明显、环境效益好的化工园区宽尺度条件下的调规扩容。对纳入"百千万"工程的重大产业项目、省级战略性重点产业项目，在省级层面实行总额控制的专项用地保障。

二是加强用工保障。津市市人口基数少，加上大量青壮年外出务工，本地劳动力供给有限。因此，要畅通劳务合作省外渠道，积极探索与云、贵、川等偏远地区及周边县市建立劳务合作渠道，加强与第三方劳务派遣公司合作，推动在津市市企业和在外员工高质量对接。

三是加强金融保障。鼓励省级以上园区联合省高新投、兴湘资本、财信金控等省内外金融机构和基金公司，设立园区产业发展基金，专项支持园区优质项目和企业发展。

四、结　语

复兴工业是津市市人民的共同期盼。在加快推进新型工业化的背景下，津市市要抢抓发展机遇，加快补齐短板，不断推进津市市工业往数字化、绿色化方向发展，助推工业经济提质增效，为构建高水平自立自强的产业创新体系而不懈奋斗！

破解省际边界地区治理难题的实践与思考

——以湖南省怀化市通道侗族自治县为例

⊙ 钱　政（中共通道侗族自治县委常委、组织部部长）

怀化市通道侗族自治县位于湘桂黔三省交界处，省际边界线长达200.4千米，共有7个乡镇32个村与外省接壤。由于地理位置偏远、基础设施落后、历史情况复杂、村民文化水平偏低，县域"边缘效应"明显，边界社会治理一直是一个老大难问题。近年来，通道侗族自治县坚持以党建为引领，创新"五联五治"边界社会治理机制，在一定程度上解决了湘桂黔省际边界社会治理难题。

一、湘桂黔省际边界地区社会治理存在的问题

（一）边界协同意识不够牢固

受行政区域、自然地理等因素影响，跨区域、跨部门执法难度大、水平低、成本高，省际边界县域协作水平不高、发展联动不紧密、合作约束机制欠缺等地区性壁垒问题较为突出。地方政府为了保护当地的经济利益,实行"各自为政、以自我为中心"的分治模式，政策各有不同，缺乏统一协调沟通。在处理历史遗留问题上，过度强调"属地责任"，省际边界县推诿扯皮、以邻为壑、各自为战现象依然存在，大多时候把责任压给乡镇，不愿意主动牵头解决，矛盾纠纷化解力度不大，导致边界地区土地、山林权属等问题频发。

（二）边界产业布局不够合理

在自然经济条件下，产业结构取决于资源结构。省际边界地区山同脉、水同源、

人同俗，在县域资源禀赋上具有较多的相似性，加之边界县域之间分属于不同省（区），缺乏合理统一的规划，互相攀比，盲目竞争，定位不准确，互相弱化，没有实现整体效应，导致产业发展同质化现象严重。通道侗族自治县与广西三江侗族自治县山水相连、人文相亲、县情相似、区位相近，在农业、旅游产业发展上具有相似性，如通道侗族自治县和广西三江侗族自治县都大力支持茶叶种植，致力于打造茶叶品牌；通道侗族自治县着力打造的"中国最美侗寨"皇都侗文化村和广西三江侗族自治县重点打造的程阳八寨景区也都依赖于侗族文化。

（三）边界治理制度不够健全

从省际边界县域治理制度建设实践和实际效果来看，虽然通道侗族自治县与接边的广西三江侗族自治县、龙胜各族自治县、贵州黎平县都签订了"五联五治"合作框架协议，在边界治理上达成一定共识，但在信息共享机制、案件协办机制、纠纷联调机制、灾险共建机制、学习交流机制等具体制度建设和实体化运行上较为滞后，存在可操作性不强、执行力度不够、工作效能偏低等问题。"乡呼县应、上下联动"工作机制不健全，尤其是在涉及多部门职权交叉和职权冲突的矛盾纠纷调解上，政府职能部门之间相互推诿，难以形成工作合力，使得矛盾纠纷无法及时有效得到处理。

（四）边界服务手段不够丰富

长期以来，省际边界县域大部分群众文化素质不高，法治观念比较淡薄，法律意识不强，彼此之间交流沟通少、政策信息不畅通，致使两地矛盾纠纷积累多、调处难。边界治理大多依赖于政府的主导作用，村民自主参与边界治理的积极性、主动性不强，边界地区矛盾纠纷化解力量单一，多元主体参与社会治理的格局尚未形成。加之社会治理专业化人才队伍缺乏，调解手段多侧重于"情"和"理"，对"德"和"法"的运用较少，导致一些矛盾问题无法高效处理。"互联网＋社会治理"更是处于起步阶段，在偏远的省际边界县域无法实现技术赋能推动边界治理。

二、湘桂黔省际边界通道侗族自治县"五联五治"的主要做法

（一）推进支部联建，强化政治引领

一是搭建联建平台。召开湘桂黔三省（区）四县平安边界工作会议，与广西三江侗族自治县、龙胜各族自治县，贵州黎平县签订"五联五治"合作框架协议及党建联建共建等协议15份，构建了"邻县联盟、邻乡结对共建、邻村寨跨省联合党支部"的三级党建合作平台。二是规范联建程序。按照"地域相邻、来往便利、规模适当、管理高效"的原则，制定《通道侗族自治县边界联合党组织建设流程》，在省际接边地区组建8个村级"联合党组织"，实现了省际接边乡镇均建有联合党组织。三是完善服务功能。联合党组织每月召开一次例会，每半年开展一次主题党日活动，每年上一次党课，培训党员9000人次。整合双边优势资源，设立联合党群服务中心8个，建设联合电商物流驿站27个，提升了群众办事的便捷度。

（二）推进平安联保，强化法治保障

一是坚持纠纷联调。深入推进"三源共治"，成立联合调解委员会，开设鼓楼法庭、鼓楼调解室，健全群众诉求"一平台受理、一站式服务、一张网共治、一揽子解决"的"四个一"机制。近三年来，成功调解各类跨省矛盾纠纷60余件。二是坚持治安联防。推进"互联网＋群防群治"机制，发动党员、民兵、村民代表组建联合巡逻队，建立"平安边界"微信群110个，开展各类联合排查行动187次，消除火灾隐患40余处。三是坚持网格联保。结合村（居）民代表联系服务群众工作，组建跨省联保"微网格"183个，实现遇事有人管、遇难有人帮、遇惑有人解。2023年1—6月份，村民代表协调处理百姓难办事982件，群众满意率达100%。

（三）推进人才联育，强化智治支撑

一是强化组织引领。实施"党组织＋新农人"工程，建立"乡贤人才库"，

动态更新掌握乡土人才信息，畅通沟通联系渠道。围绕惠农助农，打造"一站式"助农服务站点，把"新农人"的"需求烦恼"变成党组织的"服务供给"。二是共育乡土人才。围绕侗族文化传承及茶叶、中药材等产业发展需求，培育乡土能人和致富带头人。如退役军人杨秀云通过参与通道侗族自治县与三江侗族自治县省际"人才联育"工程，掌握了侗族木构建筑营造技术，带动100余名农村劳动力就业致富。三是凝聚人才合力。签署战略劳务协作协议，打破地域限制开展联合招聘，以"1+1>2"的倍增效应激发人才吸引力。接边乡镇互派人员进修学习、培训指导产业，推动边界人才一体化发展。

（四）推进文明联创，强化德治教化

一是深化款约共守。发挥侗族"款约"在乡村治理中的特殊作用，将乡风文明融入"讲款"，约束并鞭策人民群众遵章守纪、有礼有节。二是深化文化共兴。建立三省"民族和谐文化圈"，每年联合举办大戊梁歌会、"六月六""月地瓦"等特色品牌民族节会。三是深化示范共建。以社会主义核心价值观乡土化、本土化为主线，推动新时代文明实践进乡村，打造边界"文明长廊"。目前，通道侗族自治县共有"文明村寨"108个，其中接边村26个，占总数的24%。

（五）推进产业联兴，强化自治基础

一是补全"生产链"。推动基础设施互联互通、公共服务共建共享。加快中药材产地加工厂、交易集散市场、"中药材科技小院"的建设，打响擦亮通道中药材品牌。二是拓展"销售链"。建立会商交流机制，搭建邻边商圈平台。独坡镇、大高坪"边界茶市"，每年销往广西的鲜茶叶达700余万斤，带动2500余户人均增收1.3万元。上岩村获评全国"一村一品"示范村。三是提升"价值链"。成立产业发展联盟，着力提升产品附加值。2023年，通道侗族自治县荣获"中国钩藤之乡"称号。通道茶叶、油茶、中药材等产业种植示范基地建设达36个，创造产值10亿元以上。

三、进一步提升省际边界治理效能的对策思考

（一）强化边界协同意识

一是加强顶层设计。发挥党建引领作用,建立健全跨界合作协调机制,包括定期召开党建联席会议、跨界合作联席会议、跨界发展论坛或研讨会等,完善边界社会治理体制,深化"党建+"的工作格局。制定省际边界地区协同发展规划和行动计划,促进边界社会治理工作有效开展。二是突破观念障碍。通过教育引导,淡化"行政区划"观念,增强省级边界认同感和树立区域整体意识。加强省际边界跨政区的经济协作和科技支撑,推动资源、信息共享和数据互通,实现资源、信息、数据的协同利用,增强边界凝聚力。三是激发内生动力。加强村干部队伍建设,选出村民认可的村"两委"班子,发挥好"带头人""生力军""先锋队"的作用,调动村民积极性,鼓励参与乡村建设,融入乡村自治,实现"民事民议、民事民办、民事民管"的村民自治目标。制定村规民约,采取"一事一议"办法组织村民参与村集体项目运行和管理。经常性开展矛盾纠纷化解志愿者服务、帮教特殊人群、宣传法律知识等公益活动,发挥乡村自治组织作用。

（二）优化边界产业布局

一是注重统筹布局。省际边界地区自然资源和旅游资源比较相似,产业同质化现象突出。因此,要加强区域开发战略研究和宏观管理,综合考虑短期与长期发展,统筹规划与实施重大建设项目和产业开发,引导形成统一、协调、高效的区域集团经济,促使边界区域产业结构更趋合理,更好地推动省际边界区域共同发展。二是注重分工合作。省际边界相邻各县在长期的交往中既有竞争关系,也有合作的关系。必须把握合作与竞争的辩证统一关系,加强省际边界地区的产业合作,推动产业链的分工与整合,实现产业协同发展。可结合自身资源禀赋和产业优势,制定差异化的发展策略,与边界各县在产业体系、基础设施、生态环境、公共服务等方面深化分工,推动形成错位发展和优势互补

的产业格局。三是注重龙头带动。一方面,要结合自己的优势产业实施重点帮扶,做大做优势产业,打造特色品牌,形成产业集聚,增强区域影响力,从而带动相关产业发展;另一方面,要通过引进龙头企业,带动本地产业转型升级,充分发挥龙头企业产业链带动作用,塑造区域发展新优势。

(三)健全边界治理制度

一是深化党对边界治理机制。建立"一盘棋"组织推动体系,坚持党的全面领导,以抓党建促乡村振兴为核心,着力健全党建引领基层治理的体制机制,切实增强农村基层党组织凝聚力战斗力。以推行片组邻"三长制"为契机,扎实做好基层治理的政治引领,确保党的领导覆盖各领域、贯通各层级。二是优化边界矛盾化解机制。坚持和完善新时代"枫桥经验",构建更加多元化的预防调处化解社会矛盾机制。坚持边界矛盾纠纷联防联调工作制度,充分发挥乡镇党委、人民调解组织、乡贤五老等多方力量,让群众身边的人来调处矛盾,推动矛盾及防范化解在起始状态。三是强化边界责任监管机制。在坚持"属地管理"和"谁主管谁负责"原则基础上,进一步健全边界地区各级党委政府和有关部门的社会治理、平安建设责任制。细化考核标准,创新考核手段,增强考核的科学性和可操作性,对重视不够、工作不力导致发生影响稳定问题的地方和单位,该整改的要整改、该否决的要否决,该问责的要问责。

(四)丰富边界治理手段

一是强化法治基础。以推进警源、诉源、访源"三源"共治为抓手,深化"三调联动""警调联动""警法联动"。深入开展法律法规、政策文件宣传教育,提高村民法治意识。探索建立"互联网+群防群治"机制,整合接边联合安防队伍、联合消防队伍、联合调纠队伍,推动治安维护、隐患排查、纠纷调处融入智慧党建工作平台。二是延伸德治触角。加快乡镇党校、道德讲堂等公共文化设施建设,将党的创新理论与乡风文明、民俗文化活动多方面融合。深挖乡贤资源,汇聚乡贤力量,重视发挥乡贤在道德引领、精神激励方面的重要作用。大力宣传乡村熟人社会中的道德模范和先进典型，形成见贤思齐、崇德向善的浓厚氛围。三是拓宽自治平台。将侗族款约"实时更新"纳入村规民约，融入村集体组织章程、积分制管理制度、家风家训中。积极搭建村民自治平台，依托"一约五会＋X"机制，推动"自律"与"他律"相结合，不断培育自治文化、提升自治意识、掌握自治方法，进一步增强村民主体参与边界治理的积极性、主动性。

关于常德市鼎城区发展夜间经济的调查与思考

⊙ 段淑娟（中共常德市鼎城区委党校）

党的二十大报告明确提出，要"增强消费对经济发展的基础性作用"。当前我国正处于产业深度转型期，经济增长的三驾马车中的投资和出口都受到各种制约，波动较为明显，消费日益成为经济增长的关键引擎。如何释放消费市场的潜力、以创造良好的消费环境激发居民消费热情，各地都在进行努力探索，其中发展夜间经济就成为一个重要突破口。

2022年10月，《湖南省推动"夜经济"高质量发展进一步扩消费促就业的若干意见》发布，省内各地纷纷发力"夜间经济"，常德市鼎城区也概莫能外，本文仅以此为个案，对县域夜间经济发展问题进行了研究。

一、夜间经济概述

夜间经济主要是在特定时段（从当日18时至次日6时）所发生的服务业类经济活动，包括食、游、购、娱、体、展、演等，几乎涵盖所有第三产业。据统计，我国60%的消费发生在夜间。2022年，中国夜间经济市场发展规模约为42.4万亿元。在国内国际双循环大环境下，夜间经济作用越为凸显，成为推动产业转型升级、扩大内需、拉动消费的重要方式。

发展夜间经济，可以产生较大的经济价值和社会价值。一方面，发展夜间经济有助于经济发展。夜间经济是一种劳动密集型服务业，不仅能提供大量就业岗位，提高就业率，还易形成以旅游、休闲、娱乐为主的产业链，从而带动相关产业如餐饮、交通、文化等协同发展。而且夜间经济集聚区往往会在一定范围内形成规模经济，甚至催生新产业新业态。同时，从长远来看，夜间经济代表着城市空间和夜间活动的融合，体现着城市魅力，这就有助于提升投资者和游客对城市的"好感"，从而更好地拉动经济增长。另一方面，夜间经济对满足人们的美好生活需求具有重要作用。夜晚是大多数人闲暇消费的关键时段，夜游、吃夜宵等也就是成为满足人们个性化、多层次、品质化消费需求的重要方式。同时，夜间经济为社会各个阶层提供了社交场所，这有助于多元参与，培养身份认同感，进而增加其社会机会，满足其社会需求。

二、鼎城区夜间经济发展的现状分析

鼎城区深挖内需潜力，把发展夜间经济作为重要的经济增长点，在原有"三片四街"基础上又打造了江南擂茶街、仙女湖星空夜市、江南新日市集等一批网红景点（表1），夜间经济正初露端倪。如星空夜市高峰时入驻摊贩70多家，日均人流量约6000人次，日均销售额约十万，从业人员将近500人，商铺的闲置率也从60%下降到了30%。

表1 网红景点

商业街	特色
沅江风光带	文化休闲
体育馆	运动休闲
阳明湖	网红休闲
大湖路、建新路一带	夜宵
南城天街	文化娱乐
金旺地商业街	消费购物
花溪路	妇幼母婴用品购物
滨江路	江南擂茶一条街
仙女湖步行街	夜宵、娱乐
江南新日市集	夜宵

但是，在调研中发现，夜间经济发展是一项系统性工程，涉及多个部门，同时消费者对夜间经济的需求也不完全相同，县域夜间经济发展还面临很多困境。

（一）夜间经济空间布局散而小

鼎城区"夜经济"载体主要以"点"状形式散落在城市各处，如南城天街、仙女湖步行街等，区域面相对较小。政府虽然出台了一系列举措，聚焦了一定的人气，但各个商业街都是各自为政、各自发展，系统性和协调性不够，以至于市场仍显单薄，"夜经济"难以规模化。目前消费群体仍以本地居民为主，少有外来的群体消费者。

（二）夜间经济集聚效应不强

目前鼎城区的夜间经济主要以小吃、健身、烧烤为主，虽然供给数量充足，但层次相对低端，内容较为单调，且同质化严重。小吃品种虽然多样，但大多是跟风学样，对于如何打造和提炼鼎城区地方特色美食还没有形成共识，以至于市民体验感不强，消费欲望不高，开展夜间休闲娱乐的活力和动力不足，对外地游客也缺乏吸引力。另外，鼎城区还缺乏很多城市都有的特色夜经济街区和大型"夜经济"消费品牌，因此难以吸引人流、物流、财流的聚集。

（三）夜间经济设施配套滞后

配套设施不够完善，如南城天街、大湖路美食街消费者停车难问题，仙女湖星空夜市内缺少卫生设施问题等，配套设施的不足会直接缩短商业主体经营时间、缩减夜间消费时长，限制夜间经济释放潜力。同时鼎城区"夜经济"没有宣传上的统一，亮化、标识标牌等系统化还不够，缺乏识别度，无法形成江南夜间经济独特的文化视觉，观赏性较弱。

（四）夜间经济文化内涵挖掘不够

鼎城区有着丰富的历史文化积淀，但现有的鼎城区夜间经济对地方文化元素利用不够。如丝弦艺术作为本地名片，但在夜间经济发展中还难觅其踪迹。针对常德画墙、阳明湖等高端文旅基地的"夜游"开发远远不足。再加之中青年是夜间经济消费主体，对精神文化追求较高，单一的夜间经济模式已不能满足群众日益增长的精神文化需求，这也难以保证夜间消费的持续发展。

三、推动鼎城区夜间经济高质量发展的思路

（一）科学规划夜间经济发展

夜间经济与其他经济形式一样，同样需要提前谋划。由于夜间经济具有明显的随机性，要对城市人群消费品位和消费趋势进行准确研判，但同时又要避免各自为政，无序发展。因此，发展夜间经济，要明确主管和指导机构。具体到县域，应坚持属地原则，由县（区）政府做好夜间经济的统筹实施，如在夜间经济重大项目规划选址上，政府应依据人口分布、要素禀赋、文旅发展状况等进行科学研究，合理规划布点，并配套做好周围的基础设施建设；由不同区域内的街道负责日常管理工作，如明确夜间活动区域和层级，提出相关管理措施，建立消费者、居民与经营者之间的利益协调机制等。需要强调的是，政府对夜间经济的支持，应更多放在营造环境、保障设施、做好规划等方面，对夜间经济的融资、建设、经营和管理可鼓励社会力量参与，政府不应过多干预市场行为。另外，要注重多部门的联动协作。夜间经济需要交管、环卫、市场管理、文旅等部门协同推进，所以应构建统筹协调机制。在确定地方夜间经济总体目标的前提下，对各个部门的职责予以明确，建议由商务局统筹，对各地在推进夜间经济发展中存在的各种问题进行协调处理，确保夜间经济良性发展。在消费趋势的把握上，可以由商务局牵头，组织文旅、宣传、发改等部门对地方近几年的消费习惯进行调研，在此基础上预测未来的消费趋势和增长点，从而合理确立夜间经济发展项目。

（二）打造区域特色的夜经济集聚区

夜间经济发展，必须更加关注业态的多元化发展，从而满足消费者多样化的需求。具体到鼎城，可以打造"一街一主题"的特色夜生活消费空间。对现

有的大湖路建新路和仙女湖步行街"夜市"、沅江风光带画墙"夜游"、金旺地商业街"夜购"、体育馆运动健身设施"夜健"、阳明湖网红文化"夜演"等做到精细化管理，并拓宽夜间展出经济、夜读经济、演艺经济，加快构建"食、游、购、娱、体、演、展、读"一体的夜经济业态。利用区域内夜间经济综合经营成本洼地优势，发展富有特色的夜间经济集聚区与特色商圈，如鼓励等有条件的商业街区开展夜间经营和促销活动，吸引国内外著名的餐饮连锁企业进驻，增加老字号、特色茶馆等消费业态，加大对年轻人的吸引力，提升人气。

（三）培育地方特色的夜生活品牌

夜间经济不是"啤酒+烧烤"的简单组合，而是文化、科技、艺术的集中体现。地方风俗习惯、民间艺术、人文轶事皆是夜间经济可以挖掘利用的对象。一是打造个性鲜明的地方名片。如对规划中要建设的商业综合体，不能只是简单复制，而是要用长远的眼光布局，在外形上做足文章，使之更人性化，更趋潮流化，为城市增添吸引力。二是打造独特的夜间经济品牌。也就是结合本地特色，将其与夜间经济融合，打造独具特色的夜间经济品牌。具体到鼎城，可以把善卷故里、阳明讲学、常德丝弦等鼎城优秀文化元素融入夜间经济发展中。餐饮方面，可以打造以"鼎式擂茶"为主要代表的本土美食、着力发展擂茶一条街产业链等等。三是打造特色活动。围绕"夜购""夜游""夜演"等，开展特色活动，如音乐节、灯光秀、美食节、广场舞大赛等，以活动聚人气，推动商业、文化、旅游全面融合，打造夜间经济的活动品牌。

（四）提升夜间经济的持续活力

夜间经济的发展，必然会带来城市环境、安全等方面的管理压力，因此必须要有完善的服务配套保障。一是改善交通出行。优化夜间出游方式，适当延长公交、调整运营的车次和班次，制定夜间停车位管理、临时停车、停车引导、减免停车费等具体措施。二是完善夜间服务配套。如鼓励24小时营业的餐饮店、超市等业态发展，并对其给予适当补助；进一步改造夜间亮化标识标牌，为夜间出行的人们提供便利服务；加强对重点商业街区的监督与管理，确保食品安全和质量、游乐设施的安全运营等。三是加强对夜间经济人才的培养。比如对新从事夜市经营者，可在小吃制作、民间手工艺等方面加强培训，从政策上予以扶持；对青年群体，可开展新媒体技能培训，通过个性鲜明的网络红人，进一步提升夜市经济知名度。

四、推动县域夜间经济发展须重视的问题

（一）夜间经济持久发展的问题

虽然一些地方形成了夜市、夜景等夜间经济项目，在发展初期也取得了明显成效，但随着时间推移，夜间经济发展却慢慢陷入停滞甚至衰退状态，夜间经济的发展成为昙花一现。夜间经济发展本身有着极强的季节性特征。冬季因为天气影响，室外夜间经济活动受限，夜消费时段前移，消费时长缩短，必然会造成一些业态生存艰难，因此政府部门必须提前谋划，统筹推进夜间经济项目，补齐冬季气候短板。同时，夜间经济的持续发展，政策环境也至关重要。政策环境虽然看不见，但会潜移默化影响人的认知与行为。政府部门出台的相关政策不仅将在宏观上影响夜间经济的发展走向，还将在微观上影响夜间经济的具体布局。所以，政府在夜间经济的发展上一定要有连续性的政策红利。

（二）同质化现象的问题

目前夜间经济成为城市竞争的新赛道，区域内部之间及各区域之间要避免业态雷同和同质化竞争，也就成为亟待解决的问题。特别是在新时代大众消费不断升级，越趋多样化、高端化的背景下，高品质的夜间经济已不再满足于一般意义上的夜市，而是要实现夜间经济与地方文化的融合发展。因此，县域发展夜间经济，必须编制好本地夜间经济消费指南，因县制宜，立足自有的人口、交通、文化、资源禀赋等，不断打造新模式新场景新业态，形成具有鲜明地域特色的夜间经济品牌，走出一条差异化的创新之路。

(三)经济效益与社会效益统一的问题

一方面,城市治理直接影响夜间经济发展质量,如没有经过科学规划的夜间经济场所,不仅劳民伤财,还可能给居民生活带来负面影响。另一方面,夜间经济的发展又对城市治理提出更高要求。如夜市提供的产品是否有质量保障?经营者、消费者、居民产生的矛盾纠纷怎么调解?夜市经营产生的垃圾等环境卫生问题怎么处理等。因此,发展夜间经济必须解决消费场所的环境卫生和食品安全等问题,切实保障人民的健康权,同时又要注重与城市文明建设和环保的结合。夜间经济的发展不能只注重经济效益,而是要实现经济效益与良好的社会效益的统一。

"白天经济靠生产,夜晚经济靠消费"。夜间经济是新时代夜间消费和夜间生活的新经济生态圈。发展夜间经济,不仅仅是延长商家的经营时间和消费者的消费时间,更是要从业态上科学规划夜间经济,营造更多夜间消费场景,同时做好配套设施和管理,真正让消费者敢消费愿消费能消费。

关于新宁县优化营商环境的调查与思考

⊙ 余　达（新宁县政府发展研究中心）
⊙ 唐　慧（中共新宁县委党校）

2023年1月，湖南省人民政府下发《湖南省打好发展"六仗"总体方案》，其中"打好优化发展环境持久仗"明确要求，以营造市场化法治化国际化营商环境、更好服务市场主体、更好提振发展信心为目标，坚持问题导向、目标导向、结果导向，对标国际国内营商环境评价指标体系，聚焦激发创新活力与维护公平竞争两大核心诉求，深入落实"十个坚决"，纵深推进优化营商环境三年行动计划，持续擦亮"身在湖南、办事不难"营商环境品牌，为全面落实"三高四新"战略定位和使命任务、奋力建设社会主义现代化新湖南提供更好支持和保障。那么，作为基层一线的县市区，如何贯彻落实省委、省政府决策部署，扎实推进优化营商环境三年行动，确保"打好优化发展环境持久仗"取得实效，是值得深入思考和探讨的问题。

一、新宁县优化营商环境工作的基本情况

近年来，新宁县将优化营商环境作为"头号工程"来抓，把持续改善营商环境放到当前工作的重中之重去谋划、去推动，优化营商环境工作有力有序有效，2022年综合考核排名全省第32名、全市第3名，排名大幅提升。

（一）坚持高位推动，激发体制机制活力

成立以县委书记、县长任双组长的优化经济发展环境领导小组，组建"优化发展环境持久仗"工作专班，出台《县级领导联系重点企业工作方案》等文件，进一步加强机制体制建设。县委常委会会议、县政府常务会议多次专

题听取优化营商环境工作汇报，组织县级领导、县直单位和乡镇"一把手"带头深入政务服务大厅窗口进行体验式"走流程"办事。2022年全省营商环境评价中新宁县为优良等次，"走解优"行动2次获省政府通报表扬。

（二）持续深化改革，不断提升办事效率

以"走解优"行动及"清廉大厅"建设为抓手，大力推进政务服务标准化、规范化、便利化建设，持续擦亮"一件事一次办"品牌。新宁县简化取消64项证明材料，减少48项中介服务事项，事项办理时限平均减少80.1%，办理环节平均减少20.3%，新宁县网办率达100%。2022年新宁县"放管服"改革工作获省政府真抓实干表彰激励。

（三）做实"无事不扰"，保护民企合法权益

积极推行"首违不罚"帮扶执法和"无事不扰"精准执法。全面实施"双随机、一公开"监管。持续推进部门联合"双随机、一公开"监管全覆盖，梳理市场监管领域抽查事项848项、部门联合抽查事项288项，涵盖生态环境、交通运输、食品安全、特种设备安全、文旅等174个抽查类别，提高各部门综合监管效率，减少检查频次。落实首违不罚，推进柔性执法。制定《新宁县市场监管领域包容审慎执法"四张清单"》，建立市场主体轻微违法行为容错纠错机制，在不触碰安全底线的前提下实施包容审慎监管，对市场监管职责范围内的77种轻微违法行为原则实行"首次不罚、告诫到位、下不为例"。对经调查属于首错免罚清单范围内的轻微违法行为免于处罚20家（次）。入企检查实行"双审批"备案制。要求所有执法单位进入企业检查前必须填写好《新宁县涉企检查备案表》，未经分管副县长同意和县优化办备案，任何部门和单位不得进入企业进行检查或处罚。同时设立涉企案件绿色通道专门窗口，创新开展"政商亲清直通车"系列活动，获企业一致好评。

（四）强化要素保障，确保企业放心发展

用电保障方面：对新宁县重点企业实行精细化保电服务，向省里争取到投资1.5亿元，开工、续建主网项目5个，启动110千伏城南变电建设。对用电容量低于160千瓦的小微企业实行"零投资"，惠及用户700余户。金融财政保障方面：积极落实减税降费，2022年以来新增减税降费0.56亿元、应退尽退增值税留抵退税0.33亿元，惠及企业7133户（次），减免租金554.39万元。县级财政安排产业发展引导资金4692万元，全力保障产业引导激励资金需求。完善各项惠企补贴政策，出台《新宁县招商引资优惠政策的若干规定》。用活金融工具，实现企业融资便利。2022年以来发放创业担保贷款0.33亿元，财政贴息0.17亿元；为60家中小微企业成功申请财政担保贷款2.11亿元。用地保障方面：科学编制《新宁县国土空间总体规划》，统筹新增和存量建设用地，切实保障各重点企业、重点项目用地合理需求。用工保障方面：加大企业招工服务力度，城镇新增就业1116人；开展补贴性职业技能培训任务2500人次、311就业服务133人次，巩固现有帮扶车间120家；举办招聘会4场，提供岗位数4200个。

（五）坚持主动出击，吸引湘商安心"回归"

科学建设精准招商的"资源库""客商库""项目库"，在长沙、东莞、深圳、上海等地新宁商会设立7个招商联络站，聘请6名"招商大使"。2022年招商考察12次，对接企业30余家，签约落地项目13个，合同引进额23亿元。2023年1—6月，考察企业20余家，签约落地项目5个，合同引资额4.2亿元。

（六）积极担当作为，第一时间处理企业诉求

全面推进涉企纠纷多元化解机制建设，搭建"诉源治理"和"府院联动"两大平台，高度关注企业诉求处理，做到涉企案件第一时间处置到位。共受理企业案件156件，已办结72件（含旧存）。共收集问题线索16件，现已全部办结，累计为企业维权所涉金额高达1067.16万元。

二、新宁县营商环境存在的主要问题

近年来,新宁县在优化营商环境方面做了很多努力,取得了一定的成效。但还面临很多问题和不足。

一是行政审批手续比较繁琐、效率不高。遇事"推绕拖"等办事难现象依然存在,有的部门缺乏诚信,说一套做一套、承诺不兑现、政策不落实;有的干部"新官不理旧事"、上推下卸、不敢担当;有的部门、个别人员不依法行政、粗暴执法、随意执法,不是主动为企业排忧解难,而是抬高门槛、设置障碍;有的把企业当作"唐僧肉","封门堵路"、强买强卖,干扰企业正常生产经营。

二是用地等要素保障有短板。由于在原编制土地规划和审批建设用地指标时前瞻性不够,考虑不周全,项目落地时出现了所需土地体量与实际供地指标保障难以匹配。再加上县财政资金紧张,收支缺口较大,资金调拨比较困难,出现拆迁安置房建设滞后、失地农民养老保险跟不上、土地补偿款难以快速支付到位等问题,部分征拆工作人员消极畏难,工作积极性、主动性不够,征拆进度较慢,个别在谈项目难以迅速签约落地。

三是园区建设承载能力相对不足。园区基础设施建设还相对滞后,园区生产性配套设施建设标准不高,产业集群化发展不够,产业配套和商业服务体系不够完善,特色不够鲜明,园区管理水平相对较低,与当前项目入园需要全产业链配套的需求还有一定差距,入园企业的生产、物流运输成本相对较高,入园企业"自我造血"不强。

四是招商引资成效不够明显。由于区位条件相对不优,交通优势尚未凸显,产业配套还不够完善,没有明显的竞争优势,吸引外商投资的磁性不是很强;招商的点子不多,创新不强,力度不足,外资企业引进难度较大,更难以招到大品牌、大规模的外资龙头企业进驻。同时,项目储备相对不足,包装策划能力不强。由于在产业布局和重大项目谋划和储备时,统筹考虑不够,缺乏有组织的专业化策划包装,缺乏超前发展意识,没有谋划好包装好一批具有乘数效应的重大项目,缺少引领型龙头项目的布局设计;特别是个别项目在做建设可研时考虑不全，调查论证不充分，导致发展方向模糊，建设方案不接地气，没有发展前景，可操作性和针对性不强，对外推介吸引力不够，招商成功概率较低，基本上没有落地实施的可行性，入库要件不完善，导致项目储备相对不足。

五是金融支持力度相对较弱。目前新宁县融资渠道主要有"潇湘财银贷""市中小担""农信担""创业贷"和"扶贫小额信贷"等，但总体而言融资体系还不够完善，担保覆盖面小，担保总量不足，与县内企业融资贷款需求仍有较大差距，特别是部分商业银行为企业转贷时前期工作不实不细，导致工作进度不快，甚至长时间占用政府转贷资金，在一定程度上提高了企业转贷续贷成本。加上新宁县基金发展还处于起步阶段，未形成完整的管理体系，也缺乏高级管理人才，通过产业基金拓宽企业融资渠道难度较大。

三、对优化县域营商环境的几点建议

新宁县无区位、规模、资源禀赋等方面优势，要想实现持续快速健康高质量发展，必须通过打造最佳营商环境率先突破、主动作为。

（一）坚决整治影响营商环境的"四大问题"

一是要坚决整治"吃、拿、卡、要"的问题。这是群众最深恶痛绝的问题之一。要严查严惩，以让群众"办事不求人"为目标，聚焦民生、乡村振兴等重点领域，集中开展大整治。违纪违法问题要严惩快惩、绝不姑息。二是要坚决整治不作为、慢作为的问题。要结合主题教育活动，从思想入手解决好这些问题，特别是领导干部要充分发挥表率作用，努力带出一支敢担当、善作为的队伍。要把敢担当、能担当作为一条选人用人的硬标准，让不担当、不作为的人没有市场、没有位子。要认真落实"三个区分开来"要求，给担当者担当，为干事者撑腰，坚决避免"干事多出错多、不干事不出事"的逆向惩罚。三是要坚决整治工作责任心不强的问题。工作中出现的一些不实不细、"跑粗"现象，其实很多都不是能力不足的问题，而是工作责任心不强的问题。各级干部要争做有责任心的好干部，以习近平总书记倡导的"掌握情况要细、分析自己要细、制定方案要细、配套措施要细、工作落实要细"为基本要求，凡事对照去做。四是坚决整治效率不高、节奏不快的问题。对新宁来说，要尽快补齐发展不平衡不充分的短板，实现跨越发展、全面振兴，就必须拿出比别人更高的效率、更快的节奏。要大力倡导雷厉风行、"马上就办"的作风，对县委、县政府的决策决定，拿出"事不过夜"的劲头抓部署抓落实，做到今日事今日毕。要以"不干则已、干就最好"的精神对待自己手上的每一项工作，做到快而不乱，有质量更有效率。

（二）着力营造"五个"县域营商环境

一是要坚定不移营造高效快捷的政务环境。大力推进"放管服"改革，深化"一件事一次办"，按照上级简政放权的要求，聚焦"流程最优、环节最少、时间最短、服务最佳"，持续简化办事流程，精简行政许可事项，提高政府办事效率；要抓助企发展服务提质，大力推进商事制度改革，严格落实"非禁即入"，降低企业办事门槛、缩短业务办理时间。要推进事前事中事后全链条监管、"双随机、一公开"监管全覆盖，推行企业信用分类监管，严格执行入企业和产业开发区检查备案制度和优化营商环境考核制度。要推行园区项目"四即"（洽谈即服务、签约即供地、开工即配套、竣工即办证）极简审批改革，建立健全惠企政策精准投送机制，优化中小微企业金融服务，大力推广"掌上办""容缺办""预约办"等退税退费服务，减轻企业税费负担。二是要减税降费、降低成本，营造亲商富商的政策环境。认真落实《新宁县招商引资优惠政策的若干规定》，用足用活招商引资12条，涉及税费减免、信贷融资、建设用地、资金扶持、市场准入、政府采购和招投标等方面的责任部门要拿出具体支持办法或细则，把支持落实在流程中，体现在工作中，创造更加有利的政策环境条件。三是要坚定不移营造规范诚信的市场环境。要正确处理好"放"和"管"的关系，全面清理整顿涉企行政事业性收费，落实"零收费"；加快建立以信用监管为核心的新型监管方式，实行企业准入前信用承诺制度，建立各行业各领域红黑名单，采取激励与惩戒联合的方式，推动构建规范有序的社会信用体系。四是要坚定不移营造公平公正的法治环境。严格执法、公正司法，坚决纠正滥用行政权力排除、限制竞争的行为，让各类市场主体、社会资本依法平等进入市场准入负面清单以外的行业、领域、业务，促进市场公平竞争。五是要开放包容，互联互通，营造合作共赢的开放环境。要加强基础设施建设，完善高速公路等便利的交通硬环境，加快永新和新新高速建设，力促怀桂高铁过境新宁并开工建设，扎实推进崀山机场等项目前期工作，健全城乡交通网络；要深度融入"一带一路"长江经济带和"陆海新通道"建设，大力发展枢纽经济、门户经济、流动经济，加快资本、信息、人才、技术等要素聚集，加快形成国际化联系网络。要抓创新驱动，加快推进"五好园区"建设，加强科技孵化体系建设，推进产学研深度融合，充分利用科研院所技术力量，着力培育一批有自主研发能力和市场竞争能力的企业。

（三）以强有力的政治监督推动优化营商环境各项决策落地

一是要加强对制度落实情况的监督检查。新宁县出台了《关于县级领导联系重点企业的工作方案》《新宁县人民政府关于促进消费提振市场信心的意见》，并建立了领导小组、成员单位定期会商机制，实行驻企联络员制度。新宁县各级党组织要切实履行主体责任，严格落实中央、省委、省政府、市委、市政府"四不一报告"制度和县委、县政府优化营商环境各项工作制度。纪检监察机关要加强对制度落实情况的监督检查，对不履行"四不一报告"制度，发现"提篮子""打牌子"行为不制止、不报告的，从严追究责任。二是要从严从快从重查处损害营商环境行为。2022年，邵阳市纪委监委颁布了《邵阳市优化营商环境"十条禁令"》。"十条措施"和"十条禁令"聚焦当前营商环境中的痛点、难点、堵点，以负面清单的形式，为公职人员履职用权划出了"红线"，必须寸步不让狠抓贯彻落实。纪检监察机关要聚焦县委、县政府重点工作、旅游产业等开展挂牌监督、跟进监督、专项监督，向一切作风顽瘴痼疾"亮剑"，以"长牙带电"的制度推进优化营商环境。对违反"十条措施"和"十条禁令"的，要严肃追究直接责任人、分管领导和主要领导责任。三是要旗帜鲜明激励担当作为。纪检监察机关要敢于为担当者担当，对负责者负责，坚决落实好"三个区分开来"，对在优化营商环境、服务经济发展中主管出于公心、没有为个人或他人谋其私利，因法规未明令禁止、政策界限不明确等情形而出现工作失误或过失的，坚持实事求是容错纠错，不让干事创业者背包袱。加大对诬告陷害行为的打击力度，对政商交往中受到不实举报的党员干部及时澄清正名。

（四）全力解决"新官不理旧账"问题

一是要针对新官"不愿理"旧账，解决思想认识上的问题。"旧账"之所以产生，大多是受历史条件制约，当时没有完全依规依纪按程序实施；"新官"怕惹麻烦，因而不愿意来处理旧账。"旧账"虽然不是发生在"新官"任上，但是"旧账"化解责任"新官"责无旁贷，如果这些"旧账"不能及时解决，势必成为经济高质量发展的"绊脚石"，因此必须提高思想认识，站在有利于经济发展大局的高度，直面"旧账"，主动作为。二是要针对新官"不敢理"旧账，解决责任落实上的问题。"新官不理旧账"，其原因是新官从心理上事先认定责任不发生在自己身上，不必要为此去承担责任。同时，如现在依规依程序处理好"旧账"，非常不容易，"新官"或许存在为难情绪、不敢担责。所以，"新官"要想处理好"旧账"，必须强化责任和担当，敢于动真碰硬、攻坚克难，本着有利于发展、有利于工作，对企业负责、对群众负责的态度，立足于主业主责，履职尽责，把整改责任扛在肩上、落实在行动上，确保问题得到有效解决。三是要针对新官"不会理"旧账，解决方法上的问题。要注意理"旧账"的方法，查清事实、还原过程、剖析根源；要坚持实事求是，精准施策，不能乱理、乱清，不能理"糊涂账"；要依法依规，做到程序合法，处理公开，不产生出新的问题。四是要针对企业相关诉求，解决企业支持配合上的问题。在政府处理"旧账"时，企业要主动调整心理诉求，不提过高要求，积极配合调查，实事求是地提供相关原始资料，推动"旧账"理得更清、更细、更准，达到有效消除旧账的目的。

（五）健全完善促进营商环境持续优化的制度机制

一是要压实责任传导机制。县优化经济发展环境领导小组要切实发挥牵头抓总作用，议大事、抓大事，为新宁县优化营商环境把舵定向。各牵头单位和职能部门要扛起打通优化营商环境"最后一公里"的主体责任，按照任务分工扎实抓好有关工作落实。县优环办和两办督查室要统筹协调、具体推进，认真抓好督促检查。二是要健全政企沟通机制。要构建"亲""清"新型政商关系，做到公私分明、亲而有度、清而不疏，相向而行，坦荡真诚地同民营企业接触交往。要按照省优化营商环境条例规定的方式方法积极听取有关企业和行业协会、商会意见建议，要设身处地为企业着想，积极为企业解所难、排所忧，促进企业更好地发展。三是要完善考核评价机制。要将优化营商环境工作纳入各级班子和领导干部年度目标责任制考核体系，作为锻炼干部的重要平台、考察干部的重要内容、选拔干部的重要依据；要建立与考核评价体系相配套的责任追究机制，在考核评价中发现的对优化营商环境工作不重视、不落实，或者发生重大影响事件的要严肃追责问责。四是要健全舆论引导机制。要充分发挥各类新闻媒体主渠道作用，大力推介在新宁投资创业和发展的成功典型，唱响"你投资、我服务，你发财、我发展"的时代强音，吸引更多的有志之士到新宁投资兴业。要发挥好各类新闻媒体的监督作用，对破坏发展环境的要点名道姓进行曝光，让破坏经济发展环境的人和事在新宁无藏身之处、无立锥之地。

关于桂阳县通航产业发展的调查与思考

⊙ 罗爱国（中共桂阳县委党校）

2023年7月，工信部和民航局要求进一步发挥通用航空来服务民生、拉动内需，明确提出要重点扩大有效需求，推动通用航空等产业创新发展，以高质量供给引领和创造新需求。2020年9月，中央空管委正式批准湖南作为全国唯一的全域低空空域管理改革试点省份。作为郴州市域次中心城市、郴资桂"两型社会"示范带和城镇群需要增长极，桂阳县委、县政府提出，加快桂阳县通航产业的发展。本文对桂阳县发展通航产业的现实条件及障碍因素进行了分析，提出加快发展的对策建议。

一、桂阳县发展通航产业的现实条件

通航产业是以通用航空飞行活动为核心，涵盖通用航空器研发制造、市场运营、综合保障及延伸服务等全产业链的战略性新兴产业体系。据《中华人民共和国民用航空法》第145条规定："通用航空，是指使用民用航空器从事公共航空运输以外的民用航空活动，包括从事工业、农业、林业、渔业和建筑业的作业飞行以及医疗卫生、抢险救灾、气象探测、海洋监测、科学实验、教育训练、文化体育等方面的飞行活动。"目前，我国通用航空产业从通用航空产业链来看，上游部分包括核心部件提供商和整机制造商；中游主要为通用航空运营，包括通用机场建设、航空器维修保养等内容；下游则最终应用于公务包机、短途飞行等多个领域。通用航空不仅是一个行业，更是一个战略性新兴产业，同时也是航空产业发展壮大的基础。因此，发展通用航空既是建设民航强国更好地服务国家发展战略、满足人民美好生活需求的客观需要，也是深化民航供给侧结构性改革，支撑交通强国建设的内在要求。

2023年2月,湖南省政府办公厅印发《湖南省培育通用航空产业工作方案》(以下简称《方案》),提出力争经过十年左右时间,将通用航空产业打造为我省重要支柱产业。《方案》提出,加快建设通用机场。推进"1+13+N"通用机场网络建设,布局建设5000个临时起降点,依托株洲航空城、长沙航空产业园、湘江智航新城、岳阳临空经济区等专业园区,打造株洲通航研发、郴州通航制造,衡阳、湘西、张家界、邵阳、岳阳等低空旅游,娄底低空综合交通枢纽等一批特色通航小镇。经过调研和比对分析,认为桂阳发展通航产业,具有独特优势。

(一)前瞻谋划条件

2018年桂阳县委托中国民航大学编制完成《桂阳县通用航空产业发展规划(2018—2035年)》,对通用航空产业发展进行了顶层设计、科学安排,提出了发展通用航空产业建设通航小镇的战略目标、空间布局、发展路径、发展任务和保障措施。通航小镇是指围绕通航核心业务与基础设施,可具备生产、居住、商务、休闲、旅游、会展等多种功能指向的城镇化聚焦区。通航小镇就是通航产业创新发展的重要载体,是向"通航+文旅"要效益,是向先进的通航制造业、通航服务要生产力。2020年将发展通航小镇和临空经济区等相关内容纳入《桂阳县国民经济和社会发展第十四个五年规划和二〇三五年远景目标纲要》,桂阳县自然资源局已委托郴州市城市规划设计院编制《桂阳县临空经济区规划(2021—2035年)》(初稿)。桂阳县实现"融郴融城"是桂阳县几届县委、县政府推进经济社会高质量的战略举措之一,提出了建设东兴新城的构想,在《桂阳县城总体规划(2015—2030)》中,将融郴融城作为重点发展方向之一。

(二)机场通航条件

2021年9月16日,北湖机场正式通航,开辟了郴州市通向外界的一条"空中走廊",标志着郴州市已经实现从二维交通到三维立体交通的历史性飞跃,为郴州市的高质量发展插上了"腾飞"的翅膀。北湖机场距郴州市区20千米，而距离桂阳县城只有5千米，距桂阳正和镇区只有约1千米，名义上的"北湖机场"在地理位置上更像是"桂阳机场"。作为距离机场最近的城市，桂阳县城及正和镇区将获取快速对外交通的最大便利。

（三）基础设施条件

近几年，桂阳修建了黎家洞路、全义路等道路，提质改造了郴州大道、X090线等郴桂连接道路，全面完成了西河风光带美化、绿化、亮化及游人步道建设等，加速了融郴融城的步伐。县城周边建有2个经中国民航局备案的B类机场（全省获备案机场共12个，其中B类8个），其中一个是正和直升机机场，另一个为原仁义林业机场，经改造后跑道长度600米，配备了简易配套设备设施，基本能满足翔龙飞机公司目前生产机型的试飞与取证等各项需求。2021年6月，民航湖南监管局批复了桂阳县申报A类A2级通用机场场址审核意见，2022年8月核定跑道拟建长度800米，并得到了南部战区空军的认可，即将由省政府统一与军方签订《新建通用机场军地协议》。

（四）产业发展条件

落户桂阳的湖南翔龙飞机有限公司是一个集飞机的设计、制造、销售和通航运营为一体的通用航空研制企业。2018年12月研发出了固定翼轻型运动飞机XL100机型的原型机，完成一条脉动生产线建设；2020年6月获得民航局颁发的型号合格证；2020年11月实现了首批3架交付，得到市场认可；2021年XL100飞机进入批量生产，全年共生产20余架，销售8架；2022年上半年完成销售38架和50架份零部件配套。翔龙公司位列当前全国6家获得通用飞机生产许可的企业之一，更是其中4家民营企业之一。其当前正在研制的多款飞机列入省级金牌挂帅研究项目，成为郴州市一直以来首个列入金牌挂帅的科研项目。"十四五"时期，该公司将实现"两谱系五机型（即XL、XDL）"生产，年生产通用飞机1000架以上，实现年销售运营总值超20亿元，成为"国内领先、国际一流"的高新技术企业。目前，翔龙公司航空科普馆既是郴州市中小学科普教育基地，也是来自全国各地研学小学生们认知航空、探索航空、体验航空的快乐天地。这里每年接待的研学小学生近万人次。桂阳县荣获全国休闲农业与乡村旅游示范县、全省精品旅游线路重点县，西河沿线休闲农业、红色旅游、乡村振兴等产业发展态势良好。

（五）政策支持条件

2020年9月，中央空管委正式批准湖南作为全国唯一的全域低空空域管理改革试点省份，随后省委、省政府明确提出，实现"灵活高效使用低空空域，通航产业高质量发展"，确保"半年打基础、一年见成效、两年交答卷"，标志着湖南省通航产业进入了"窗口期"，临近爆发期。2021年7月省政府办公厅印发了《关于支持通用航空产业发展的若干政策》（湘政办发〔2021〕27号），对新建通用机场、通航小镇和新取得国家通用航空器型号合格证、生产许可证的，分别给予最高1000万元的奖励。2021年12月湖南省发展和改革委员会印发了《湖南省通用机场布局规划》，桂阳县通用机场被列入首批建设A类通用机场。市委、市政府提出了"大力发展通用航空产业，将郴州市打造成湖南省重要的通用航空产业制造基地"的战略部署，也出台了相关支持政策。

二、桂阳县通航产业发展的制约因素

桂阳县发展通航产业具备诸多前提条件，但发展的短板和瓶颈也明显存在。

（一）基础设施制约

根据翔龙飞机有限公司的发展规划，正在研发制造的高原型飞机和XDL600多用途飞机，需要一条800米以上的跑道，而仁义通用机场跑道规格仅为600米×25米，设施简陋，现有基础设施无法满足各类机型试飞、取证及今后运营的要求。随着翔龙公司"五机研发、六机并进"目标的推进，公司生产用房、生活用房不足、道路建设等问题日趋突出。相较于省内率先发展的株洲市芦淞区航空小镇，桂阳县的短板更为突出。比如芦淞区航空小镇投入80亿元，布局了58.1平方千米的航空城作为产业承接平台，建成了全省唯一的A1级的芦淞通用机场，拉通了由机场大道等10余条道路构成、全长20千米的骨干路网，建成标准厂房25.5万平方米、人才公寓3.3万平方米、总部办公基地1.2万平方米，还配套建设教育、医疗等公共服务项目。

（二）政策性制约

虽然湖南全域低空空域管理改革已启动，但通航飞机还是没有实现"想飞就飞"，仍然需要走一系列的报批报备程序。国家和湖南省下发了一系列加快通航产业发展的文件，但管理部门多，责任主体不明，门槛过高，审批过程复杂，导致企业推进难度大。如翔龙飞机已投资超2亿元，可迄今为止没有在银行贷到过一分钱，原因是公司处于研发投入期，现金流不大，无法按既有规定获得金融支持。飞机销售按揭政策无法落实，导致部分客户无法获得银行的资金支持。县里也未出台县级层面的支持政策，也未将通航产业作为一个重要产业链来打造。反观株洲市就成立了市、区两级通航产业链，均由市（区）委书记任第一链长，市（区）长担任链长，统筹推进产业招商、企业培育、基础设施建设、平台搭建等重点工作，形成了强大合力。还构建了涵盖产业、创新、人才等方面的高质量政策支撑体系，搭建了较为系统的基金投资体系，推进"园区+产业+资本"融合，积极为涉航企业纾困、减负、赋能。

（三）人才队伍制约

航空制造业属高科技产业，需要的人才要求高、专业性强。通航公司在当地很难招聘到专业技术人员，尤其是通航方面的科研人员、管理人员、专技人员。如翔龙飞机有限公司现有的科研人员、专业技术人员大多是从全国飞机造业基础比较好的地方高薪聘请过来的。人才引不进、留不住，使公司发展缺乏动力和后劲。对比株洲市天元区，每年由财政预算安排人才投入5000万元以上，

"以比长沙更好的条件、更高的奖励来吸引人才",获评 2021 中国年度最佳引才城市(县区)。

(四)产业链制约

省内通航产业配套企业缺乏,影响企业发展。由于翔龙公司在省内无法找到飞机零部件生产的企业,只有在沈阳、南昌等航空工业基础比较好的地方找上下游合作企业,委托其代加工飞机零部件,增加了企业成本,降低了生产效率。但是在芦淞区航空小镇,情况就完全不一样,该小镇作为全国"一五"期间重点建设的六大航空工业基地之一,经过多年的积淀和发展,形成了国内最完整的中小航空发动机研发设计、试验验证和生产制造体系。在此基础上,通过招商引资或企业裂变,形成了一条包含中小航空发动机研制生产、关键零部件制造、通航整机制造、通航运营、通航配套服务等全链条产业,株洲市集聚涉航企业 45 家,其中 38 家落户芦淞区航空小镇,2021 年总产值达 144.4亿元,同比增长 24%。2021 年被评为省级特色工业小镇,2022 年又被列入省工业旅游示范点。

三、桂阳县发展通航产业的对策建议

桂阳县发展通航产业,建设通航小镇率先融郴融城其时已至,其兴可待,必须统一思想认识,抢抓发展机遇,形成工作合力,加快布局通航产业,助力桂阳县域经济高质量发展。

(一)加快编制通航产业综合发展规划

以构建交通融城、空间融城、设施融城、产业融城和生态融城为蓝图,按照"2+2+2+5"总体思路,对接好《郴州市空港新城控制性详细规划》,在桂阳国土空间总体规划中突出往东发展这一重点,加快完成通航小镇的国土空间总体规划和控制性详规编制,以片区开发带动融城发展,以通航小镇为郴桂融合

重要节点，推进郴桂空间融合发展。启动编制通航小镇产业发展规划，规划要依托北湖机场对外交通优势和翔龙公司的产业发展优势，重点发展通航产业的基础产业、核心产业和应用产业，主要包括通用航空器制造、通用航空运营及基础设施与保障资源、通航运动休闲及主题游乐等，与北湖区空港新城实行差异化发展。尽快完成规划审查和报批工作，严格落实规划布局的"排他性"，非通航企业和项目不得入镇。

（二）加快组建通航产业组织机构

要建立高位推进的领导组织机构，并建立领导工作的责任体系。成立县通用航空业发展协调领导小组，由县委、县政府主要领导任组长，分管财政和交通运输的县领导任副组长，相关职能部门为成员单位；领导小组设办公室及工作专班，负责完善各项政策措施，落实工作责任，统筹协调、研究解决桂阳县通用航空产业发展的重大问题、重大事项，积极参与湖南省低空空域管理改革试点工作，从县级层面加强与省市相关机构的沟通联系。建议由桂阳县工业园建设开发公司作为通航小镇的融资、土地收储、业主开发平台，实现"以地生财"和"滚动开发"，最大限度扩大融资与开发建设能力。

（三）加快推进通航产业基础设施建设

按照政府主导、企业参与的模式，加快推进桂阳通用机场及通用航空飞行网络基础设施，切实解决"飞不起来、落不下去"的首要难题。尽快完成通用机场项目前期工作，近期争取通过可行性研究报告的审批，确保在2023年3月启动项目建设，2023年年底建成投入使用。规划建设桂阳舍人渡水上飞机场，力争在"十四五"期间建成投用。要部署临时起降点建设项目，优先建设县城东南西北4个直升机起降点（欧阳海广场、宝岭广场、西水之源广场、文化园大门广场）。加快机场场址衔接道路建设项目，在年内启动东兴路建设，进一步完善通航小镇路、水、电、讯、邮等城市基础设施建设；引进社会资本建设一批通航产业标准厂房、人才公寓，通过财政兜底，可租赁、可购买的方式引入通航企业入驻生产经营；经济适用房、廉租房建设向通航小镇倾斜，适时建设公寓楼为解决员工住宿创造良好的生活条件；按规划出让商住用地，为城市基础设施建设筹集资金，步入"以地生财，滚动开发"的良性轨道。

（四）大力支持培育龙头企业做大做强

继续支持翔龙公司建设，加快推进航空航天科技文创园项目，年前完成少年军校基地和航空航天体验中心，完善国家级科普中心建设；2023年6月前启动飞行员俱乐部、飞行员驾校建设和翔龙智能化大厂房建设项目。鼓励企业增强整机制造能力，丰富产品生产线，推出更多符合市场需求的适航机型和通航应用装备，尽早实现年生产通用飞机1000架以上的生产能力。强化政府购买服务，出台政府购买通用航空公共服务的政策和标准，加快通用航空在抢险救灾、森林防火、医疗救护、警务航空、城市消防、观光旅游、电力巡线、农林作业等领域的有偿应用。配套完善航空应急救援体系，提升快速反应能力，培育壮大通航运营企业。设立政府对接翔龙专员，服务翔龙获得政府相关补贴政策，解决公司遇到的难题，集中优势政策扶持翔龙作为上市后备企业尽快实现上市。多措并举做大做强翔龙公司，以提高龙头企业的产业吸附能力。

（五）加大发展通航产业的要素保障力度

现阶段，国家和国内省级层面、行业层面出台的支持通航的政策已经不少，但核心问题还是财政补贴的多少。通航产业运营主体迫切需要真金白银，补贴多些，一些企业还能勉强活着，发展的步子就能迈得大一些。借鉴先进地区经验，结合桂阳县实际，制定出台促进通用航空业发展的系列政策措施，在城乡规划、用地保障、审批服务、金融支持、航空人才引进培养等方面，提供全方位的政策支撑。出台自主研发、整机装配、生产销售、运营服务等全产业链的财政扶持政策，助力涉航企业做大做强。向省市建议对通航小镇项目建设用地纳入省级市级统筹，落实郴桂融城项目用地需求，预留郴桂融城发展空间。建议将融郴融城项目纳入中省预算内、政府专项债及政策性银行融资重点支持范围，在项目申报、资金分配中给予重点倾斜。主动筹划通航小镇等融郴融城节点片区项目包装和招商引资，依托翔龙通航公司开展"以商招商"，引进上下游产业链，完成翔龙通航公司补链强链，力争"到2025年，引进和培育低空通航企业5家，实现产值100亿元"。政府投资类项目优先选址于融郴融城节点位置。要对标一流标准，营造便利化、法治化、国际化的营商环境，加快建设"服务效率最高、管理最规范、综合成本最低"的营商环境高地，打造创新创业的"首选区域"和"最佳目的地"。

双牌县民营经济高质量发展的调查与思考

⊙ 奉定勇（中共双牌县委党校）

2023年7月14日，中共中央、国务院印发的《关于促进民营经济发展壮大的意见》（以下简称为《意见》）指出："民营经济是推进中国式现代化的生力军，是高质量发展的重要基础，是推动我国全面建成社会主义现代化强国、实现第二个百年奋斗目标的重要力量。"在县域经济发展中，民营经济地位举足轻重、作用越发重要。作为山区林区县、重点水淹县的双牌县，必须全面贯彻落实习近平总书记关于支持民营经济发展的重要指示精神和全国民营经济统战工作会议精神，促进民营经济发展壮大，走出一条高质量发展之路。

一、双牌县民营经济发展的主要成绩

双牌县地处湖南南部，永州市中腹，总面积1751万平方千米，总人口20.26万人，呈"九山半水半分田"的特点，是典型的山区林区县。改革开放40多年来，双牌县民营经济从小到大、从弱到强，不断发展壮大。据统计，截至2023年8月底，双牌县共有个体工商户9239家，民营企业340家；从业人员9700余人，注册资金9400余万元；共有私营企业2300户，员工33 600余人，注册资本34 000万元；新宁县共有农村合作社937个，从业社员35 814人，主要分布在种植业和养殖业；上缴税收占到了全社会实缴税收的半壁江山。民营经济已成为支撑县域经济可持续发展不可或缺的重要力量，为县域经济发展、民生改善、扩大就业等作出了巨大贡献。

（一）资源优势企业稳健发展

双牌县是湘南的资源宝库，拥有得天独厚的山林、竹木、水电、风电等资源优势。森林覆盖率近80%，有林地达220多万亩，活立木蓄积量达620万立方米，楠竹面积30万亩，活立竹4800万根，年产商品竹1000余万根，加之地处永州中腹，从周边县区取材便宜，依托境内外丰富的资源优势，双牌县发展竹木生产、加工的民营企业达29家。境内有大小河流51条，其中湘江干流潇水在境内长78千米，水能储量达42万千瓦以上，新宁县风能储量达30万千瓦以上，从事水电开发的企业有4家，建设小型水电站37个。总投资4.7亿元的倪家洞风电场25台机组全部并网发电，一大批风力发电机项目正在推进。

（二）中小微企业遍地开花

随着沿海地区产业转移的快速推进及双牌县交通瓶颈的打破，特别是"迎老乡、回故乡、建家乡"活动的持续深化，一大批本土和回乡创业的人士在新宁县各个乡镇投资建立了纺织、林下种养殖、林木粗加工、数据线加工、玩具制造等一大批中小微企业。如五里牌镇润达服装厂等8家纺织来料加工企业在该镇设立了17个加工车间，提供岗位700多个，有力地促进了农村人口就近就地就业。

（三）新兴产业不断壮大

双牌县立足本县实际，设立亿元产业发展支持资金，重点扶持进度快、履约好、税收贡献大的企业，激励它们扩大生产经营。同时，双牌县还加大对专精特新中小微企业的申报力度和对高新技术企业的培育力度。特别是近年来，双牌县工业集中区筑巢引凤和相继培育了湖南尚昇生物科技有限公司、湖南省麦克斯新能源有限公司、永州华茂生物科技有限公司等一批高新企业入驻，通过衍生发展、引进发展等途径，生物制药、清洁能源、电子信息等一些新兴产业也"崭露头角"，快速发展。

二、双牌县民营经济发展存在的主要问题

（一）企业体量较小，产业层次较低，结构调整难

近年来，双牌县民营经济发展虽然取得长足进步，但民营经济"气血"不足问题仍然突出。一是企业体量较小，产值较低。从工业领域来看，除南岭民爆、双牌水电公司这两家老牌国企外，带动性强、竞争优势明显的民营企业少，特别在行业内处于领先地位的企业几乎没有。例如，新宁县还没有1家年产值超过1亿元的民营工业企业。从种植养殖领域看，民营经济总量也较小。以茶叶为例，2022年新宁县茶叶专业合作社和企业达到20个，但年均加工成品茶不足百吨，每个企业年均产值仅1000余万元。二是产业层次较低，发展艰难。除民爆化工、水电能源、生物医药、竹木加工有一定的集聚度外，其他产业企业相对数量少，比较分散、关联度低，有的产业只有1~2家企业，如制造业只有1家企业，电子信息产业只有2家企业，"产业链偏上游、价值链偏低端、企业关系偏松散"的产业特征突出，导致产业"不大不强"。双牌县民营经济本身产业基础、科技含量、品牌打造等核心竞争力不强，近年来由于受各种因素影响，特别是受新型冠状病毒感染的影响，下行压力较大，有的企业生产不景气，有的停产半停产，甚至出现出走和倒闭的情况，生存和发展极为困难而复杂。如双牌县委统战部招商引资进来的港资企业，德永玩具厂因各种因素交织影响，已迁往国外设厂生产。民营企业基数少，生存和发展都存在问题的情况下，提升产业层次更显得苍白无力。三是结构调整难，转向亦难。双牌民营经济粗放型、资源消耗型特征比较明显。高峰时期竹木加工企业、竹木作坊近200家，现在仍有竹粗加工企业20家、木材加工企业9家；高耗能的化工企业4家，高新技术企业偏少，科技创新的成果少，分布领域较窄。新宁县60多家中型企业，有专利和成果的仅10多家，多数企业没有专利和成果。同时，双牌县由于人口数基数少，加上留守在家的劳动人口文化素质较低，转向发展技术密集型企业难度大。

（二）资源依赖突出，集聚程度不高，延链强链难

一是资源依赖突出。双牌县属于山区县，在经济发展过程中主要在做"山"字经，过去是依赖森林资源、山地资源等自然资源长期粗犷经营发展。党的十八大以来，双牌县贯彻新发展理念，转变发展方式，依托竹木资源、生态资源，一方面形成"山上建基地、山下粗加工、山中兴产业、园区深加工"发展思路，在打造"竹木产业王牌"上做文章；另一方面以旅游为统筹，全面贯彻"旅游+"和"+旅游"的理念，大力发展旅游经济，打造"旅游"王牌。旅游成为双牌实体经济的重要引领，2022年双牌县旅游综合收入和游客人数增幅综合排名全市第一。二是集聚程度不高。近年来，双牌县工业集中区虽然有较快的建设发展，但园区内企业数量依然偏少，企业整体水平、发展规模还比较低，辐射带动能力不强，企业经营主要停留于原料供应或初级产品代加工居多。加之，又分属在竹木加工、生物制药等六大产业类别中，产业链短、集聚度偏低。三是延链强链难。双牌县企业数量依然偏少，集聚度偏低，又是地处内陆的人口小县，与邻近县比较，在承接大湾区产业转移上优势不足，已有产业链条难以有效延伸和做强。

（三）发展理念滞后，自主创新不强，品牌塑造难

一是发展理念滞后。由于新型冠状病毒感染的影响，大部分民营企业发展受阻。更多的民营企业家是偏安一隅，热衷于一个产品、一条生产线走到底，不愿扩大生产规模。在调研中，还发现个别民营企业主对相关部门工作人员上门调研、拜访持"冷拒绝"的态度，甚至存有抵触思想；有些企业只顾利润，忽视企业党的建设，认识不到思想建设的作用，有甚者把思政工作与企业发展对立起来、割裂开来。二是自主创新不强。双牌县有的民营企业对技术改造、产品研发、设备更新等不够重视，投入不足，不重视自主创新；有的民营企业资金紧张，实力不足等因素影响，不愿意自主创新；更多数民营企业缺少与外地同行业竞争的关键核心技术，不具备自主研发能力。三是品牌塑造难。双牌县本地民营企业数量不多，大多企业又是为沿海等地的大型企业代加工或原材料粗加工，无法形成清晰的品牌发展战略。

（四）政府支持有限，发展环境欠优，服务到位难

一是政府支持有限。近年来，国家和省、市都陆续出台了一系列扶持民营经济发展的优惠政策。政策推广主要依靠文件通知，由于缺乏有效宣传，加之有些民营企业自身缺乏政策咨询意识，导致有关政策社会知晓率不高，形成了政策信息不对称情形。但更为重要的原因是，双牌县底子薄、财力弱状况没有根本改变，地方财政鼓励企业发展的政策和扶持资金，无法全面落地实施，要求地方配套的优惠政策下不了地。政策落实的"最后一公里"打不通，很多优惠政策往往停留在会议和文件上，最终导致政策"开花不结果"，支持就十分有限。二是发展环境欠优。政策环境、服务管理是民营经济发展的源头活水。部分单位在实行负面清单制度、服务清单制度时，未严格按照"非禁即入、平等准入"原则，没有定期公布行政审批事项目录，"玻璃门""弹簧门""旋转门"等民营企业反映强烈的体制性障碍壁垒还存在。同时，在简政放权上，没有把能放的放下去，该放的放到位，能取消的全取消，还存在行政审批效率不高，发展环境欠优。三是服务到位难。双牌县近年来开展了"工业企业服务年"活动，安排了一个后盾单位、一名县级领导对接帮扶一家企业，取得了一些效果，但仍存在一些突出问题。如有的职能部门重管理、轻服务、走过场，主动服务意识差，有的单位认为超出自己的职责职能范围，不愿积极帮助企业做好服务对接，有的单位在帮扶中无具体措施，导致企业无所适从。

三、促进双牌县民营经济高质量发展的对策建议

促进民营经济高质量发展是一盘大棋，也是一个系统工程。政府及各职能部门须摸家底、明实情，有可为、有可不为，量力而行、尽力而为，干在实处，谋在"点"上，创造更优营商环境，推动新宁县民营经济向着绿色化、数字化、服务化、集群化方向发展。

（一）推动政策高效落地，促进民营企业创新转型升级

一是"应降尽降"，落实税费优惠政策。完善和规范当前税费的优惠政策，在法律法规允许的范围内，分门别类地将税费、用地成本费、要素成本费（社保、工资、用电、用水）、制度性的成本降到法定的最低水平，切实减轻企业负担，引导企业向新兴产业方向发展。二是"应给尽给"，支持企业研发创新。国家给予民营企业用于研发的、成果转化的财政支持政策，对签订战略合作协议的企业，县里坚决做到不截留、不打折，并配套到位，支持民营企业做好新产品研发投入和科技成果转化，引导民营企业逐渐发展、加快转型发展升级成为战略性的新兴产业。三是"应聚尽聚"，打造行业旗舰企业。按照"政府引导、统一实施、市场运作、公平公正"的原则，扶优扶强，将优势资源向大企业、大项目集中，发挥"合力效应"，打造1~2个旗舰型企业集团。

（二）打造公平竞争市场环境，构建亲清新型政商关系

一是提供一个宽松和谐发展环境。县委、县政府出台一个支持民营企业发展的指导性的文件，建立领导直接联系民营企业的制度，为民营企业的发展排忧解难，做好服务。对企业的诉求，要做到事事有人管，事事有人抓，件件有回音；对审批事项要做到"一站式"审批，保证一次性办结；对交费事项要实行"一票制"；对拖着不办和顶着不办的人和事要有问责机制。真正做到政府就是民营企业的"娘家人"，为民营企业的健康发展保驾护航。二是打造一个公平竞争市场环境。县域内各种所有制经济依法平等使用生产要素、公平参与市场竞争、同等受到法律保护，全面清理和减除阻碍民营经济发展的政策文件和行政审批事项。加大对各种侵犯民营经济产权、物权行为的打击力度，保护民营经济的产权和物权，让民营企业和民营企业家要放心发展，放手发展，放胆发展。三是坚持严格落实责任与规范政商交往双轮驱动，构建"亲""清"政商关系。坚持以民营企业需求为导向，以提升为企服务为目标，构建亲清新型政商关系。严格落实责任。各级党委、政府和相关职能部门负主体责任，纪检监察机关担负监督责任，推动形成党政齐抓共管、部门各负其责、企业和社会广

泛参与的工作合力。规范政商交往。坚持政商平等交往，在不触碰纪律"红线"和法律"底线"的基础上，旗帜鲜明地鼓励机关单位及其工作人员与企业及其负责人正常接触和交往，推动机关单位工作人员特别是领导干部堂堂正正走进企业，干干净净与企业主接触交往。严格管理考核。对已经出台的支持民营企业的措施和办法要列入目标管理进行考核，对各项措施和办法的落实情况，要加大督查力度，对阻碍民营经济发展的人和事要敢于"硬碰"。

（三）加大引进培养管理技术人才，提升民营企业家整体素质

民营企业的发展离不开高素质人才。一是提高重才意识。政府和民营企业要增强培养人才的意识，重视与尊重人才，提高员工的工作积极性与工作满意度，使人才能够在工作过程中有安全感和成就感。二是拓展选才渠道。政府坚持"新宁县一盘棋"，扩大选人视野、拓展发现渠道、优化队伍结构，构建与民营经济人士健康成长相适应的人才工作体系；建立新宁县民营经济代表人士数据库，实行动态管理、分类培养；同时，发挥人才主管部门、统战部门、行业主管部门发现人才的作用；坚持兼顾不同地区和行业、大中型企业和小微企业，适当向战略性新兴产业、高技术产业、先进制造业、现代服务业、现代农业等领域倾斜选人引才。三是抓实育才工作。统筹用好青年创业就业政策，为年轻一代提供创业支持。进一步完善和深化双牌县年轻一代民营经济人士培养行动计划。积极稳妥做好在民营经济代表人士优秀分子中发展党员工作，把政治素质好、群众认可度高、符合党员条件的民营经济代表人士及时吸收到党内来。四是加强民营经济人士政治思想建设。培养政治上的明白人。通过集中宣讲、会议宣教等方式加强思想政治教育，引导民营经济人士用习近平新时代中国特色社会主义思想武装头脑、指导实践，在政治立场、政治方向、政治原则、政治道路上同党中央保持高度一致，始终做政治上的明白人。加强民营企业党建工作。继续推进民营经济领域党组织的全覆盖，切实发挥党组织的战斗堡垒作用和党员的先锋模范作用。完善联谊交友、谈心交流制度。引导民营经济人士树立正确的价值观、事业观、财富观。

临武县锂电产业助推高质量发展的思考

⊙ 廖楚涵（中共临武县委党校）

随着全球能源的转型升级及新能源汽车快速发展，锂电池市场需求增长迅速，中国市场对动力电池的需求位居世界首位。工信部赛迪研究院2021年发布的《中国锂电产业发展指数白皮书》显示，我国已连续五年成为全球最大的锂电池消费市场。随着中国锂电池市场规模逐年递增，锂电池产业得到了快速发展，2022年全国锂离子电池产量达750GWh，同比增长超130%；行业总产值突破1.2万亿元，约是上一年行业总产值的两倍[1]。全国各地纷纷加速布局锂电池产业。打造"电池产业之都"是临武的重点工作，也是临武实现高质量发展的必由之路。

一、临武县锂电产业助推高质量发展的优势条件

（一）资源禀赋优势

临武县矿产资源丰富，被誉为"有色金属之乡"，县内矿产资源丰富，矿种较多。目前，临武县已发现固体矿种46种（含亚种）已探明储量22种，已发现矿床（点）92处，其中大型及以上矿产3处，中型矿床8处，小型矿床32处，其余各类矿点49处。其中，临武县锂矿资源保有量大、分布广，主要分布于香花岭矿田，该矿田包括香花镇癞子岭矿区、花塘乡尖峰岭香花铺矿区、鸡脚山矿区、通天山矿区、三十六湾矿区，属于锂云母矿类型。初步勘查，潜在氧化锂储量可达500多万吨，据业内人士分析，潜在储量可能超过1000万吨。

（二）交通区位优势

临武县地处郴州市南部，与广东省连州市接壤，有高速公路或国道、省道相连，交通便利，可达性强。2017年，京港澳高速郴州北互通顺利建成，炎汝高速与广东仁深高速对接通车，临武快速地纳入"珠三角""长株潭"的两小时经济生活圈，成为华南经济圈与内陆经济带的重要通道和节点城市。衡武高速（京珠复线）通车后，到郴州1个小时（距郴州110千米），到韶关1个半小时（距韶关市181千米），到广州3个小时（距广州市380千米），到深圳不足4个小时（深圳市500千米），制约临武县经济发展的交通问题有了明显缓解，临武县对外大畅通，对内大循环的格局基本形成。

（三）产业基础优势

近年来，临武县抢抓新能源发展机遇，重点围绕做大做强电池和电子电容产业，与广东省电池行业协会、湖南久森新能源三方共同打造了湘粤（临武）电池产业集聚区。形成了以湖南久森新能源、湖南安能赣锋新材料、湖南大中赫锂矿、郴州科力远储能科技、湖南省领锂矿科技等企业为代表，以中科久森联合实验室、中南大学博士后工作站、湖南安能思创新能源技术研究院为核心，集科研、生产、检测于一体，原材料生产、机械设备制造和相关配套新能源产业集群。目前，湘粤（临武）电池产业集聚区已成功引进上中下游企业39家，2022年实现营业收入127.6亿元。

（四）政策引领优势

为高位推动临武锂电新能源产业高质量发展，集中优势优先保障锂电新能源产业发展，临武县成立了由县委书记任组长的电池产业建设项目领导小组，由县委常委、副县长王雄担任办公室主任，专抓锂电新能源产业发展。成立了股级单位"临武县电池产业发展服务中心"，并从临武县各县直单位、乡镇抽调了20余名业务骨干，专门负责统筹协调相关部门做好含锂多金属矿勘查、采矿生产、项目建设、产业发展、招商引资、项目要素保障等工作。

二、临武县锂电池产业发展情况

（一）招商引资情况

2022年，抓住"双碳"目标机遇，瞄准新能源行业赛道，产业发展形成蓬勃来势。2022年6月18日，一场盛大的招商大会在临武举办，182家电池企业走进临武，14家企业签约，总投资1024亿元[2]。临武县人民政府：《2023年国民经济和社会发展计划》招商大会结束后，启动上海安能、大中矿业、科力远、鞍重股份4个锂电新能源全产业链开发项目。随着锂电新能源材料等一系列高质量项目落户临武，临武高新区便正式开启"干大事业"节奏和旋律。2023年3月的临武高新区，放眼望去尽是一片从"新"出发，大干快上的气象。规划产能15万吨/年的安能赣锋碳酸锂项目正式开工，吹响了锂电新能源全产业链发展项目建设的"冲锋号"。

（1）上海安能项目工作进展情况及规划：项目总投资406亿元。其中，一期投资143亿元（2022年12月开工），二期投资143亿元，三期投资120亿元（2024年12月竣工）。由上海安能、赣锋锂业、中国电力组建企业联合体投资开发，上海安能开发采选板块，赣锋锂业开发碳酸锂加工板块，中国电力开发锂电池板块，规划建设集锂矿开采、矿选、冶炼、电池制造全产业链于一体的锂电产业园。

（2）大中矿业项目工作进展情况及规划：项目总投资160亿元，分二期建设，其中，一期投资62亿元，二期投资98亿元。由大中矿业、万润新能源、星恒电源组建企业联合体投资开发，大中矿业开发采选板块，万润新能源开发碳酸锂加工板块，星恒电源开发锂电池板块。

（3）深圳科力远项目工作进展情况及规划：项目总投资198亿元，分三期建设。其中，一期投资34亿元，二期投资66亿元，三期投资98亿元。由科力远新能源、江西鼎盛组建企业联合体共同投资开发采选、冶炼、电芯、混合储能及新型建材项目。

（4）鞍重股份项目工作进展情况及规划：项目总投资260亿元，分三期建设。其中，一期投资66亿元，二期投资66亿元，三期投资128亿元。由鞍重股份、宁夏汉尧、三一集团、桑顿新能源组建企业联合体投资开发，鞍重股份开发采选和碳酸锂加工板块，宁夏汉尧开发正极材料板块，三一集团、桑顿新能源开发锂电池板块。

（二）要素保障情况

1. 矿权资源配置情况

坚持政府主导、部门联动、企业参与、整片开发、措施有力的开发原则，加快涉锂矿山资源整合。大力推进锂矿资源整合归集，上海安能、深圳科力远、鞍重股份3家企业均已配置矿权资源，大中矿业前期资源配置工作取得重大进展。同时，强力开展打击非法盗采外运锂矿资源犯罪活动，临武县设置5个交通执勤卡点，对重点矿山实行24小时不间断、全方位巡查。目前已立案查处35起，扣押含锂多金属矿产品500吨，形成强大震慑力量。出台《临武县含锂矿石选矿厂管理办法》，加强选矿厂规范管理。

2. 用地供电供气情况

坚持用地跟着项目走，统筹保障计划指标，加快调区扩区和三类工业用地申报，重点保障新能源锂电池产业链重大招商引资项目用地需求。在立足能耗双控目标任务完成的基础上，优先保障新能源电池产业链重点建设项目能耗指标。加快推进电力源网荷储一体化建设，完善电力需求侧管理机制，加强对新能源电池产业链企业的电力供应保障，确保应供尽供。加快"桂阳—临武"天然气输气管道建设，为项目落地留足输气口径。

临武县已高效推进土地征收，碳酸锂、电池、建材项目完成征地2300余亩。邀请省市技术专家来临就水、电、气、道路运输开展专题调研，提出指导性意见，优化方案。项目供水、供电方案已初步确定，上海安能、深圳科力远采选项目10千伏供电线路架设有力有效推进；供气能力30万米^3/天的临武末站—工业园区中压管线已完成敷设、接收门站建设已基本完成，预计2025年4月具备通气条件，3家企业采选区域内道路设计方案已完成，投资主体和比例已基本确定，即将进入施工阶段。

（三）打非治违情况

2022年下半年以来，锂矿资源价格攀升，临武境内出现违法开采、经营锂矿现象，引起县委高度重视。盗采和运输的行为也严重违反了临武县人民政府发布的《关于严厉打击非法开采矿产资源行为的通告》，乱采乱挖容易发生山体滑坡和泥石流，不仅破坏生态，还造成国有资产矿场资源的流失。

12月份以来，临武县委、县政府在临武县范围内开展打击非法开采矿产资源专项整治行动，共抽调了60名相关工作人员，设立了5个卡点，并安排专班小组成员在卡点处进行24小时轮班值守，对进山人员和车辆进行劝阻劝返和检查等工作，依法保护矿产资源和生态环境，切实维护矿产资源开采利用秩序。截至2023年年初，共查处非法盗窃矿石案8起。

2023年2月份，临武县人大常委会紧扣县委重点工作，听取和审议了《临武县人民政府关于打击非法开采、收购和运输锂矿资源违法犯罪行为情况的报告》。下阶段，将从源头上堵住非法盗采的现象，抽调相关人员设立检查点。此外，进一步加强巡逻，促进临武县锂电产业依法、有序、健康发展。

三、临武县锂电产业助推高质量发展中存在的问题

（一）产业链尚未形成

目前，锂电新能源产业在原材料开采加工、正负极材料生产、电芯加工方面均有一定基础，但是整个产业链尚存在薄弱之处，在于产业链条不够完整，如果上下游的产业配套问题处理得不好，缺乏前瞻性规划，或者规划不科学，那么可能导致重走"先开发，后治理"的老路。同时产业园区的承载能力还不大，整体规模偏小。

（二）环保与发展矛盾

锂矿在开采的过程中，会直接破坏生态环境。在选矿过程中，会使用大量水，也会带来一定的废水污染。提炼过程中，会因工艺不同而产生污染物，

造成环境污染问题。癞子岭三十六湾是临武县锂矿开采的主要矿区之一，已有400多年的采矿历史，曾因乱采滥挖让当地生态环境遭到了严重的破坏，如今锂矿的开采既不能因噎废食，也不能漠视前车之鉴[3]。

（三）研发能力较弱

企业研发与创新能力不强。相较珠三角、长三角、中西部地区，整个产业链都没有自主核心技术，特别是低端同质化存在竞争，"高端不足、低端过剩"的分化趋势日益明显。目前，锂电新能源产业有国家地方联合工程研究中心1家、省级创新平台23家。大部分企业普遍只满足于生产而对研发缺乏重视，缺乏院士工作站、国家级工程技术研究中心等研发平台。此外，产业创新人才队伍体量不大、层次不高、结构不优，科技合作力度小，现有企业研发中心多数规模较小、研发经费投入不足、缺乏高端技术人才与较强科研团队，企业创新能力普遍不足。

（四）要素矛盾尖锐

一是用水，锂矿石加工工艺流程浮选法是目前主要的锂矿石选别方法，需要大量用水，但配套的供排水管网还未建成。二是用电用气，在锂矿石采、选、深加工过程中，都需要大量用电用气，但电力、燃气供给压力较大，变电站和燃气管道都需要新建和升级。三是矿区用地。采矿项目建设用地新增和存量采矿用地复垦修复尚有难度，采矿项目用地没有形成"一张图"布局。四是园区用地。用地指标、用地审批、土地征收等方面还有一定堵点。

四、临武县锂电产业助推高质量发展的对策

（一）明确战略定位

明确而富有远见的战略定位，对县域经济发展有着直接、深远的引领作用。临武县立足"电池产业之都、宝玉矿石之乡、特色农业之县、转型示范之城"

四大定位,从临武自身产业基础和特点出发,将"电池产业之都"的定位作为第一定位,以锂电产业发展为推进临武经济稳进提质蓄势赋能。

(二)厘清发展思路

郴州市正围绕资源换产业、资源换市场、资源换财源的发展模式,构建"锂矿—材料—电池—终端—回收"五位一体的锂电池全生命、全产业链的发展新格局。利用本地产业基础和资源禀赋特色,精准承接产业转移,大力实施强链补链延链工程,打造贯通"锂矿—锂盐—锂材料—锂电池—锂应用—锂回收"的全产业链发展模式,重点构建碳酸锂、锂电池材料、锂电池、新能源汽车、锂电池应用五大产业模块,重点支持引进正极材料、下一代负极材料、动力电池等领域重点企业和重大项目。解决碳酸锂下游产业链环节企业规模普遍偏小、企业数量较少问题,为本地锂电池生产企业配套。强化落地企业之间战略合作,形成集聚效应,推动锂电产业集群式发展。

按照"下游带动上游企业"的原则,依托引进锂电池制造企业、头部企业,发挥跟投作用,与锂资源开发和正负极材料生产头部(龙头)企业强强联合,共同合作开发锂矿资源并建设锂电池产业园。在锂电池材料规模化发展的基础上,依托上游龙头企业的示范支撑,带动合作伙伴及其他新能源产业相关企业共建"锂电池产业园",串联锂电池产业链各种正极、负极材料、电解液、极耳、隔膜及电芯、PACK制造等各个环节,有目的地引进储能锂电池、动力与消费类锂电池、PACK型龙头型项目,引导发展动力锂电池组件、新能源汽车及储能站等应用产品,同步发展机械装备与制造、分布式储能电池、锂电包装材料、电池材料回收、建筑材料等锂电关联产业,构建锂电池全产业链上中下游协同发展,形成产业集聚效应。

(三)完善科学部署

迅速启动勘查。加强政府对锂矿资源的管理和调控能力,按照"政府+平台+头部(龙头)企业"的模式,有序有度开发利用锂矿资源,坚持锂矿资源就地深度转化，最大限度发挥资源效益。鼓励支持头部（龙头）企业聘请专业技术机构深度勘探锂矿资源。积极争取国家、省、市政策支持，将空白区块锂矿资源勘查列入勘查计划，尽快安排政策性勘查资金扶持，探明资源分布情况、储量、品位和成矿规律，为制定战略性资源开发奠定基础，也为有计划、有步骤开发做好准备。

整合矿山资源。按照"统一政策、统一管理、统一开发、统一经营"的原则，由政府主导，按"政府+平台公司+头部（龙头）企业"模式，制定强硬措施，按锂矿资源及碳酸锂产品不出郴州的总要求，实施资源整合。一是科学有效整合无主、有主尾砂矿，从尾砂矿入手，确保项目快速落地投产。二是对许可证过期矿山、长期停产矿山、许可证即将到期矿山由政府主导，平台公司或"平台公司+头部（龙头）企业"完成收购。三是对有证矿山且正常生产的，引进实力强劲的企业进行并购。四是未划定矿权空白区域，政府加快矿权的申请设置，由平台公司掌握储备区。

做到"吃干榨尽"。锂矿资源经过开发后，发展循环经济是尾砂、尾渣利用的技术重点。一是建立全产业链提锂智能化工艺，实现提高稀有金属回收、副产品全面利用，达到零排放标准。二是以尾砂尾渣为原料，开发和生产用量大、范围广的墙体材料、烧结砖、空心砖、免烧砖、环保陶瓷生态砖、高速公路底基层等建材领域系列产品，实现废弃物减量化、无害化和资源化处理。三是出台锂矿资源回收再利用政策，推动废旧电池的循环再利用和对废旧电池材料物质拆解回收利用，建设资源循环利用基地，形成产业闭环。

（四）强化科技创新

科技创新是锂电产业发展的重要保障。临武县应该加强科技创新，提高锂电池的技术水平和质量。打造面向锂电新能源产业科技创新服务平台，从研究开发、技术转移、知识产权、产学研合作等方面为企业服务。支持锂电产业组建科技创新平台，支持"锂电新材料产业技术"和"储能电池绿色循环利用"2个省级锂电新能源产业技术联盟围绕锂资源绿色开发、尾泥尾渣综合利用等领域的共性关键难题技术攻关。加大校企合作力度，依托湘南学院、郴州职业技术学院、临武职业中等专业学校等本地院校培养锂电技术人才。通过刚性和柔性引才相结合的方式，引进高层次产业领军人才和创新团队，为产业科技创新提供人才支撑，提高锂电产业的科技含量和竞争力。提升人才培养人才是锂电产业发展的重要资源。临武县应该加强人才培养，建立完善的人才培养体系。在人才引进方面，应该引进一些高水平的锂电产业人才，提高锂电产业的人才素质和竞争力。同时，还应该加强对本地人才的培养和引进，提高本地人才的技术水平和创新能力。

（五）加强政策引领

2022 年发布的《关于郴州市加快电池产业发展打造"电池之都"的决定》提出，坚持锂矿资源就地深度转化的原则，最大限度发挥资源效益。围绕"老乡回故乡、存量变增量、资源换财源、龙头来牵头"，加大资源招商、链条招商、以商招商力度，瞄准电池产业国内排名前十及电池细分领域龙头企业，引进落地一批投资规模大、科技含量高、发展前景好的电池产业项目，推动形成电池产业头雁效应。出台政策支持围绕头部企业、领军企业的供应链、生态圈开展招商引资，围绕锂电产业强链补链精准招商，吸引一批锂电配套项目集聚。推进锂电新能源重大项目建设工作，对科技含量高、带动效应强的锂电重大项目，在用地、用电、用能等方面给予重点支持。

📖 参考文献

[1] 中华人民共和国工业和信息化部电子信息司.2022 年全国锂离子电池行业运行情况 [EB/OL].（2023-02-23）[2023-06-27]. https://wap.miit.gov.cn/gxsj/tjfx/dzxx/art/2023/art_87a66c4fedd047e2a3f4fead23e99718.html.

[2] 临武县政务服务中心. 百家电池企业走进郴州招商大会：14 家企业现场签约 总投资 101.3 亿元 [EB/OL].（2022-06-20）[2023-07-10]. http://www.lwx.gov.cn/zwgktpxw/content_3461729.html.

[3] 湖南省农业农村厅. 湖南省农业农村厅办公室关于转发省委农村工作领导小组《推进县域经济高质量发展实施方案（2022—2025 年）》及《湖南省县域经济考核评价实施办法（试行）》的通知 [EB/OL].（2022-07-05）[2023-06-27]. https://agri.hunan.gov.cn/agri/xxgk/tzgg/202207/t20220705_27106124.html.

资兴市对接湖南自贸试验区郴州片区建设研究

⊙ 何小昌（中共资兴市委党校）

党的二十大报告指出，加快构建新发展格局，着力推动高质量发展，必须推进高水平对外开放。进出口贸易是地方经济发展外向度的主要指标，也是拉动地方经济增长的重要因素之一。国内自贸试验区实质上是采取自由港政策的关税隔离区，准许外国商品豁免关税自由进出，是保税区的升级版，主要侧重于政策改革和制度创新。中国（湖南）自由贸易试验区包括长沙片区、岳阳片区和郴州片区。郴州片区于2020年9月24日正式揭牌，总面积19.84平方千米，主要包含郴州市高新技术产业开发区、郴州市综合保税区等，重点对接粤港澳大湾区建设，突出湘港澳直通，发展有色金属加工、现代物流等产业，打造内陆地区承接产业转移和加工贸易转型升级重要平台及湘粤港澳合作示范区。中国（湖南）自由贸易试验区郴州片区（以下简称"郴州自贸片区"）的建设，是郴州市更高层次扩大开放、构建湘粤贸易走廊的重大机遇。资兴市紧邻郴州自贸片区，市委、市政府提出"要解放思想，加强对接，主动融入郴州自贸片区建设"的思路。融入郴州自贸片区建设是资兴市实现高质量发展的重要机遇，是推进体制机制创新的迫切需要，也是培育对外开放新优势的重要契机。

一、资兴市全面对接郴州自贸片区意义重大

（一）应对复杂宏观形势、加快构建新发展格局的重要平台

当前，全球经贸形势不确定性增大，世界经济持续低迷，一些国家贸易保护主义抬头，全球产业链供应链面临巨大调整。在这种外部环境下，以国内大循环为主体，保持国内经济良性循环至关重要。郴州市是湖南离珠三角最近的城市，也是湖南省最早向南开放的城市，不仅是湖南省的"南大门"，更是珠

三角产业转移进入中西部地区最直接、最便捷的通道之一。资兴市对接郴州自贸片区，将有效促进经济要素的聚集、流动和优化配置，产生更大的规模效应、集聚效应和溢出效应，促进高技术制造业的快速布局和成长。

（二）打造内陆地区承接产业转移、推进体制机制创新的有力抓手

近年来，郴州先后建设了综保区、铁路口岸、铁海联运、国际快件中心等对外开放平台，成为湖南省乃至中西部地区开放平台最全、功能最优的市州之一。资兴市对接郴州自贸片区，客观上要求营造优良营商环境，对接先进地区质量、技术、安全、环境等标准，为推进高质量发展探索新路径、提供新经验。资兴市应以主动对接郴州自贸片区为契机，放大湘南、湘西承接产业转移示范区乘数效应，倒逼行政体制改革，推进体制机制创新，降低体制性、制度性交易成本，营造国际一流的营商环境，吸引人才、资金等高端要素聚集，吸引创新型企业前来投资，为资兴市县域经济的可持续发展奠定良好基础。

（三）培育发展外向型经济的重大契机

2022年，资兴市共有外贸进出口实绩企业17家，其中进出口额500万元以上企业8家，郴州市重点外贸企业2家。2021—2022年，全市进出口总额分别为13.46亿元、16.12亿元，实际利用外资分别为593万美元、923万美元（见表1）。

表1 资兴市进出额和利用外资情况

年份	进出口总额/亿	比上年增长/%	实际利用外资/万美元	比上年增长/%
2021年	13.46	39.9	593	150.2
2022年	16.12	19.8	923	55.6

通过对接郴州自贸片区平台，资兴市可以建立起全面开放、面向出口的外向型经济，让企业"走出去"和"引进来"，立足于郴州自贸片区的市场信息、先进技术、生产方式、管理手段，引进外资、技术、人才和管理经验，加快与

国际经济接轨，增强国际竞争力，打开国际市场；利用比较廉价的资源，通过开放市场，进行与区域市场、世界市场的接轨和优化配置，获得区域或世界市场竞争的比较优势，打造开放发展先行区。

二、资兴市对接郴州自贸片区建设面临的机遇与挑战

（一）机遇：从长远看，郴州自贸片区对资兴市发展具有溢出效应

资兴市对接郴州自贸片区建设可以分享溢出效应。长远看，"大树底下好乘凉"。郴州自贸片区扛起"试在高新、用在郴州、服务全省、贡献全国"的战略使命，其中一项关键举措就是推动郴州自贸片区和各板块各园区联动创新发展，让板块的资源项目"进得去"、郴州自贸片区的制度创新成果"出得来"，使改革优势得到充分发挥、资源配置得到最大优化。资兴市可以享受三个方面的"溢出红利"。

1. 政策制度创新示范

自由贸易区不仅是外资外贸政策优惠区，还是外资外贸制度创新区。郴州自贸片区在落实国家发布的260项改革试点任务的同时，还有102项制度创新，包括营造优良投资环境、提升贸易便利化水平、推动金融创新服务实体经济、推进人力资源发展等领域先行先试。资兴市将受益于郴州自贸片区在金融、税收、监管等方面提供的可复制、可推广的制度创新探索，享受改革红利，提高外向型经济服务水平，同时资兴市必须对照自贸试验区标准在企业服务、项目服务上好上加好、优上更优，才会更具有吸引力。

2. 近距离接触国际市场

郴州自贸片区的建立，就好比在郴州市成立了一个国际市场，由于资兴市与郴州自贸片区之间交通相对便捷，物流往来相对便利，这对于资兴市企业进入国际市场是很有利的，能大幅度降低进入国际市场的成本，可以近距离接触国际市场，为吸收先进技术、管理经验及信息、资金等创造条件，更好地拓展海外市场，发展对外贸易。

3. 产业集群配套辐射

自贸试验区在资金、人才、技术、信息等方面会产生集聚效应和辐射效应，惠及上下游产业，给靠近自贸试验区的资兴带来一些投资和商机。作为内陆型自贸试验区，依托地方自身特色及区域特色发展，重点聚焦特色产业和专业服务业，有利于促进地方产业转型升级，更有利于促进资兴大数据产业、电子信息产业、文化旅游业的转型升级。自贸试验区的建立还能为周边地区企业降低各种成本。

（二）挑战：从短期看，郴州自贸片区对资兴市具有虹吸效应

从短期看，郴州自贸片区建设对资兴市具有虹吸效应。"大树底下不长草"。郴州自贸片区外向型经济配套完善，相对资兴而言，较为发达，作为紧邻，自然无法避免受郴州自贸片区的虹吸效应影响。如何激发资兴市外贸经济活力、防范产业空心化风险，成为挑战。

三、资兴市主动对接郴州自贸片区建设的建议与对策

资兴市作为郴州乃至湖南中部极具潜力和较强承载力的城市，融入自贸试验区建设可谓天时地利人和，未来将与郴州的命运紧紧相依。资兴市要围绕"桥头堡""先行区""示范区"定位，通过全面对接、重点突破，加快引进一批资源要素、招引一批重大项目、完善一批体制机制、推进一批改革试点，不断提升对外开放水平，把资兴打造成为粤港澳大湾区产业转移的重要承接地、郴州自贸片区要素资源辐射先行配套区。

（一）完善"四举措"有效应对，稳住外资外贸基本盘

一是稳企业。党的二十大报告提出，"坚持把发展经济的着力点放在实体经济上来"。发展实体经济的主体是企业，企业是经济发展的根基和命脉，稳住实体经济就是稳住经济基本盘。建议每年定期召开全市重点外资外贸企业座谈会，

听取外资外经贸企业的生产经营状况、存在问题及需求建议，精准施策、优化服务，切实帮助企业解决实际困难，稳住外贸外资基本盘。建立重点外贸企业监测机制、风险防范机制、涉外部门联动服务机制，由商务局牵头，联合郴州海关、税务、外事等部门联动走访调研，及时了解企业运行情况，实行政策信息联动共享，用足用好出口退（免）税稳外贸工具，帮助各类外贸企业保市场、保订单、保履约、降成本、防风险。

二是抓改革。资兴市制定了《关于落实加快推进"开放崛起"若干政策》（资政办发〔2020〕9号）等文件，对企业技术改造、厂房租赁、新产品研发、利息支出、物流、搬迁、人才培训等费用给予外贸企业奖补。要深化改革，纵观其他县区，加强研究，出台新措施，缩短与自贸试验区的政策差距。以自贸试验区的政策措施为标准，对资兴市外资外贸相关政策进行调整和创新，进一步深化投资、金融、法治化和国际化方面的改革。比如，全力争创"国家电子商务示范市"，并与郴州的国家跨境贸易电子商务试点融合，建立电子商务服务、网络金融服务、智能物流服务、跨境电子商务等多领域多形式合作，推动资兴市国际电商产业发展。另外，积极开放旅游、金融服务、文化创意、教育医疗等服务业，推动资兴市社会经济全面发展。

三是强招商。现实告诉我们，哪里政策公开透明可预期、哪里成本低、哪里服务好，哪里就有集聚要素的优势。发挥紧临自贸试验区交通区位优势，瞄准自贸试验区集聚的各类高端要素，主动承接辐射和"溢出"效应，有针对性地招引行业领先企业和具有较强成长潜力企业，以专业市场、现代物流、软件研发、科技金融等为重点，开展小规模、多批次、主题化、专业化的招商，引进优质外资项目、海外先进技术、管理经验和高层次人才，提升全市利用内外资综合效益。同时，要加强与长沙、郴州等地媒体的联系，积极在自贸试验区宣传推介资兴市在生态资源、产业特色、创业环境等方面的优势，进一步扩大影响力，力争使资兴市成为在郴国际资本延伸投资的"第一站"。

四是促融合。用好区位条件，找准资兴市在郴州自贸片区产业链中的"座位"和"坐标"，促进优势互补，实现错位发展。全面对接自贸试验区的市场规则、服务规则和办事规则，在一体开放、交通运输、产业配套、要素互通、监管联动上下功夫。优化市场体系、投资环境，提升开放水平。资兴市在抓好外资外贸发展、形成规模效应后，可以争取相关政策，比照浙江省自贸试验区跳出舟山市，扩展至宁波市、杭州市、金华市和义乌市，面积增加一倍；四川省在全国率先探索差别化试验路径，启动自贸试验区协同改革先行区建设，充分享受自贸试验区改革制度性成果。

（二）建立"四机制"加强对接，打造片区融合桥头堡

根据郴州自贸片区的规划和定位，加强观念对接、产业对接、产品对接、市场对接，努力实现观念共塑、规划共绘、产业共兴、要素共保、机制共建的全方位、深层次、宽领域对接格局，把参与郴州自贸片区建设作为资兴高质量发展的新动能。

一是建立对口交流机制。政府层面，开辟领导互访、对话通道，密切领导交往，按职能分工加强与郴州自贸片区对口部门专题对接，搭建交流合作平台，围绕打造郴州自贸片区先行配套区目标，签订战略合作框架协议，建立主要领导定期拜会机制、相关市领导洽谈机制、部门对口交流机制等，促进专项合作，时刻关注自贸试验区的政策动向，精准把握改革趋势，下好先手棋。要积极发挥民间力量推动地区间合作，由资兴市与郴州的行业专家、领军人物和专业人士组成行业协会，为推进资兴市与郴州合作的政府决策提供智力支撑和决策咨询。通过"政府＋民间"的方式，借助资兴在郴商会、合作论坛等，定期邀请郴州市内的工商和专业界人士会面，让业界探索产业和郴州城市产业的合作机会。

二是建立专班研究机制。迅速行动，建议由市委、市政府分管领导挂帅，市商务局牵头，相关部门单位参与的对接郴州自贸片区专门工作机构，"学习、接轨、配套、服务"郴州自贸片区，加快制定出台自贸试验区、规划、产业、要素、平台、市场、社会等一系列专项对接工作方案，形成"1+X"的接轨自贸试验区工作体系，力求在"重点领域、重大项目、重要配套、管理体制、工作机制"方面进行无缝对接。同时，加快制定年度重点工作任务书，明确责任

单位，强化工作责任，落实主要项目，跟踪责任事项，增强工作的计划性、整体性、有效性，确保各项工作高效、有序推进。

三是建立人才培养机制。涉外贸易人才缺乏，是内陆县市的典型短板。建议加强与自贸试验区积极开展人才交流与合作，选派企业经营人才、科技带头人到全国各自贸试验区有关机构进修，定期选派中青年干部到郴州自贸片区业务部门挂职锻炼、跟班学习等，有针对性地培养外贸专业人才队伍。

（三）坚持"两手抓"率先复制，打造经验推广先行区

做好自贸试验区经验推广。政策、营商环境方面，坚持"两手抓"，从突破性举措争取和一般性改革落地两方面同时入手，争取在更多领域推动体制创新，与郴州自贸片区、粤港澳大湾区实现市场一体、标准互认、政策协调、规则对接，形成与国际投资贸易通行规则相衔接的制度创新体系，率先在关键领域改革取得重大突破，率先在营造法治化、国际化营商环境方面取得重大突破，率先在对接郴州自贸片区建设上取得重大突破，成为推广郴州自贸片区经验速度最快、力度最大、成果最好的县市区。一方面，推动突破性政策率先落地。郴州自贸片区在建设探索过程中，着力在创新政策制度上搞"试验田""种苗圃"，会形成很多独创之策、首创之举，特色鲜明、亮点突出。如"交地交证即开工改革试点"，土地出让后项目报建审批时限由75个工作日缩短至10个工作日，一次性投资成本节约2506.72万元。"外汇收支结算便利改革""创新区内包装材料循环利用监管模式创新""矿石混配业务"等都已取得积极成效。资兴市可以结合目前土地报批难、项目落地难、拆迁腾地难等现实问题，积极瞄准具有实质突破内容的改革政策进行积极争取，并大力推广创新运用，加快推广进程，充分体现独创性，打造开放型经济新优势。另一方面，推动实质性举措扎实生根。在没有自贸试验区平台优势的情况下，应紧跟郴州自贸片区及国家外贸政策动态，通过离散的、持续的争取，逐步让自身的对外经贸政策体系接近自贸试验区内容。对照郴州自贸片区建设实施方案，按照任务分类，重点在强化投资管理、贸易便利化、金融创新、服务业开放、事中事后监管五大领

域的改革创新。如投资管理上，重点在推进开办企业所有事项"一份办事指南、一张申请表单、一套申报材料，完成多项审批"运作模式，降低企业用电成本，打造"净地"供应、土地生命周期管理和推行多功能用途混合用地的管理方式，探索商事主体登记确认制、试行"自主查询、自主申报"制度，推进"一业一证"改革，落实准入前国民待遇加负面清单管理制度等加强衔接对接。如贸易便利化上，重点在通关、跨境电商、检验检疫上学习自贸试验区经验，加强与郴州海关对接，提高效率。

（四）实施"四工程"借力发展，打造辐射带动示范区

资兴市作为内陆县市，不靠海、不沿边，没有高速高铁，也没有主干铁路经停，需要抢先机、抓机遇、扬优势、创特色、借外力，加快把良好的绿色生态、资源禀赋、产业基础转化为高质量发展优势。要围绕国家湘南湘西产业转移示范区、郴州自贸片区建设机遇，主动对接粤港澳大湾区，承接发展要素、优质资源、先进产业，打造产业转移示范区。

一是实施设施联通工程。资兴市全面融入郴州自贸片区建设，目前还存在一些短板。如交通仍然是制约资兴市全面融入郴州自贸片区建设的一大问题。公路、铁路、水路运输协调发展有待加强，多式联运体系还没有建立健全。资兴市的发展一定要立足全局，加强与粤港澳大湾区的交通基础设施建设和协作。要加快与周边城市交通基础设施项目对接，以铁路和高速公路为主体，国道和省道公路为辅助，航空、水运、管道运输为补充，形成布局合理、层次清晰、功能协调、便捷高效的现代化综合交通支撑体系。具体来说，要突出"快、畅"，实现郴州市区、自贸片区、资兴市的交通同城化。目前郴州市正在争取构建湘粤港澳区域协同发展大通道，将郴州大道进行提质改造，升级为城市快线，快速对接北湖机场和武广高铁郴州西站。落实翔东龙水上飞机生产及运营中心项目，适时启动资兴航空小镇建设。建立加强协调对接，同步推进郴资大道提质改造，打造资兴联通北湖机场、高铁西站的快捷主干道路。优化物流布局，加快资五物流园、农产品冷链物流基地建设，主动对湘南国际物流园、郴州高新

区物流园，打造 2~3 个服务郴州自贸片区及粤港澳区域、具有产业特色和影响力的物流平台，引进 2~3 家具有国际竞争力的知名物流企业落户资兴，培育一批服务水平高、竞争力强的大型综合物流企业及专业性物流服务企业。对接"中欧班列"，营销好"东江湖"系列国家地理标志产品，积极融入自贸试验区跨境电子商务快递物流网络，让资兴优质农产品搭乘中欧班列走出国门。

二是实施产业融合工程。近年来，资兴市出现了不少极具特色和发展潜力的产业，但这些优势产业融入郴州自贸片区建设仍面临很多困境和问题，特别是产业配套能力弱，在打造相互衔接、关联度高、竞争力强、优势明显的相对完整的产业链上，还需要进一步提高招商引资工作力度。要充分利用资兴资源禀赋，以产业合作融合作为推动地方政府间经济合作的突破口，从更高层次、更深程度上推进郴州、资兴自贸片区建设的水平，促进两地相关产业更好地融入全球价值链，提高相关产业的国际竞争力，减少贸易摩擦。要实施产业融合工程，着眼于打造郴州自贸片区产业配套基地。郴州自贸片区突出新一代信息技术、有色金属新材料、现代服务业等产业发展定位，要以配套互补、关联发展为方向，发挥优势，进一步加强与自贸试验区电子信息、有色金属、装备制造等行业的对接，提高产业链配套能力，在资兴市打造自贸试验区配套产业带。加强资兴东江湖、小东江等旅游目的地城市营销、商务会展旅游等策划推广，加大粤港澳自驾游、自助游、商务会展旅游客源市场营销。赴湖南省三个自贸片区开展旅游市场奖励营销，做大地接市场、增加商务会展旅游客源、拓展国外旅游市场，提升旅游国际化品质。

三是实施平台共建工程。加快园区建设。资兴经济开发区建立较早，运行较为完善和稳定，认真学习和借鉴郴州自贸片区、高新区在规划建设、体制机制、招商引资、管理服务、品牌塑造等方面的先进经验和做法，着力在服务与创新方面下功夫，形成更为突出的产业特色和竞争优势。例如，新能源及新材料等战略性新兴产业，适时启动外贸园区专业化建设。要深化平台合作，进一步推动资兴市经开区与郴州自贸片区、高新区合作，按照"区区联动、品牌合作"的思路，借鉴其他联办开发区的成功经验，探索在开发区设立合作产业园，主动对接自贸试验区乃至国内外优势产业、领军企业，建设优势产业集聚区。

四是实施"借船出海"工程。要加快外贸平台建设,引进培育一批优质外贸综合服务企业,打造一批外贸综合服务供应链平台,参与省级境外经贸合作;同时,要"走出去"发展,充分利用郴州自贸片区投资开放和金融创新优势,借助渠道和平台,支持有海外业务或有意拓展海外业务的本地企业在郴州自贸片区设立财务中心、运营中心和营销中心等功能性机构。目前,资兴市以经开区为载体,加大外向型企业的引进,推动集群式、产业链式项目承接,重点引进辉鸿电子等台资企业,促进铧钢精密制造总部迁入了资兴,新阡盛等台资企业相继外贸实现了零的突破。支持本土优势产业和企业"抱团出海""借船出海",注重引导已备案的外资企业积极开拓海外市场,利用园区外贸综合服务中心为外资企业提供备案、物流、报关、报检等"一站式"全程免费指导服务,提高企业外贸经营能力。

以"四敢"精神引领资兴市县域经济高质量发展的思考

⊙ 李 蓉 余伊琳（中共资兴市委党校）

习近平总书记在分析研究 2023 年经济工作时强调，要坚持真抓实干，激发全社会干事创业活力，让干部敢为、地方敢闯、企业敢干、群众敢首创（以下简称"四敢"精神）。这不仅进一步丰富了习近平经济思想，也为县域经济高质量发展提供了重要思路。

一、"四敢"精神为资兴市经济高质量发展凝聚奋进力量

根据马克思主义的观点，在一定条件下，精神力量可以转化为改变世界的物质力量。"四敢"精神中蕴藏着促进经济高质量发展的强大力量。资兴市全面贯彻落实"四敢"精神，为干部鼓足"敢为"干劲，为地方营造"敢闯"氛围，为企业引领"敢干"风尚，为群众凝聚"敢首创"共识，坚定信心，释放引擎动能，打造善创格局，实现经济高质量发展。

（一）全面夯实"干部敢为"的情感归属，坚定经济高质量发展的信心底气

无论是深化改革还是破解难题，"敢为"都是党员干部把理想付诸实践、把蓝图转化成现实的动力来源。给予党员干部足够的信任与支持，赋予他们敢于开拓、敢于创新的勇气，为他们搭建干事创业的"敢为"平台，让他们在经济发展中解放思想、大展拳脚，为实现经济高质量发展提供重要人才支持。

资兴市充分发挥"敢为"干部的主观能动性，结合当地的资源禀赋与特色产业，不断挖掘新型经营管理模式，依托环东江湖的独特优势，延伸农副产品

加工链，推进新能源、新材料、文旅康养等新兴产业发展。同时，大力发展生产性服务业，补齐短板与做长长板双向发力，不断提升资兴产业链现代化水平，不断提振经济高质量发展的信心与底气。

（二）充分营造"地方敢闯"的思想氛围，增强经济高质量发展的自觉认同

营造"地方敢闯"的思想氛围，无疑是形成区域发展与社会认同、拉动经济消费、投资的重要加分项。在"敢闯"的氛围中，潜移默化地向外界传递出自立自信自强的信号，为经济发展源源不断拓展新的途径。

资兴市进一步解放发展思想，敢于闯出新路子。如借当地特色企业打造东江湖青岛啤酒节，邀请各地游客欢聚资兴，干杯世界，激发消费市场活力。这不仅是"地方敢闯"带给资兴的发展新思路，而且还为资兴经济带来了直接的可观收益。2023年为期7天的第九届东江湖青岛啤酒节共吸引45万人次到活动现场，拉动各类消费累计高达1.2亿余元。啤酒节、黄桃节、鱼文化节等资兴"闯"出来的特色文化，让投资者、消费者都看到了资兴的自信，自觉认同资兴经济高质量发展未来可期。

（三）突出引领"企业敢干"的价值追求，释放经济高质量发展的引擎动能

优化营商环境，在服务和政策上下功夫，激发企业和企业家能动性，突出引领"企业敢干"的价值追求尤为重要。地方经济要想实现提质升级，必须营造良好的投资发展环境，为企业健康运行提供重要保障。

面对经济下行压力，资兴市建立"企业代表座谈、项目调度、银企对接"的"三个一"要素保障联动机制，全力帮助企业解决融资、用地、用工等困难。2022年以来，资兴市结合实际，根据国家相关法律政策，提请市政府出台《资兴市产业发展引导资金管理办法》《资源再生回收利用产业扶持资金管理办法》等文件为企业的发展提供切实惠利。资兴市通过一系列贴心有效的政策服务，全力

为产业发展提供"最优"的发展环境,帮助企业实现"最快"的发展速度,让企业"敢干"的号角响彻资兴,为经济高质量发展不断释放引擎动能。

(四)有效凝聚"群众敢首创"的精神共识,打造经济高质量发展的善创格局

群众的智慧是点亮经济腾飞的重要火种。"敢首创"的群众必然对美好生活充满期待,必然对产业发展独具匠心。人民群众的好点子、好创意能为实现当地资源禀赋与规划发展有机结合提供重要参考。

资兴人民为保护东江湖水质,不断探索绿水青山与金山银山的路径转化,在生态种养、生态旅游、生态食品等与水相关的特色产业上不断探索、推陈出新,打造出了一系列响当当的区域公共品牌特色产品,如东江湖鱼、东江湖蜜橘等。资兴人民不仅自强不息,而且"敢首创",为资兴经济高质量发展打开了善创的全新格局。

二、以"四敢"精神激发资兴市经济高质量发展尚存差距

"四敢"精神对推动资兴市经济高质量发展具有重要的现实价值。目前,在具体实践中"四敢"精神尚未全面融入经济发展全局,在"干部敢为"体系构建,"地方敢闯"机制完善,"企业敢干"动能激发,"群众敢首创"人才支撑等方面还存在一定差距。

(一)"干部敢为"体系构建不全

一是权利与责任不对等,付出与回报不均衡,容错机制运行不畅。高压之下的问责体制,导致部分干部思想出现偏差,萌生出"做得多错得多、不做就不错"的错误观念。与此同时,中青年干部多数面临工作和家庭双重压力,在时间分配和精力分配方面常面临两难抉择。因此,需要给予干部更多的关心与支持,探索更加有效的鼓励激励机制。二是随着时代的快速发展,越来越多的

干部存在本领恐慌。一方面化解矛盾、应急处突的能力有待历练，另一方面信息网络技术、政策解读、业务处理等方面还需适当安排培训。

（二）"地方敢闯"机制完善不足

一是政策落地不到位。虽然资兴市针对企业出台了一系列优惠政策，但在实际操作中，部分政策没有完全落地。如在操作流程、运行机制和兑付周期等方面存在一些问题，导致部分企业无法享受政策红利。二是服务体系不健全。整体而言，围绕企业的社会化服务体系尚处于摸索试行的初级阶段。专门针对企业发展的服务机构数量偏少，配套化服务机制不健全，受益企业群体偏小，功能发挥效果有限，缺少立体成熟的服务体系和网络。三是部门合力不够强。经济发展涉及市委、市政府多个部门和多个行业，各部门间沟通交流不够，难以形成推动合力；走访调研力度不够，难以精准掌握经济体的诉求。

（三）"企业敢干"动能激发不够

一是贷款融资难题仍然存在。一方面由于一些难以避免的现实因素，导致出现部分中小微企业的贷款数额受限、贷款利率优惠空间有限等现象，造成这些企业对金融优惠政策的获得感不强，满意度不足。另一方面企业中长期贷款投放力度有待加大。多数制造业企业都存在生产周期长与回款周期长的现实问题，需要银行给予长期贷款。二是企业发展规模总量偏小。一方面是产业的集聚程度与理想状态存在较大的差距，而且缺少带动性强、辐射面广的龙头企业，导致企业整体应对市场风险的能力不足，竞争实力不强等。另一方面企业生产的产品多集中在初级阶段，高附加值的新兴产业、高技术含量的终端产品偏少，文旅业、服务业有待壮大，产业种类单一、外向度不高、核心竞争力较弱。

（四）"群众敢首创"人才支撑不强

一是人才、劳动力供给不足。企业发展缺少人才支撑，尤其是基础性、技术性人才，在引人、用人、留人方面竞争优势不明显，与外市存在较大差距；外出务工仍是农民工就业主流渠道，企业存在招聘难问题，严重限制了企业转型升级或做大做强。二是科技支撑能力较弱。全市缺乏高新技术研发平台，缺少高校院所创新资源，利用高层次科技领军人才及团队等创新资源不够，全市整体研发实力不强；多数企业与高校院所缺乏深层次合作，技术需求与科技成果匹配精准度不高。

三、以"四敢"精神激发资兴市经济高质量发展新活力

资兴市要把"四敢"精神转化为干事创业的现实动力，营造"敢为、敢闯、敢干、敢首创"的良好氛围，紧密结合湖南省"三高四新"使命任务，紧扣郴州发展四大战略目标定位，在推动现代化新资兴建设上闯出新路子、创出新天地、干出新业绩拼出新气象。

（一）擦亮"敢为"风向标，突出党的领导，创新干部培养体系

1. 党的领导树鲜明导向

坚持把政治建设摆在首位，加强党的全面领导，在干部的提拔任用中强化党组织的领导，突出党组织的把关作用。在选人用人导向上，要把"实干"作为重要的考察指标，充分考虑企业和群众的认可度，使干部工作始终在党组织的领导下健康有序运行。

全面贯彻落实表扬激励、批评鞭策的"双通报"制度，打造"以实干为导向、以实绩为标准"的良好作风。对年度考核、专项考核中负责或分管的工作获得党中央、国务院表彰的优先提拔重用、职级晋升，对不担当不作为"躺平式"干部予以组织调整。对创新经验做法获省推介、落实中心工作成效明显和敢于担当、攻坚克难、争先创优的相关人员优先提拔使用、职级晋升或评先评优。对贯彻落实市委、市政府重大决策部署站位不高、推进不力、成效不好、造成负面影响的单位给予通报批评，对相关人员予以组织调整或追责问责。

2. 容错关爱，解后顾之忧

落实容错免责实施办法，完善相关执行流程与运行体系，探索推进"首违轻微违纪违规预警提醒机制"。进一步细化容错免责的相关条件，清除相关政策实施操作屏障。坚持严管与厚爱相结合，严肃、精准、慎重问责，不搞层层加码，不越级追责问责。符合容错免责条件的党员干部，在职级晋升、职称评聘、选贤任能等方面不受影响。

完善困难干部关怀机制，建立困难干部关爱台账，用好党内关怀帮扶资金，加大对因公殉职、致病、负伤、致残，身患重病和家庭遭受重大变故的家庭关怀力度。加大对市外调入、长期在乡镇工作人员的关爱力度，帮助解决住房、医疗、子女教育等方面实际困难。夫妻双方均在偏远乡镇工作且一贯表现优秀的，可照顾一方调整到附近乡镇（街道）或市直单位工作。建立健全干部健康档案、荣誉退休制度。全面落实干部带薪休假、健康体检等制度。

3. 培养培训激奋斗动力

加大干部交流力度，开展干部多向交流，激发各年龄段、各层面干部的工作积极性。多向发力、协同探索优秀中青年干部培养机制，力求在实践锻炼中提升履职能力，激发其创业干事能动性，锤炼优良的工作作风与过硬的政治担当。

探索构建"发达地区—基层一线—重点岗位"三位一体干部培养机制。一方面选派干部赴发达地区历练。资兴市具有毗邻粤港澳大湾区的独特地理位置优势，且双方合作交流历史悠久。因此，可以在全市各重点单位和重点岗位上选派年纪轻、学历高、肯干事、潜力大的优秀干部前往大湾区重点培养，开展沉浸式培训，参与驻企招商实践锻炼。另一方面选派干部下基层一线锻炼。从市直机关公开遴选出政治过硬、能力过硬、胆识过硬的敢为干部到乡镇、街道等基层一线任职。让他们在乡村振兴、信访维稳、项目建设、巡视巡察等环境复杂的重点地域、关键岗位上蹲苗培养，丰富工作阅历，提高应急处突能力。

（二）营造"敢闯"大氛围，打破政务藩篱，畅通信息联动机制

1. 简政放权提效力

制定有益企业发展的权限下放清单，积极主动开展调研，全面了解企业在安全生产、生态保护、办事审批等方面遇到的难点问题，鼓励地方最大限度地放权赋能，为企业搭建更顺畅的发展平台。鼓励各地不断完善工作措施，确保下放权限接得住、管得好、用得活，更好地激发民营经济发展效力。在农村土地制度改革上花大力气，探索农村土地确权、赋权、活权"三权"变革，让更多的改革红利惠及更广大的农民群众，提升他们的获得感与幸福感，为乡村振兴打下坚实基础，开拓资兴"三农"工作新局面。

2. 创新服务激活力

坚持问题导向，从关键少数做起，向重点难点破题，打开思想"总开关"，在解放思想中统一思想，干出新举措、推出新经验、结出新成果。鼓励支持各乡镇（街道）、部门单位突破思维定式、工作惯性、守正创新、敢为人先，大胆试、大胆闯、自主改，戒除庸常心态、打破寻常状态、闯出奋进姿态，打造一批特色"小切口"改革品牌。鼓励各地在外地经验基础上学习引进、消化吸收、再创新。

3. 畅通渠道挖潜力

各乡镇（街道）、部门每年明确 1~2 项亮点工作，实行争先创优项目化、清单化管理，年初定目标，年年底算总账，全方位、各领域争进位、争牌子、争典型、争现场、争经验。加大真抓实干督查激励，开展各项领域创新创业评选评比。优先支持争创国家、省级试点示范。推动各地健全完善乡村振兴"擂台比武"等制度机制。建立健全高质量发展评价考核体系，营造比学赶超的浓厚氛围。

（三）提振"敢干"精气神，优化营商环境，激发企业发展动能

1. 打造开放便利的贸易投资环境

积极主动融入"强中心城区"战略、强自贸区战略和建设郴州国际陆港等

重大战略，加快形成区域协调发展新格局。加快建设园区外贸综合服务平台，培育壮大外贸实体，推动加工贸易创新，做强外贸供应链平台。

2. 打造高效便捷的政务服务环境

推行"政务中心代办+部门协办+专人帮办"服务模式，深度应用"湘易办"，全面推进乡村政务服务"一网通办"。坚持"两员"服务制度，常态化开展"送政策、解难题、优服务"行动。坚持和完善"企业早餐会"制度，建立园区每季政银企座谈会、企业家接待日制度，推动企业（项目）土地、资金、水电气、科研创新等各类困难问题有效解决。建立健全涉企政策"刚性兑现"平台，推动惠企政策"免申即享""直给直兑"。构建既坦诚真诚又用心用情、既亲近亲和又清白清爽的政商关系。

3. 打造爱企护企的社会法治环境

定期举办民营企业家能力素质提升培训班，进一步完善和规范资兴市经济开发区公共法律服务站建设，努力推进民营企业的法律服务工作。举办"企业家日"系列活动，开展优秀企业家评选，在"资兴发布""资兴新闻网""今日资兴微信公众号"等融媒体平台开辟企业家专栏，大力弘扬企业家精神。建立涉企案件调解、立案、审判、执行"绿色通道"。坚持罪刑法定、疑罪从无，落实"少捕、慎诉、慎押"司法理念，依法保护企业家人身和财产安全。

（四）打造"敢创"智慧库，赋能创新发展，强化人才战略支撑

1. 营造人人想创的火热阵地

利用公众号、微视频平台等多媒体方式，引导社会各界推崇首创精神、劳模精神，广泛宣传创新创业的典范能人，引领"人人想创"的新风尚。鼓励引导各类人才扎根基层，服务"三农"，向社会搜集一批能工巧匠、技能牛人、草根达人，评选一批种植能手、养殖能手、农产品加工能手等优秀农村实用人才，发挥带动引领作用。以项目用人才，以人才带项目，健全人才项目"揭榜竞优"机制，分期分批重点支持一批人才项目，让人才创业有支持、干事有平台、发

展有机会。实施人才工作月月有活动计划，激发人才引领驱动力。持续办好资兴创新创业大赛，定期举办职业技能大赛、农村创新创业项目创意比赛。加强技术服务和指导，优先安排创新创业人才参加致富带头人培训。

2. 创造人人敢创的广阔天地

开展乡村人才调研摸底工作，建设乡村人才数据信息服务平台。加强技术服务和指导，优先安排创新创业人才参加致富带头人培训。对接粤港澳大湾区，举办资商代表恳谈会，鼓励和欢迎有实力的企业家回乡发展。完善市领导联系服务人才制度和市乡村三级领导干部联系资籍在外人才制度。支持企业自主创新，组建研发中心，鼓励、引导园区企业转型升级，建立众创空间等科技创新平台，打造一批以新能源、新材料等为主的高端双创平台。落实创业担保贷款及贴息政策，鼓励金融机构加大对小微企业、个人创业信贷支持。

3. 打造人人善创的人才高地

落实郴州人才新政"52条"，围绕新材料、大数据等6大重点产业链和乡村振兴发展，完善资兴"3+2"人才政策体系。搭建文旅融合发展平台，加大文旅人才引育力度，培养市情宣讲员，评选"金牌导游"，为文旅产业发展提供人才支撑。聚焦产业发展、乡村振兴、事业发展和文化旅游，搭建一批人才平台。充分利用资兴市"一户一产业工人"培养工程平台，发挥市职教中心资源优势，深入开展校企合作，根据企业用工需求，为企业培训培养急需人才。

耒阳"夜经济"发展现状及提升对策研究

⊙ 陆 琼（中共耒阳市委党校调研组）

"夜经济"是指从当日18时至次日凌晨6时所发生的，以当地居民、游客为消费主体，以购物、餐饮、娱乐、休闲等服务消费为主要形式的经济活动。近年来，随着社会经济的快速发展，老百姓生活蒸蒸日上、口袋更为富足，对高品位、高质量生活充满无限追求。2023年以来，耒阳市委、市政府立足"五个耒阳"建设，提出了耒阳市加快"夜经济"高质量发展实施方案，重点打造夜食、夜娱、夜展、夜赏、夜购、夜游、夜健"七夜"业态，重点推出特色主题惠民消费文化活动100余项。通过出台彰显城市底蕴的相关措施、举办富含人文内涵的系列活动、提供守护市场发展的安全保障，大力推动耒阳"夜经济"发展，将发展"夜经济"作为提升消费需求、促进产业结构调整的有力举措，进一步转方式、调结构、扩内需、促消费。

为了解耒阳市"夜经济"的发展状况，2023年5月24日至6月9日，笔者通过走访经营者、询问消费者、线上线下分发调查问卷、电话咨询等一系列形式，对南正街商圈、"厢遇耒阳·码头烟火"商圈、发明家广场商圈、合兴城市广场商圈开展了4次调研，总结梳理当前耒阳"夜经济"发展存在的问题和短板，并提出相应对策和建议。

一、耒阳"夜经济"发展现状分析

（一）消费者调查问卷数据结果分析

通过线上线下向消费者发放调查问卷，累计获得180份问卷。从消费者群体来看，男女比例为4∶6，年龄16到35岁的占比73%，很少或从不在夜间外出消费仅为24%，消费金额在200元以下占比74%，由以上数据可以看出耒阳"夜经济"消费者主要为青年男女，消费主体年轻化特征明显，同时消费频率高说明消费需求很大，但消费能力较弱对经济提升不利；从消费类型和水平来看消费场所主要为美食街和夜市，占比高达74%和60%，认为夜市消费价格水平偏高占比为70%，由此可以看出，对消费者最有吸引力的是餐饮，同时对娱乐的喜爱度也较高，但大部分人对价格不满意，希望提高性价比；从耒阳"夜经济"发展优势来看，67%的人认为耒阳消费人群广泛，消费能力还能持续挖掘、稳步提升；从消费需求来看77%的人认为要提高环境卫生，79%的人认为要加强场所管理，77%的人认为要增加社交媒体推广，80%的人认为要提高性价比，75%的人认为可以举办音乐演出的文化活动，83%的人认为要有特色小吃，77%的人认为要增加桌游室、健身房等娱乐场所。由以上数据可以看出耒阳"夜经济"的需求侧重于环境良好的、稳定安全的、品类有特色、活动有气氛、娱乐有多样的"夜经济"，并通过社交媒体广泛推广。

（二）经营者调查问卷数据结果分析

通过线下走访南正街商圈、"厢遇耒阳·码头烟火"商圈、发明家广场商圈、合兴城市广场商圈的经营者共获得了87份问卷，其中餐饮类61份、商贸类18份、娱乐类8份。从经营者群体来看男女比例为3∶7，年龄25到40岁的占比50%，学历高中及以下学历占比70%，专职从事占比87%，表示会继续从事本行业的经营者占比90%。由以上数据可以看出：耒阳市"夜经济"从业主体年轻有活力，但是因为学历不高导致项目重复严重，没有新意和特色；专职从事人群比例较高，说明依附度高、市场发展的持久性好；从客流量时段来看，客流量高峰时段为16时到20时，占比60%，20时到22时客流量占比29%，可以看出耒阳"夜经济"最繁荣的时间段为18时至20时，人们大都在这个时间段消费；从营业额来看，摆摊经营的经营者月均营业额主要为8千元以下，大中型店铺70%月均营业额在10万元以下，30%月均营业额能达到10万元以上，可以看出目前经营者的营业额不太理想，大部分经营者都表示生意大不如从前；从对主管部门服务和监管工作的满意度来看，有55%的人表示满意,说明对主管部门的工作满意度还有提升空间,仍有待进一步加强管理部门和人员的服务意识,改善服务态度。

根据收集到的 87 份经营者问卷中对政府部门的诉求及建议统计,其中有 22% 的经营者反馈夜经济消费场所交通不便利,停车不规范;有 23% 的经营者反映特色活动不够,宣传效果不佳,只增加了餐饮类的消费,没有拉动其他消费;12% 的经营者表示需要固定区域经营,统一收费标准。同时,"夜经济"相关政策不持续让部分商家感到不稳定,限时摆摊也会影响商家增收。10% 的经营者反馈经营场所卫生不好,收费不合理,建议由政府接管;1% 的经营者反映美团等线上平台抽成过高。

二、耒阳"夜经济"发展中存在的问题

(一)缺乏稳定的经营区域和持续的政策扶持

经营场所的稳定才能让经营者安心经营,消费者产生消费习惯,但目前耒阳并没有一个稳定的经营场所,没有进行系统的规划布局。如从发明家广场到南正街、再到"厢遇耒阳·码头烟火",一个区域的"夜经济"兴旺起来了,另一个区域的"夜经济"却冷淡下来了,造成顾此失彼的局面,导致经营者对长久发展缺乏信心,也反映出消费群体局限于本地而没有打开外来市场。

(二)缺乏健全的管理机制和全面的安全保障

一是租金、摊位管理费偏高、收费标准不统一,经营者难以承受,如当前"厢遇耒阳·码头烟火"的快速发展,让不少人心动,但由于高昂的租金、摊位管理费,因而不打算迁移摊位长期经营。二是管理执法具备力度但缺乏温度,部分经营者对相关政策、制度不了解、不理解,如南正街只能在下午 5 时半以后摆摊。三是缺乏规范性管理,如摊位划分不明确导致经常发生争夺摊位的现象,缺乏行为规范和政策条例约束。四是市场定价过高,没有进行宏观调整。经营者售卖价格偏高,与消费者能力不匹配。五是卫生安全监管不到位,如厨

余垃圾处理不及时、烧烤店油烟造成环境污染等问题不同程度存在，消费者对食品卫生安全问题存在顾虑。

（三）缺乏完备的基础设施和有效的人才培养

一是停车难、停车贵。南正街、"厢遇耒阳·码头烟火"、发明家广场周边均不同程度存在停车难问题，摄像头抓拍、交警抄牌不允许路边停车，而现有的停车场已无法满足停车需求。新建的智能停车场收费贵且出入库不够便捷，对消费者的出行与消费意愿造成影响，在一定程度上阻碍了"夜经济"发展。二是经营者学历较低，缺乏互联网营商技能。相对而言，能够利用美团、抖音团购等互联网平台优势拓展销售渠道的经营者在"夜经济"市场中更具竞争优势。三是电商平台一家独大，抽成占比较高，使得一些利润低、营收少的商家不愿意开通线上销售渠道，但也没有更好的宣传方式。

（四）缺乏多样的特色美食和丰富的文化活动

耒阳"夜经济"主要还是以餐饮、娱乐、小吃为主，而文化、体育、竞技类业态匮乏，业态结构单一，商品类单一，缺乏有新意、有地域特色的文化活动，没有把耒阳文化优势和特色产品结合起来，夜生活内容较为单调，开展夜间休闲娱乐的活力和动力不足。

三、耒阳"夜经济"发展提升对策

（一）出台专项政策扶持、划分经济区域经营

一是合理制定租金、摊位费的收费参考标准。从受访的商户来看，每个区域都有商家反映店铺租金、摊位费过高，对此可以由政府牵头出台相关政策进行引导，根据区域、地理位置、店铺大小来制定、划分租金和摊位费的收费参考标准，并做到公平公正公开，最大程度保证出租方及承租商户双方的利益。二是提供稳定的政策并合理划分经营场所。从发明家广场到南正街再到"厢遇

耒阳·码头烟火",耒阳"夜经济"火热兴旺的区域不断在迁移,这和消费者"图新鲜"的特点有关,同时也跟政府发展重心偏移密不可分。应从耒阳全局的"夜经济"发展出发,确定稳定、可持续的"夜经济"发展场所并持续推动落实,让经营者能够稳定长期地经营,培养消费者的消费习惯。

(二)明确工作责任监管、提供发展安全保障

一是执法既要有力度也要有温度。"夜经济"的发展离不开规范稳定的秩序,但执法监管上除了遵循法度也要兼具温度。处罚力度要公平合适、收费要透明合法,监管部门要根据夜间消费活动的时段,科学设定摊位摆放时间、合理划分流动摊位的位置,保障商家利益,同时要加强政策解读,在执法过程中注意安抚消费者的情绪。

二是管理好"夜经济"需要多部门齐抓共管。"夜经济"的有序管理单靠一两个部门是无法实现的,政府应构建多部门联动市场监管体系,加强"夜经济"的食品安全、交通安全、消防安全、治安管理等,同时权责划分要清晰,避免出现多个部门"九龙治水"的局面。

三是加强食品安全监管。消费者外出就餐,除了吃得开心,更重要是吃得放心。这一方面需要市场监督管理局、综合行政执法局等部门加大对食品安全的监管力度;另一方面要做好食品安全的宣传、普及工作,提高商户对食品安全重要性的认识。

四是合理规范物价。发改局等相关部门应规范"夜经济"相关消费活动及产品的价格,要让消费者吃得起、买得起、玩得起。

五是转变管理理念和方法。以前的管理以堵或禁止为主,现在的管理要以提供服务、进行疏导为主。通过这样的管理使"夜经济"更加有序健康地发展,发展"夜经济",既要放活也要管好。城市管理部门对噪声、排污、卫生、食品安全等问题不能一禁了之、罚款了事,要帮助经营者和消费者切实解决问题。

（三）完善基础设施建设、组织网络营商培训

一是放宽停车限制，在耒阳"夜经济"经营场所周边，在不影响道路通畅的前提下，可以在18时到22时"夜经济"活跃时间段，合理划分停车区域限时停车。

二是加强交通管理，交通运输部门还可在周末晚间人流量高峰时，安排人员在现场进行交通疏导，缓解堵塞车、停车难的问题。

三是可以增设夜间公交专线，在夜间消费高峰期，增设从各"夜经济"区域到城区居住区的公交专线，为夜间消费人群的出行提供公共交通，避免开车出行引起的酒驾、堵车等状况。

四是组织想要学习新时代网络营销的经营者开展培训，让经营者能够利用网络提升发展优势，利用公益免费的宣传平台对诚实守信的经营者进行宣传，提升自觉性。

（四）创新特色美食发展、打造地域文化品牌

一是业态和内容上，耒阳"夜经济"要注重差异化。从人们社交、休闲的需求出发，把耒阳的地域文化同美食、电影、民俗、艺术等多种元素融合发展，实现夜间消费场景多元化、差异化发展，探索"夜经济"全业态消费链条延伸，形成文化休闲、演艺体验、特色餐饮、购物娱乐等多位一体的夜间消费产业体系。

二是加强地域文化宣传推广。通过短视频、直播平台等多种网络渠道，与网红、直播达人进行合作，通过视频直播等方式加强对我市"夜经济"的宣传，评选推出"夜经济"推广大使，策划开展直播达人进夜市，宣传作品大赛等活动，给予适当奖励。

新宁县以县城为载体推进新型城镇化的思考和建议

⊙ 余 达 陈湘淼 刘 帆 徐钰洁（新宁县政府发展研究中心课题组）

近年来，新宁县贯彻落实中央、国务院办公厅《关于推进以县城为重要载体的城镇化建设的意见》（中办发〔2022〕37号），湖南省委、省政府办公厅《关于落实"一县一策"加快推进以县城为重要载体的城镇化建设的通知》（湘办发电〔2022〕65号）文件精神，依托丰富的自然、人文、产业和旅游资源，全面落实"百里脐橙连崀山"发展理念，大力实施"旅游立县、生态引领、产业富民、文化兴盛"发展战略，全面推进以县城为重要载体的城镇化建设。着力形成以县城为核心的发展集聚区，努力把新宁县打造成为湘西南旅游中心城市、世界优秀旅游目的地。

一、新宁县推进新型城镇化工作基本情况

目前新宁县将"一县一策"城镇化建设工作作为提升县域经济社会发展水平、引领现代化新宁建设的重要抓手，全力推动新型城镇化建设和城乡融合发展。截至2022年年底，新宁县常住人口为50.24万人，城镇人口为23.6万人，城镇化率达47.03%，城镇化率逐年提升。新宁县建成面积达14.52平方千米，建成区绿化率达47.42%。

（一）城乡建设规划统筹推进，城镇"扩张力"稳步提升

立足把新宁县打造成为"国内外知名生态文化旅游休闲度假目的地、国家现代农业发展示范区和优质农产品供应基地、承接产业转移示范区"三大战略目标，坚持以"三区三线"为基础，着力构建国土空间新格局。合理划定城

镇开发边界，至 2035 年，新宁县划定城镇开发边界将达到 2317.63 公顷，占新宁县总面积的 0.84%。细化乡镇主体功能分区，形成"2+3+11"的乡镇主体功能分区引导体系，确定金石镇和回龙寺镇两个乡镇为城市化地区。大力拓展城镇发展空间，着力形成"一主一副、三轴多点"县城城镇空间结构和以县城为核心、三大重点镇、四个一般镇、八个集镇的"1+4+3+8"的新型城镇化结构，到 2035 年，力争县城常住人口达到 49.15 万人、城镇人口达 20.64 万人、城镇化率达 60%、中心城区城镇建设用地规模达 17.52 平方千米。推动实施公共服务均等化行动，逐步形成县城—重点镇——般镇—集镇—中心村分级公共服务中心体系。推进特色小镇建设，分类建设黄龙脐橙小镇、马头桥耕读文化小镇、一渡水特色旅游小镇、崀山文旅小镇、黄金清凉小镇、麻林楠竹小镇等一批特色小镇。

（二）县城基础建设逐步完善，城镇"承载力"稳步提升

全面实施县城扩容提质战略，积极引导各类市场主体参与城镇项目建设，交通、水利、能源、互联网等基础设施建设持续加强。洞新、白新高速建成通车，永新、新新两条高速加快推进；县城主干道提级改造和"雨污分离"管网建设全面完成。建成 624 套城乡保障性住房、7 处智能停车场，60 个县城老旧小区得到改造，惠及群众 10 万多人。建有日供水能力 7 万立方米水厂一座，铺设供水管网近 800 千米，覆盖县城及周边乡镇近 20 万居民的供水。316 个行政村（社区）通电率达 100%，电网覆盖率达 100%，户通电率达 100%。建有液化气站 4 个，城区管道天然气化率达 81%。316 个行政村（社区）4G、5G 网络覆盖率达 100%。

（三）公共服务水平有力提高，城镇"凝聚力"稳步提升

社会事业协调发展。如期完成新宁一中整体搬迁，建成两所芙蓉学校，扩建金石镇明德小学和县幼儿园，新宁县现有中小学校及幼儿园 268 所，职业教育学校 2 所。公办义务教育新增学位排名全市第一，义务教育学生入学率、巩

固率达100%。新宁县卫生医疗机构达686个，其中县级医院3个、疾病预防控制中心1个、建制乡镇卫生院16个、行政村卫生室299个、民营医院7个、其他360个，基本形成了以县级医院为龙头、乡镇卫生院为枢纽、村卫生室为网底、民营医疗机构为补充的医疗卫生服务体系，社会保障更加有力。社保体系建设不断加强，民生支出占一般公共预算支出比重达84.12%。建立就业帮扶车间120家、村级就业服务平台299家，提供乡村公益性岗位1193个，"两不愁三保障"成果进一步巩固。失业人员再就业、城镇新增就业、农村劳动力转移就业任务超额完成，"零就业"家庭实现动态清零。城乡居民社保、医保实现全覆盖，困难群众救助补助提标扩面，2022年全年累计发放城乡低保、残疾人两项补贴等资金达1.1亿元。社会治理扎实有序。全面落实市域社会治理现代化试点创建各项目标任务，社会治理现代化提质增效。在全省率先开展应急志愿服务试点，森林防火"五包"和防汛分级包保责任全面落实。自建房排查整治强力推进，人防"一网四系统"完成建设，新增中小学安防设施700个。大力实施乡村文明建设和治理，清江桥乡桃花村探索出以"三会同商""三线联动""三制并举"为主要内容的"村治民动"群众自治新模式，被评为"全国乡村治理示范村"。信访维稳进位争先，建设社会治安防控体系优化版，"扫黄打非""扫黑除恶"获省、市表彰，"交警专职交通管理+派出所基础交通管理"新模式在全省推介。连续3年未发生较大及以上生产安全事故和3人以上非经营性安全事件，社会治安持续和谐稳定。

（四）各类要素加快汇集，城镇"保障力"稳步提升

加大人才引进力度。大力实施《新宁县崀山人才行动计划》，设立县人才发展专项资金800万元，人才工作经费、科技特派员管理经费、领导干部联系服务专家工作经费全部纳入财政预算，近3年全职引进人才21名。保障城镇建设用地。划定耕地保护任务数为37 414公顷，生态保护红线91 531公顷，城镇开发边界总规模2267公顷，新增建设用地380公顷。保障项目建设资金。积极争取中央、省、市项目资金项目和地方专项债券支持，建立多平台、多途径、多元化投融资方式，落实城镇项目建设资金22.34亿元。

（五）特色产业做大做强，城镇"吸引力"稳步提升

旅游多措并举开新局。以打造世界旅游目的地为目标，持续做强文化旅游产业。近三年，共实施文旅项目39个，完成投资7.63亿元。成功承办首届邵阳旅游发展大会，举办中国旅游日湖南宣传活动暨崀山文化旅游推广季等系列活动，助推旅城融合发展。新宁县基本形成了以崀山世界自然遗产地为龙头，以舜皇山森林生态旅游区、黄金牧场为两翼，以崀山丹霞小镇、黄龙脐橙小镇、黄金清凉小镇等特色小镇，白沙、黄龙、湘塘等12个美丽乡村，以及一大批乡村旅游服务点、乡村旅游景点为补充的全域旅游新格局。持续做好崀山旅游、崀山脐橙两大优势产业融合文章，成功打造了10万亩精品脐橙旅游观光带3条，建成脐橙旅游观光园21个面积近20万亩、休闲农业企业26家。现代农业绿色转型。完成受污染耕地安全利用1.32万亩，建立万亩高标准绿色农业示范基地21个、农业科技实验示范基地5个、创建4个万亩和24个千亩双季稻示范片，农业标准化种植比例达65.2%。积极探索"脐橙+"模式，全力推进脐橙产业高质量发展。新宁县脐橙种植面积稳定在50万亩左右、年产量达70万吨、年产值达50亿元；创建现代农业特色产业园省级示范园10个，集中连片万亩以上的生产基地12个，新培育省级农业产业示范联合体4家，发展脐橙规模企业42家，培育脐橙加工企业79家；10万农户40万余人依靠脐橙产业年均增收5000元以上。"崀山脐橙"先后获国家农产品地理标志认证、国家地理标志证明商标、农业农村部优质农副产品金奖、中国中部知名农产品品牌、中国果业最受欢迎的果品区域公用品牌100强和柑橘区域公用品牌10强、湖南省"一县一特"农产品优秀品牌，被列为5个湖南省农产品片区公用品牌之一；脐橙产业扶贫经验入选全国农业绿色发展典型案例。新宁成功成为全省第二个国家农业绿色发展先行区。

（六）文化生态保护强力推进，城镇"竞争力"稳步提升

贯彻落实"绿水青山就是金山银山"的习近平生态文明思想，按照"全域打造、多中心布局、多业态呈现、多产业融合"发展思路，坚持以生态为依托、

以旅游为引擎、以文化为支撑、以富民为根本，紧扣"特"字做文章、突出"精"字创品牌、围绕"和"字求发展，着力打造山水田园、花香果巷、诗画乡居。放生阁、金城书院、扶夷侯国古城、岩鹰拳、跳鼓坛等多种非物质文化遗产和人文历史得到有效保护和传承。实施重点生态功能区战略，持续推进"蓝天、碧水、净土"保卫战，生态主体功能区全面升级。新宁县空气环境质量综合指数排名全省第31名，地表水总体水质为优，县域出入境河水水质优良率100%，城镇生活垃圾无害化处理率达100%。优化整合自然资源保护，南山国家公园崀山片区和舜皇山片区设立工作有序推进。巩固拓展夫夷江国家湿地公园建设成果，积极创建"两山"实践基地。落实朱鹮野化放归的跟踪监测保护，5对朱鹮成功配对并筑巢孵育；新宁县成功创建为国家生态文明建设示范县。统筹推进创文、创卫、创森、创民等工作，先后制定下发了系列文件，推动各创建工作措施落地落实。成功创建为省级文明城市，争创全国文明城市提名城市，加快推进省级卫生城市和全国民族团结进步示范县创建。努力创建湖南省森林城市，新宁县森林覆盖率达70.01%，居全省前列，森林资源管理通过国检。

（七）县城辐射带动明显增强，城乡"融合力"稳步提升

统筹县域产业发展，科学布局生产、加工、销售、消费等环节，坚持宜城则城、宜乡则乡、宜村则村，形成县城、乡镇、中心村分布合理的产业空间布局。顺应城乡居民消费拓展升级趋势，深入发掘各乡镇生态涵养、休闲观光、文化体验、健康养老等多种功能和多重价值；推进"米袋子""肉铺子""果篮子"基地建设；以重要节点乡镇为中心，引导"农字号"文旅休闲等特色小镇加快要素聚集和业态创新，辐射和带动周边地区产业发展。积极发展都市农业、城郊旅游、休闲农业，引导农产品分拣、初加工、冷链物流、农村电商等富农产业在乡镇和村庄内布局，促进农业资源有效整合；树牢"景区是乐园、城市是公园、乡村是花园"建设理念，结合山水橙园特色，有序改造村庄风貌和庭院，有序推进新农村建设，打造了新田村"橘香稻影"、窑市村"枫杨码头"等一批产城融合示范点。

（八）市民化机制进一步健全，城镇"复合力"稳步提升

积极落实《关于推进以县城为重要载体的城镇化建设的意见》文件精神，健全农业转移人口市民化机制，全面落实取消县城落户限制政策，保障了新落户人口与县城居民享有同等公共服务，农民工等非户籍常住人口均等享有教育、医疗、住房保障等基本公共服务。推动社会保险参保扩面，全面落实企业为农民工缴纳职工养老、医疗、工伤、失业、生育等社会保险费的责任，合理引导灵活就业农民工按规定参加职工基本医疗保险和城镇职工基本养老保险。依法保障进城落户农民的农村土地承包权、宅基地使用权、集体收益分配权。近年来，共引导农业转移人口 566 人落户县城。

二、新宁县以县城为载体推进新型城镇化存在的问题

虽然新宁县紧跟上级决策部署，扎实推进新型城镇化，取得了一定的成效，但还存在一定的短板和差距，主要表现在以下四个方面。

（一）城镇化水平仍然偏低

农业转移人口市民化进程缓慢，当前新宁县常住人口城镇化率仅为 47.03%，与全市、全省和全国城镇化率相比仍有一定差距。人口外流现象较严重，农业转移人口的权益保障体系尚不完善，新老市民基本公共服务差距仍然存在，吸纳农业转移人口的能力不足，部分农业转移人口融入城市能力不强。

（二）基础设施相对薄弱

县域交通体系还不够发达、交通条件相对落后，县城与机场、高铁站的距离相对较远，暂无铁路过境；公路运输站场建设滞后，客运站场等级较低，货运站场功能单一、规模小、信息化水平低，联程联运和货物多式联运有待加快发展；绿色出行比例较低，节能环保技术、产品的推广应用引导相对不足。

（三）公共配套仍不完善

县城广场、停车场、市场、公厕等配套基础设施不足，部分市政道路修建进度滞后，雨水管网等防水排涝设施仍然不畅。城区现有道路车流量负荷大，城区道路拥堵状况日益严峻。义务教育初中教师配备不能满足教育教学需要，普通高中教育总量仍然不足、布局不合理。医疗应急救治能力亟待加强，测算到 2025 年医疗床位还存在 500 个缺口。社会福利、养老机构等基础设施仍需加强。

（四）旅游城市特色彰显不够

崀山游客以省内为主，大多以邵阳为圆心，难以形成辐射圈并逐渐向外扩散，省外的辐射圈较小，影响力不够。作为崀山旅游配套和补充，县城游购娱发展落后，旅游产品单一，传统的观光旅游对游客的吸引力不够，旅游效益不明显。

三、新宁县推进新型城镇化建设的对策和建议

下一步，新宁将依据《新宁县县城城镇化实施方案》，紧盯建设湘西南旅游中心城市总目标，全力争取各级资源倾斜，加强财政政策和金融政策的有效衔接，充分发挥政策性金融工具在服务经济大盘中的重要作用，加快推进新型城镇化。到 2035 年，力争实现以县城为载体的城镇化建设取得显著成效，城镇化短板加快补齐，以人为核心的城镇化充分彰显，高质量发展格局基本形成。重点做好以下几方面工作。

（一）着力优化城镇建设规划

以县域地形地貌为基础，以国土空间科学规划为导向，统筹山水林田湖草系统治理，充分考虑城镇人口规模、交通区位、资源禀赋、产业发展、居住环境、业态空间等要素布局，推动城镇在空间上差异发展、错位发展，促进产城融合

发展、城乡融合发展。突出以县城为核心的县域主中心建设，着力打造以北部回龙寺镇为核心的县域副中心，打造夫夷江、S341沿线生态景观廊道及城镇发展主轴，打造国道G207（永新高速）和新新高速、G241（洞新高速）、S243、S341等发展次轴，构建"一主一副多轴"城镇联动发展空间布局。积极拓展县城空间，加快建设城北新区，加强新区与旧城区之间联系，构建"一心两轴两区"县城空间新格局。

（二）着力推动城镇扩容提质

加快推进项目建设，合理把握县城建设的时序、节奏、步骤，分年度提出县城项目建设计划，形成"储备一批、开工一批、在建一批、建成一批"的滚动开发机制。紧跟国家政策，科学调整优化重大项目库，加快实施新宁县"十四五"规划确定的5大类496个重点项目，加快推动15个重大科技创新项目、131个重大产业发展项目、181个基础设施项目、24个生态环保、145个社会民生项目建设，推进实施72个城镇化共谋划项目，确保"十四五"时期1356.41亿元投资计划如期完成。加快"智慧城市"建设，完善城市空间地理信息平台，推进数字城管平台及"两供两治"等项目建设；优化城市管理和服务功能，全面提升城市品质。

（三）着力完善市政基础设施

交通方面：加快推进永新、新新高速建设。积极响应省委、省政府"加快建设世界旅游目的地，打造以张家界为代表的奇山秀水名片，推进大湘西连片开发，推进湘桂两省旅游发展"的号召，继续加大向中央和省市汇报争取力度，争取在中长期铁路网修编中将怀桂高铁调整为规划建设项目，并支持怀桂高铁过境邵阳新宁；做好兴永郴赣铁路、崀山通用机场等项目前期工作。**教育卫生方面**：加快推进县人民医院创建三级综合医院工作，完成县卫生计生综合服务体系建设和县第二人民医院综合住院大楼项目建设。全面完成三中改扩建、松风亭幼儿园建设和明德小学二期建设项目，加快推进县军休所、县社会福利院建设。县城基础设施建设方面：加大城市交通、环卫、能源等基础设施建设力度，加强防洪减灾体系建设，推进县城防洪堤建设工程，完善县城主城区防洪保护圈建设。建设县城中小型停车场、充（换）电基础设施，推进老旧小区改造及配套基础设施建设、市容市貌提质、背街小巷提质改造。

（四）着力发展特色产业

加强对特色产业的政策支持，实施差别化产业扶持政策，重点支持旅游、民族文化、物流、金融科技等现代服务业和特色农业及生态环保型产业发展。全面提升崀山世界自然遗产核心景区影响力，巩固提升省级全域旅游示范区建设成果，积极推动新宁创建国家全域旅游示范区、国家文化产业和旅游产业融合发展示范区；大力发展休闲农业、创意农业、循环农业、功能农业、加工农业，推动农业产业链由第一产业向第二、第三产业延伸。配合做好把崀山建设为南山国家公园的生态体验区、科普宣教基地。合理引导乡村产业布局，积极创建国家现代农业示范区和国家现代农业产业园，加快发展优质粮油、特色果品、精品蔬菜、油茶种植、名中药材和生态养殖等主导产业，突出建好以黄龙镇、金石镇、崀山镇、水庙镇等为重点的脐橙产业，以丰田乡、高桥镇、回龙寺镇、马头桥镇等为重点的油茶产业；以黄金瑶族乡、麻林瑶族乡、万塘乡等为重点的中药材种植和特色养殖业；以黄金瑶族乡、麻林瑶族乡、一渡水为重点的楠竹产业。巩固完善农村基本经营制度，大力培育农业龙头企业、专业合作社、家庭农场等新型农业经营主体，完善"龙头企业＋合作社＋农户"利益联结机制，推动乡村产业规模化、品牌化发展。加快传统产业转型升级，大力发展农产品冷链物流、旅游产品加工、新能源等优势产业。加强物流集散中心设施建设、农产品产地建设仓储冷链物流设施建设，推动形成县、乡、村三级冷链物流体系。

（五）着力提升旅游县城辐射带动能力

发挥旅游县城对县域经济发展的辐射带动作用，大力发展县域范围内比较优势明显、带动农业农村能力强、就业容量大的产业，加快形成"一县一特、一乡一片、一村一品"发展格局。以县城为中心，串联崀山、金石、回龙等乡（镇）旅游资源，在景区建设、线路策划、营销推广方面深度融合，着力融入"生态丹霞"大湘西生态文化旅游圈。坚持文旅融合发展，继续推进安山、高桥等乡镇建设"农旅""烟旅"精品融合线路建设；以打造精品民宿为目标导向，在夫夷江沿线、崀山、舜皇山等城乡接合部发展民宿，打造崀笏村、联合村、石田村、黄背村、桃花村、舜皇山等乡村民宿集群；打造靖位乡源水村、一渡水镇白竹村、西村坊村等乡村文旅集群。紧扣"五大振兴"目标，对接农业发展和美丽乡村建设需求，做好易地扶贫搬迁后续帮扶工作，推进城乡路、水、电、信息、环境治理等乡村基础设施提档升级，推动城乡一体化发展。

（六）着力建设历史文化名城

传承发扬夫夷古都文化、瑶乡文化、楚勇文化、舜帝文化等地域特色文化，加强地方特色文化园、文化广场建设；深入挖掘红色文化，加强红色文化公园、抗战主题公园、长征文化公园、红色文化纪念馆、红色文化村等爱国主义教育基地建设。突出遗存历史文物的保护和发掘，以省级文物保护单位"放生阁""金城书院"等为重点，带动周边"放生远眺""莲潭映月""万古堤坊""古城墙遗址""武庙""邵阳会馆""龙皇庙古井"等文物点组成人文景观的网络，交织成"一路一街一景"的合理布局。整治文物点周边的环境风貌，注入地方传统建筑元素，统一民居建筑风格，完成街巷体系、居民生态、历史文脉、整体风貌的扩展和保护，做到居民住宅与传统建筑的相协调，充分展示新宁地域文化内涵与特色。注重历史文化元素外延融入整体城市建设，真正将新宁打造成为集吃、住、行、游、娱、购各环节于一体的休闲旅居地和历史文化名城。

宁乡市打造千亿级生命科学产业集群的实践与思考

⊙ 高益云（中共宁乡市委党校）

生命科学产业是国家"十四五"规划中明确提出的战略性新兴产业，市场潜力巨大，未来前景可期。宁乡市立足本地实际情况，借助中央、省、市发展生命科学产业的东风，致力于打造千亿级生命科学产业集群。通过分析宁乡市发展生命科学产业的必然选择、介绍宁乡市生命科学产业的发展现状，深入剖析宁乡市打造生命科学产业集群的创新做法，在此基础上提出关于宁乡市打造千亿级生命科学产业集群的思考，期待为湖南打造生命科学产业领域的发展高地提供现实意义。

一、宁乡市生命科学产业发展的必然性分析

（一）发展有潜力

生命科学产业是以生命科学理论和技术为基础，与化学、信息、材料、工程等诸多领域交叉融合而形成的产业，主要包括制药业和医疗器械设备业，及维系其发展的科技研发服务业，是典型的知识和技术密集型产业。经历过新型冠状病毒感染，人们对于自身保健和健康管理愈发重视，疫苗、生物制药等生命科学相关产业蓬勃发展。在我国，生命科学产业起步比较晚，但因外部环境的迅猛变化，这几年也有了爆发式增长。伴随着我国药监体系的现代化改革，从医药领域中小分子、大分子的研发工具，到细胞基因治疗的培养设备，到诊疗流程中的微创化、精准化、智能化等方向上的技术创新，到创新材料和合成生物学的不断迭代突破，再到产业供应链耗材的爆发，生命科学产业链上中下游的参与者，在中国迎来了重大的历史发展机遇。从现阶段来看，我国生命科

学行业整体市场规模体量大，产业链长，增速快，且在各细分领域中国市场占全球市场的比重达到10%~15%，预计2030年可以达到全球20%~25%的规模，发展潜力巨大。

（二）政策有支撑

《中华人民共和国国民经济和社会发展第十四个五年规划和2035年远景目标纲要》明确指出："聚焦新一代信息技术、生物技术、新能源、新材料、高端装备、新能源汽车、绿色环保以及航空航天、海洋装备等战略性新兴产业，加快关键核心技术创新应用，增强要素保障能力，培育壮大产业发展新动能。推动生物技术和信息技术融合创新，加快发展生物医药、生物育种、生物材料、生物能源等产业，做大做强生物经济。"[1] 在"十四五"规划指导下，生命科学行业已成为我国"十四五"核心战略性新兴产业。2022年5月10日，国家发改委印发《"十四五"生物经济发展规划》，这是我国首部生物经济五年规划，也是我国生物经济领域的首个顶层设计。2021年8月18日，湖南省人民政府办公厅正式印发了《湖南省人民政府办公厅关于促进生物医药产业创新发展的若干意见》。2022年8月22日湖南省工信厅会同省卫生健康委、省中医药管理局、省药品监督管理局联合印发《湖南省生物医药产业链重点品种培育办法》，该文件指出，"十四五"期间，每年将遴选认定40个左右生物医药产业链重点品种，给予持续支持，培育出一批省产医药龙头产品，带动做强湖南省生物医药产业链，力争到2025年，全省生物医药产业营收达2400亿元[2]。一揽子政策的加持，必将助推生命科学产业的蓬勃发展。

（三）现实有优势

在2023年互联网岳麓峰会上，省委书记沈晓明前瞻性地提出要把长沙打造成"全球研发中心城市"。之后，省委常委、长沙市委书记吴桂英从聚焦产业发展、谋划空间布局、打造创新平台、形成政策体系四个方面，为长沙打造全球研发中心城市指明了关键落脚点。随后，长沙快速出台《中共长沙市委长沙市人民政府关于全力建设全球研发中心城市 奋力打造具有核心竞争力的科技创新高地的实施意见》及一系列配套支持政策，为长沙打造全球研发中心城市，明确了具体的时间线、任务书与路线图。宁乡作为长沙的"西大门"，长张高速、金洲大道、岳宁大道、319国道四大主动脉可实现30分钟抵达省会长沙城区，距长沙高铁西站仅13分钟车程，距黄花机场50分钟车程，1小时交通圈辐射三省近2000万人口，2小时交通圈覆盖全国主要经济圈范围。金洲新城是长沙实践"三高四新"的西翼引擎，是宁乡东进融城的核心片区，未来可实现10分钟直达长沙岳麓区，真正实现与长沙无缝接轨。宁乡市聚力打造千亿级生命科学产业集群，必将乘上长沙打造全球研发中心的东风。

二、宁乡市生命科学产业发展的基本情况

宁乡市从2000年引进楚天科技开始，就将生命科学产业作为战略性新兴产业重点支持，经过20多年的探索和扶持，特别是近几年，宁乡市生命科学产业发展充分享受到了政策红利，按下了加速键，步入了快车道。目前，宁乡市生命科学产业以楚天生物医药与生命科学产业链园区、宁乡高新区医疗器械产业园及宁乡经开区"美妆谷"为依托，聚集了楚天科技、华锐科技、中净生物、欧标化妆品等知名生命科学企业95家（楚天系15家、医疗器械领域63家、美妆领域7家、生物医药领域6家、平台检测机构4家），已有上市企业1家（楚天科技），列入宁乡市重点拟上市企业2家（中净生物、欧标化妆品），规模工业企业15家，2022年全年实现产值58.13亿元。

（一）以楚天为"链主"，打造国际知名、国内最具竞争力的生物医药与生命科学产业链

加快推进楚天科技生物医药与生命科学产业链项目，一是制定了一个规划。出台了宁乡市生命科学产业专项政策，以楚天为"链主"，发挥引领作用，加快上下游项目落地，通过十年左右的时间打造千亿级产业集群。二是建设了一个园区。以宁乡经开区为载体，规划2500亩土地，支持相关项目的落地和发展。

三是组建了一个专班。由市长任"链长",园区、工信、科技等部门加强产业研究和服务,摸清家底,通过开展"市长企业接待日"生命科学产业专场活动,听取企业发展建议,解决企业实际问题。四是组建一只基金。2022年,宁乡市国资集团与湘江新区国投公司合作组建10亿元的产业基金,重点支持宁乡市生命科学企业发展。五是导入一批项目。2022年,楚天科技相关的第一批12个项目已确定并相继落地,总投资约50亿元,总用地约1000亩,其中产品链项目9个,主要是高分子材料产业园(楚天微球)、生物技术产业园(大分子生物纯化设备及生物发酵反应设备生产基地)、楚天飞云、楚天源创、楚天思优特、楚天思为康、湖南思为康、楚天过滤器器材、楚天离心机等;供应链项目3个,楚天华兴、彼联楚天、楚天长兴。

(二)以宁乡高新区为载体,打造湖南省医疗器械重要承载地

以宁乡高新区为载体,规划400亩土地,聚焦高值耗材、影像设备、诊断试剂、智慧医疗四个细分领域,打造医疗器械的创新创业生态链。目前已集聚医疗器械相关企业70余家,其中三类医疗器械资质企业2家,二类医疗器械资质企业45家,成为湖南省医疗器械产业发展的重要承载地。2022年宁乡市新引进相关项目26个,其中有上市公司天益医疗项目,建设血液透析耗材及设备、ICU连续性血液净化机耗材及设备、外科急危重症耗材研发制造基地;华锐科技的动物试验检测中心,建设外科器械及心血管、骨科、支气管等植入或介入器械的安全性和有效性评价的动物实验平台等多个前沿科技项目。

(三)以宁乡经开区为载体,打造中国美妆产业"第四极"

宁乡市抢抓粤港澳大湾区美妆产业转移契机,对标全国一流的美妆产业园,在宁乡经开区内规划用地5500亩,总投资45亿元,建设美妆谷,填补了我国中西部地区美妆行业集聚区的空白,与上海东方美谷、广州白云美湾、湖州美妆小镇共同构建了"四足鼎立"的发展格局。目前美妆谷已引进欧标化妆品、

本美生物、桦洋医疗等医美、医疗器械企业近10家。2022年，宁乡经开区获批湖南省化妆品产业园，向打造中国美妆产业"第四极"迈出新的一步。

三、宁乡市打造生命科学产业集群的主要做法

（一）"双链制"引领，强化制度保障

近年来，宁乡市围绕"工业强市 幸福宁乡"发展定位与"建设省会副中心，挺进全国前十强"发展目标，牢牢把握企业、产业、产业链、产业生态"四个着力点"，探索创新了产业链"链长制+链主制"运行机制，为产业链（群）做大做强提供了坚强的制度保障。按照链长（政府）、链主（市场）两条线，构建以市领导为"链长"和龙头企业为"链主"的"双链制"工作机制。其中，链长由市领导担任，负责统筹联点产业链（群）整体工作，定期召开联席会议，协调解决产业链（群）重要事项，推动该产业链高质量发展。"链主"企业，由在相关产业链（群）中规模大、实力强、影响面广，具有强大的资源配置能力、协同创新组织动力、产业上下游核心凝聚力、社会责任感强的行业龙头企业担任。在"双链"运行机制中，"链长"的职责主要是维护好企业发展健康环境，发挥好建设者和协调者的功能，从而促进稳链、固链，推动全产业链优化升级。"链主"企业的职责主要是勇于"挑大梁"，发挥头雁效应，主动参与产业链群规划计划、政策、标准制定，主动发挥自身优势建链、补链、延链，主动开展关键核心技术攻关，带动更多中小企业融入供应链、创新链，形成"链主"加中小企业协同共生共赢的产业生态格局。近年来，宁乡以楚天科技为"链主"，相继引进了楚天华兴、楚天微球、楚天源创等8个产业链关键项目，整体投资48亿元，达产后可实现年产值200亿元以上。

（二）抢抓机遇，集聚发展态势

目前，宁乡已集聚医疗健康企业95家，主要集中在医药装备、高值耗材、

影像设备、诊断试剂、智慧医疗等重点领域，已正式通过国家药品监督管理局三类医疗器械审批注册证 5 张，其中华翔增量研发的多孔型椎体融合器和椎间融合器是国内首家将选区激光熔融技术（SLM）应用于 3D 打印医疗产业化的企业，填补了我国在此领域的空白。莱拓福曹德良教授团队研制的《醛酮还原酶 1B10 测定试剂盒（时间分辨荧光免疫分析法）》是我国首款具有完全自主知识产权的肝癌诊断试剂盒，为国际首创。正在申报和筹备申报三类医疗器械产品企业 9 家，二类医疗器械注册证的企业有 32 家，已取得及正在审批的二类证 85 张。

（三）搭建平台，加快专业赋能

一是建设公共检测服务平台。投资约 5000 万元，已启动建设大型 EMC 电磁兼容检测平台、生物兼容性和医用材料检测平台等。二是引进专业服务机构。湖南光谷创新团队行业从业十余年在全国积累了丰富的项目资源，区别于传统 CRO 服务平台以注册申报拿证为主营业务；光谷创新则专注于省外高新技术医疗器械项目引进，以技术服务和产业辅导为抓手，实现医疗器械产品在园区快速产业化和高质量发展。三是探索异地孵化新模式。目前宁乡高新区已与岳麓山大科城达成深度战略合作关系，形成前端研发孵化，后端量产的模式。同时，也正在与上海虹桥、香港城市大学等洽谈异地孵化合作。

（四）政策引导，提升创新能力

2022 年 9 月，宁乡市政府相继出台《关于支持生命科学产业发展的意见》《宁乡市促进生命科学产业发展若干政策的通知》，总共 7 条 20 款措施，从支持企业引进、支持企业研发创新、支持企业拓展市场、支持企业人才引进、支持产业服务机构集聚、支持企业投融资等多方面促进生物医药与生命科学产业发展；2022 年 10 月，宁乡经济开发区与楚天科技签署产业链合作框架协议；2023 年 1 月，湖南省政府工作报告将楚天生物医药与生命科学产业链列入"湖南省十大产业项目"。在中国民营企业 500 强中，楚天科技研发投入排名第 344 位、发明专利排名第 90 位。同时，作为长沙科技型企业群体中的一支中坚力量，楚天科技旗下拥有长沙中央技术研究院、德国欧洲（ROMACO）技术研发中心、四川医药设计研究院、长春楚天华通技术研发中心四大研发机构，研发人员超过 2000 人。楚天科技总部的研发平台已是医药装备行业全球三大研发机构之一。除了楚天科技以外，宁乡市涛尚医疗也已与中南大学湘雅医院达成科研合作，将共同组建湘雅—涛尚移动医疗工程技术中心；华耀百奥与北京大学达成可降解锌合金材料科研合作；普林特与中南大学达成钽金属材料研究科研合作；赛诺莱特项目由德国海龟博士与苏州科研人员牵头，致力于康复和瘦身领域，其舱式全身光子治疗仪已获批国家二类医疗器械注册证。

（五）突出示范，优化营商环境

好的营商环境是产业发展的温床。近年来，宁乡市生命科学产业快速发展，也是得益于营商环境的持续优化。2022 年，宁乡市营商环境在全省排名第一。2021 年宁乡高新区获批湖南省药品上市许可持有人制度、医疗器械注册人制度试点区域，宁乡抢抓机遇，充分发挥试点区域的带动效应，不断优化生命科学产业发展环境。一是强化要素保障。在宁乡高新区规划建设的医疗器械产业园，面积约 15 万平米，厂房前期设计时充分学习了武汉光谷生物城建设经验，征集了 30 余家已入园和拟入园企业意见，厂房各项参数非常契合企业需求。二是提高行政效率。宁乡向企业承诺"围墙内的事情由企业负责，围墙外的事情由政府负责"，坚持打造办事高效的政务环境，提出"策划式"招商、"股东式"服务，改革赋能营商环境，实施"极简审批"改革，工业项目审批时限提速 50% 以上。例如，协同医疗器械服务平台—光谷创新团队，为入驻企业上门针对性解决取证问题 20 余个，有效提升了企业办证速度。在招商阶段便由专业团队介入，提供一揽子解决方案，为企业纾困解难，助力企业做大做强。

四、宁乡市加快打造千亿级生命科学产业集群的对策建议

（一）加大招商引资力度，完善产业链条

当前，宁乡市生命科学产业链条在"强链""延链""补链"上都还存在不少的短板，链主企业只有一家，领军企业缺乏，上下游配套企业不足。要破解这一问题，就要加大招商引资力度，完善产业链条。一是重点引进行业旗舰项目，聚焦世界"500强"、行业"100强"，围绕医药和医疗器械产业，力争引进一批龙头项目和具有突破性技术的创新项目。二是进一步发挥楚天科技"链主"作用，吸引一批上下游配套企业，以及楚天的子公司、新项目落户宁乡，逐步完善产业链条，向高端化、特色化、差异化发展。三是优化生命科学产业专项扶持政策。持续跟踪现有政策效果，充分释放政策红利，对比沿海发达地区，进一步优化产业专项政策，加大固定资产投资、研发认证、成果转化、市场拓展、人才引进、品牌建设、投融资等方面的政策支持力度，促进产业快速发展。

（二）培育潜力企业，打造领军企业

宁乡市要打造千亿级生命科学产业集群，单靠一家链主企业，肯定是不够的，目前在生命科学细分领域市场上，领军企业群暂未形成，这也是制约宁乡生命科学产业快速发展的重要因素。一是筛选潜力企业。建立涵盖专利数量、研发投入、技术水平、市场潜力、研发进展等指标的企业筛选指标体系，在全市范围内，每年滚动筛选出一批潜力企业，进行重点培育，由市领导联点帮扶。重点支持华锐科技、涛尚医疗等潜力企业争取各级专项政策，切实解决企业发展过程中遇到的困难问题，加速企业成长，形成一批细分领域领军企业。二是加大资本扶持。加大对医药医疗器械专业风投机构、产业基金等产业资本的对接力度。通过组织项目路演、项目融资对接会等形式，在宁乡市范围内探索建立专业产业扶持基金，全面加大对宁乡市优质项目、潜力企业的资本扶持力度。

（三）创新人才激励政策，集聚发展动能

生命科学产业属于资本密集、人才密集和技术密集型产业，尽管宁乡市生命科学产业发展初具规模，来势很好，与沿海先进地区相比，宁乡市对高端人才、技术、资本、平台等创新要素的吸引力弱，资本市场不活跃，高层次人才"引不来、接不住、留不下"等问题较为突出。一方面，大部分企业在招聘人才时，由于地理位置，城市能级等方面因素制约，招聘成效不佳；另一方面，企业自身培育多年的人才，考虑薪资待遇、个人发展、家庭生活等因素选择跳槽，造成现有人才流失。要破解创新人才短缺瓶颈，一是严格落实人才奖励政策。认真落实"芙蓉计划"、长沙人才政策"升级版45条"等政策，出台具有宁乡特色的市场化人才奖励扶持办法，集聚一批战略科技人才、科技领军人才和创新团队，引进培育创新型、工匠型人才。二是发挥高校、科研机构作用。与本地职业中专加强联系合作，有针对性地做好医药医疗器械各层次专业人才培养，配套加强中低端人才保障，助推宁乡成为医药医疗器械产业创业创新高地。三是探索飞地科研新模式。鼓励企业将研发基地注册地与办公地分离，注册地在宁乡，办公地可以设置在技术集中、地理位置优越的一线城市，提升招聘人才的软环境，构建科研在一线城市、生产在宁乡的格局。四是鼓励企业开展股权激励。与企业核心骨干员工分享股权，激发员工干事创业热情，让企业与员工共同成长，同时股权激励有利于缓解中小企业面临的薪酬压力，适当地降低经营成本，减少现金流出。

（四）深化区域开放合作，加速要素集聚

宁乡市作为一个内陆县级市，受到城市能级、地理位置等多方面的影响，与沿海地区相比，在吸引资本、技术、人才等各个方面要素上，还是有很大的差距。而生命科学产业本就是资本、人才、技术密集型产业。因此，要破解这一困境，就要深化区域开放合作，加速产业要素集聚。一是主动对接。积极对接国家"一带一路""双循环"等重大战略，支持宁乡市生命科学企业与非洲、东南亚等地区的合作，充分利用地区发展比较优势开展协同合作。支持企业与

长三角、珠三角、京津冀等先进地区的联系交流，积极融入长株潭产业协同发展，集聚产业发展的各类要素资源。二是扩宽渠道。政府出台相关扶持政策，鼓励支持企业参加相关博览会、交流峰会，扩宽视野，交流经验，在扩大自身企业影响力的同时，寻找多方面合作通道。

参考文献

[1] 中华人民共和国中央人民政府. 中华人民共和国国民经济和社会发展第十四个五年规划和2035年远景目标纲要[EB/OL]. （2021-03-13）[2023-03-20]. https://www.gov.cn/xinwen/2021-03/13/content_5592681.htm?dt_platform=weibo&dt_dapp=1.html.

[2] 湖南省工业和信息化厅，湖南省卫生健康委员会，湖南省中医药管理局，湖南省药品监督管理局. 湖南省生物医药产业链重点品种培育办法[EB/OL]. （2022-09-19）[2023-03-20]. https://gxt.hunan.gov.cn/gxt/xxgk_71033/tzgg/202209/t20220919_28987373.html.

沅陵县以县域为载体推进城镇化建设的调研与思考

⊙ 瞿赤兵（中共沅陵县委党校）

县城是我国城镇体系的重要组成部分，是城乡融合发展的关键支撑。推进以县城为重要载体的城镇化建设，不断增强县城综合承载能力及发展动力，对于构建新型工农城乡关系、推动区域协调发展，实现更高水平的共同富裕有着重要意义。贯彻落实中共中央办公厅、国务院办公厅《关于推进以县城为重要载体的城镇化建设的意见》，笔者在实地调研的基础上邀请相关部门及专家学者、政协委员开展专题协商研讨，试图找出破解沅陵城镇化建设中难点、堵点、痛点的路径与方法。

一、沅陵县城镇化建设取得的成效

近年来，沅陵县委、县政府高度重视并大力推进以县城为重要载体的城镇化建设，坚持统筹推进、因地制宜、分类施策，县城规划布局更加合理、发展活力持续释放、吸引力不断增强、基础设施显著优化，新型城镇化建设步伐明显加快。截至2022年年底，沅陵县共有常住人口50.3万人，其中城镇人口21.7万人，城镇化率43.14%。

（一）突出规划引领，构建新型城镇化体系

坚持高点定位，健全规划体系，完成城市总体规划和城镇建设规划修编，制定出台《沅陵县"十四五"新型城镇化规划》。编制完成"一县一策"县城城镇化实施方案。沅陵县成功入列全省新型城镇化试点县，官庄镇入列省新型城镇化试点地区。县城建设特色更加鲜明，县域城镇化布局明显优化。

（二）注重产业带动，夯实城镇化的发展根基

大力推动有色金属循环经济、水电风电扩能增效、生态文旅融合、品牌茶酒打造、中药材综合开发利用等"六大临港产业链"建设。深入实施"六大强农"行动，大力发展农产品精深加工、乡村文化休闲旅游、农村电商平台等乡村重点产业，持续推进"一县一特""一乡一业""一村一品"。加快产业园区标准化建设，助推产业集聚发展，产业园区入驻企业共66家。园区产业的发展，提供了大量的就业岗位，0.52万农民在家门口转变为产业工人；沅陵县从事第二、第三产业的农民达3.1万人。同时发展农民专业合作社998家、家庭农场104家。

（三）完善基础配套，增强城镇化的载体功能

近五年来，沅陵县完成城镇老旧小区改造173个。城市给排水、燃气管道管网加快完善。社会公共服务保障不断完善。建成三级医院2家、二级医院9家。在乡镇建成综合性养老服务机构1家（官庄）、区域性敬老院5家，在县城建成失能失智人员集中照护中心1家（县福利院）。21个乡镇公共文化广场完成达标建设。沅陵县每千常住人口拥有3岁以下婴幼儿托位数2.9个，九年义务教育巩固率达99%以上，高中阶段教育毛入学率达93%以上；县城绿化覆盖率达30.11%，城市生活垃圾无害化处理率100%，高于全省3个百分点，县城污水处理率达到95%。城市更新项目建设如火如荼，城区面貌发生巨大改变，群众幸福感获得感安全感更加充实。

（四）统筹城乡融合，实现城乡发展协同并进

全力推动县城提质扩容，县城"四桥两路"全线贯通，"两水三镇小武汉"城市发展格局初步成型。统筹推进重点镇建设，不断加快官庄、凉水井、七甲坪、五强溪、筲箕湾等特色中心镇建设。城乡客运更便捷，沅陵县城乡客运一体化覆盖率达100%。人居环境更美丽，积极打造"百村万户"美丽村寨，探

索出"五微一大"工作新路径，创造了农村人居环境整治提升的"沅陵模式"。传统村落保护更有效，成功申报3批共22个中国传统村落，数量位居全市第4、全省第10。农村建设更完善，2015—2022年整合涉农等资金2.72亿元用于农村危房改造、农村住房风貌改造、农村住房建设管理等工作，"四好农村路"建设和农村电网改造升级任务基本完成，建制乡镇卫生院全部完成远程诊室建设。城乡发展更加协调，美丽乡村建设卓有成效。

二、沅陵县城镇化建设存在的问题

（一）人口城镇化水平有差距

沅陵县的新型城镇化水平在逐年上升，但城镇化质量方面仍有不足之处。沅陵"十四五"规划提出到2025年常住人口城镇化率目标是48%左右，实现约10万农业转移人口市民化，县城建成区常住人口规模达到17.5万人左右。截至2022年年底，沅陵县共有常住人口50.3万人，沅陵县城镇化率为43.14%，离"十四五"规划目标还有差距，并远远低于58.76%的湖南省整体水平。

（二）城市风貌品质有待提升

沅陵县城的风貌特色不够凸显，山景、水景、城景三者相对独立。当前沅水、酉水在县城内蜿蜒数里，水系两侧建筑杂乱，河道空间粗放杂乱，未形成公共空间，滨水空间缺乏特色，沅陵县城现沅水两岸，由于两侧驳岸与水面高差较大，亲水性不够，功能单一、设施不全，景观品质不高，居民可达性与活动性都较为缺乏。

（三）产业结构需进一步优化

2022年沅陵三次产业比例为16.2∶43.4∶40.4，第二、第三产业产值在生产总产值中所占比重较大，第一产业比重较小。从生产总量上看，2022年沅陵县完成地区生产总值 201.37 亿元，其中：第一产业增加值 32.65 亿元，第二产业增加值 87.31 亿元，第三产业增加值 81.41 亿元，而从事第一产业生产的人口比重远超第二、第三产业，可见农业生产力单位产值较低。另依据县统计年鉴 2018—2022 年数据，第二产业增加值逐渐减弱，第三产业增加值在保持平稳，增速不明显。第三产业是吸收农村剩余劳动力的重要行业，对于吸纳农村剩余劳动还没有发挥出应有的作用。

（四）公共服务设施配套不足

教育方面，教学硬件设施建设待进一步加强，学校学位不足，校舍、师资、设备配置不均衡，县城校际之间仍然存在差距。如荷花池小学新旧校区、鹤鸣山小区、一中老校区等优质学校都集中在同一区域。医疗卫生方面，2022 年，千人口床位数 7.94 张，低于全省平均水平 0.31，千人口执业（助理）医师 2.9 人，低于全省平均水平 0.11。文体设施方面，公共文化设施总量配备不足及发展不平衡的弱点日益显现，县城内现有文化馆、图书馆、博物馆都为老场馆，馆舍面积不达标，设施陈旧，缺展览馆、剧场、文体中心等。养老方面，虽然县城建有 1 座社会福利院养老中心，但是由于场地狭小、设备陈旧、运营资金短缺等问题，养老福利供给不足。

（五）市政设施供给短板明显

沅陵县城外拓缓慢，旧城疏解不足，人口大量集聚老城区，导致设施供给短板更为明显。老城区道路狭窄，迎宾路与辰州街斑马线较多，道路断面划分不尽合理，县城内停车位规划建设不足，主要由配建停车位、路内停车设施及少量社会公共停车场承担停车功能。城区供水管网亟须维修和提升改造；环卫设施建设无法满足城市未来发展需求，县城现有公共厕所偏少、垃圾收集、转运站数量较少服务半径过大；城区污水管网不完善，管网设施薄弱，雨污分流较难，易造成环境污染；城区市政公用管线老旧、权属复杂、线路混乱、景观性差、占地空间多，建设地下综合管廊迫在眉睫。

三、推进沅陵以县城为重要载体的城镇化建设的对策建议

沅陵县锚定"怀化对接西部陆海新通道战略门户城市次中心"的战略目标和"沅陵美得让人心痛"的人文愿景,积极对接并主动融入怀化国际陆港建设,坚持一张图规划、一盘棋建设、一体化发展,强化生产、生活、生态、生命"四生融合",形态、业态、文态、质态"四态协同",促进空间深度融合、业态良性互动、要素畅通循环,更好展现沅陵地域特色、时代风貌、现代气息,不断提升县城承载力、竞争力、带动力,全面打造宜居、韧性、智慧城市。

(一)坚持"流量""留量"并聚,让县城更有人气

一方面,县城往往是乡镇居民享受城市生活的第一站,体现了人们对"进城"最鲜明的现实渴望与追求。另一方面,县城也面临着更高级别城市的虹吸效应和居民美好生活需求不断升级的压力,外出读书或工作见了世面的年轻人也在不断流失,人口流动呈现"流而不留"趋势。推进以县城为重要载体的城镇化,应坚持"流量""留量"并聚,优先做大县城的"流量",最后把"流量"变成"留量"。

1.实施更加积极的引人策略

突出引人聚人导向,优先做大县城人口流量,既引人才,也聚人口;既积极吸引青壮年劳动力,也对"一老一小"人口更加包容。要根据区位条件、战略定位,制定差异化人口政策,破除影响各类人员向县城集聚的障碍,同步推动县城人口规模扩大和结构优化,构建适配县城功能的人口发展格局,切实提高人口对县城发展的贡献度。

2.创新更可持续的育人机制

教育是县城引人聚人的关键,要逐步推动从"产业就业留人"向"人力资本孵化"转变。优化城区教育布局,加快实施天宁高级中学二期建设、沅陵职中扩建、望圣小学、凤鸣学校综合楼等项目建设,加快虎溪学校迁建,改善办

学条件，提升教育质量。统筹教育与人口空间布局，引导乡村学校适度集中、乡村生源有序进城，推动优质教育资源在县城均衡布局、义务教育学位按县城常住学龄人口应供尽供，办好人民满意的基础教育。拓展特色职业教育，重点面向县城新市民、城乡兼业和待业人员，强化订单式、定向式职业教育和技能培训，培育新型产业工人，确保"来得了、有事做、留得下"，并通过提高就业收入，释放消费潜力，更好服务县域经济社会高质量发展。

3. 营造更加包容的留人环境

加快改革与户籍关联的权益实现机制，实现"户籍身份惠及化"向"市民权益普惠化"转变，提高县城新市民的社会融入水平。建设居住友好县城，加快完善以公租房、保障性租赁住房和共有产权住房为主体的住房保障体系，统筹解决好新市民、青年人等群体住房困难问题。建设儿童友好县城，在公共场所增设儿童娱乐设施，优化儿童安全过街路径，打造安全、有趣、益智的儿童生活空间，发展普惠托育服务体系，降低生育、养育、教育成本。建设老年友好县城，重点依托县社会福利院"智慧医养共同体"建设，改扩建县级养老和特困老年人员服务机构，扩大普惠养老床位供给。探索完善社区居家养老服务模式，加快社区公共设施适老化改造，发展社区小型化、嵌入式、功能完善的日间照料中心，建设社区老年食堂。

（二）坚持"宜居""宜业"并进，让县城更有烟火气

1. 坚持以人为本

聚焦"人为什么来"，策划打造文创水岸、音乐水岸、美食水岸、运动水岸等主题鲜明的特色水岸，向两水三岸吸聚人流。聚焦"人来了干什么"，植入一批策展式、沉浸式消费场景，塑造一批潮购、游憩、亲子、野趣等网红点位，增强特色产品供给，带动消费氛围提升。聚焦"人来了还想来"，建设一批体验式、互动式消费场景，通过独特的休憩体验、美学感受、消费心理，激励商家提升服务品质，吸引消费者回流。

2. 聚焦四生融合

策划推进"宜业"产业化项目，围绕怀化市建设沅辰溆特色产业发展区的目标，推动电子信息制造、有色金属循环经济、水电风电扩能增效、生态文旅融合、品牌茶酒打造、道地中药材综合开发利用"六大临港产业链"和商贸物流、现代畜牧、种业及粮食加工三个特色产业提速提质发展，聚力打造沅陵县"6+3"现代化产业新体系。全面推行绿色农业产业链"链长制"，加快建立沅陵绿色农产品体系，重点推进生态文旅融合、品牌茶酒打造、道地中药材综合开发利用等"绿字号"百亿产业链协同发展。策划推进"宜居"的公共服务设施项目，强力推进城市更新、滨江两岸游步道、龙兴讲寺修缮、辰州三塔三桥夜景观、中华书山、酉水画廊等重点项目，规划建设一批滨水社区综合体、亲水运动场地、无障碍临水步道盲道等便民服务设施，打造全龄友好城市滨水带。策划推进"宜人"的基础设施项目，在成功创建第七批国家生态文明建设示范区、有望成为全省唯一的全国农村能源革命试点县的基础上，积极争创全国林业碳汇试点县，探索运用绿色环保新材料打造新型绿色建筑和海绵城市，打造碳达峰、碳中和示范项目。

3. 强化四态协同

统一规划两水三岸建筑群落，策划打造两水三岸风光带及辰州古城街区、龙兴讲寺、芸庐酒店等地标景观建设，实现绿树成荫，步步皆景，构筑最美城市天际线，将两水三岸打造为城市会客厅。构建立体交通游线体系，辐射带动两水三岸"四态协同"转型升级，实现科技、人才、信息、资金等要素资源加快聚集，将两水三岸打造为城市游憩商业区。按照片区综合开发理念，统筹整合两水三岸公园绿地、老旧建筑和楼宇商铺等资源，精准引进"城市合伙人"实施一体化开发运营，将两水三岸打造为城市活力带。

4. 突出创新创业

围绕"特、新、精、细"，吸聚一批特色餐饮、高端康养、精品文创、潮流商品、数字娱乐等生活性服务业领军企业，促进生活性服务业沿两水三岸向精细化和高品质转变。围绕人工智能、研发设计、电子商务、节能环保服务等领域，在凤凰山森林公园及邻近街巷打造新产品的策展基地、新技术的应用基地、新业态的体验基地。围绕两水三岸的公共绿地和金角银边，打造公益性、开放式、低成本的创新创业空间，让两水三岸成为创新创业创智创优的重要平台。

（三）坚持"柔性""韧性"并重，让县城更有底气

建设韧性城市，强化弹性管理，注重舒适性，让城市动起来、活起来、靓起来、旺起来。

1. 在区域协调布局中强化县城协同力

突出县城的核心引领作用，统筹推进"一核、四轴、多点"城乡发展格局，坚持县城、小城镇与村庄发展一盘棋，构建县城与镇村一体规划、联动发展机制。聚焦"三高四新"美好蓝图，深入实施"五新四城"战略，加快"建设四个区、打造次中心、挺进三十强"，重点推进"一港一基地""三区三中心"建设，充分发挥沅陵县资源禀赋、产业基础、区位比较等优势，加强交通共联、产业共兴、文旅共融、设施共建、环境共治、服务共享，高质量做大做强县城，辐射、引领和带动县域经济社会高质量发展。尽快制定出台《沅陵县关于推进以县城为重要载体的城镇化建设实施方案》，在科学划定、衔接论证、充分对接的基础上，细化出台一系列有针对性的政策措施，做到因类施策、精准引导。

2. 在城乡融合发展中强化县城带动力

着力推动产城融合、产区融合、产乡融合发展，提升城市经济韧性。积极对接并主动融入怀化国际陆港建设，突出"一主两特"，重点夯实工业"五电五矿"、农业"五谷丰登"、旅游业"五旅汇沅"产业基础，高质量打造"六大临港产业链"，加快建设沅陵"6+N"现代化产业新体系。充分释放大县消费潜力，大力开展多彩夜经济、节庆促消费等系列活动，加快平廊式地下人防工程、智慧停车场等项目建设，力争引进新建一家五星级酒店，持续做强辰州中街等城市商圈。规范发展家居建材、汽车销售、农产品批发等专业市场，支持碣滩茶物流园、增辉现代物流园等做大做强，鼓励增辉现代物流园创建国家4A级物流企业，加快沅陵港综合码头等项目建设，不断降低企业综合物流成本，

努力实现人流、物流、商流、信息流、资金流"五流汇聚"。大力发展科技金融、绿色金融、普惠金融、养老金融、数字金融，推动更多金融资源流向实体经济。

3. 在现代治理体系中强化县城共治力

完善社会治理体系，提升城市管理韧性。坚持政治引领聚民心、法治保障化民怨、德治教化润民风、自治强基顺民意、智治支撑保民安"五治融合"，统筹基层社会治理多方资源，健全基层社会治理体制机制，最大限度激发基层发展活力。深化"放管服"改革，注重数据赋能，利用现代信息技术推动县城与乡镇实时联动、一体化审批，提高服务效率。优化资源配置，保障与城镇常住人口规模相匹配的学位供给和教师编制。以新型社区建设为载体，打造功能型、服务型、互助型、协商型、网络型"五型"社区服务中心，畅通和规范新社会阶层、社会工作者和志愿者等参与社会治理的渠道，探索"虚拟社区"等沟通平台，大力推进人人有责、人人尽责、人人享有的社会治理共同体建设。

（四）坚持"人文""智慧"并举，让县城更有名气

历史文化是一座城市的"根"与"魂"，是城市内涵、品质、特色的重要标志，滋养着城市的成长发展，不断提升城市的凝聚力、吸引力和生长力。

1. 建设人文之城

进一步擦亮"中华书山"文化、"西南大讲堂"等金字文化招牌，争创"二酉山国家文化公园"，重塑龙兴讲寺大西南国学讲堂地位，拓展"文旅+"产业深度融合发展。尊重和保护城市的历史文化遗产，加强对沅陵历史建筑和文化景观的保护和修复工作，重点加强二酉藏书洞、龙兴讲寺、阳明书院（虎溪书院）、沈从文故居、辰州古街、湘西剿匪胜利公园等历史文化街区保护，在保留老城区原有的砖、瓦、墙、梁、路的同时，围绕"吃、住、购、馆、玩、作"六大板块植入多元业态，既留住历史记忆，又让老旧文化建筑焕发新的活力。加强文化传媒建设，以群众喜闻乐见的形式举办系列主题鲜明、形式鲜活、底色鲜亮的红色故事、文化活动，提供多元化的文化活动和艺术表演，鼓励居民

参与文化交流与创作，赓续沅陵的厚重革命历史精神，培养积极向上的城市文化氛围。

2. 建设智慧之城

突出数字赋能，坚持信息便民利民惠民，强化数字技术在城市规划、建设、治理和服务等领域的应用，释放"数字红利"，推动公共服务更加便捷、城市治理更加精细、城市运行更加高效。全面推进县城光纤到户和"光进铜退"，实现光纤网络基本覆盖城市家庭，加快城市公共热点区域无线局域网覆盖。发展数字化城市管理，建立城市统一的地理空间信息平台及建筑物数据库，统筹推进城市规划、国土利用、城市管网、园林绿化等市政基础设施管理的数字化和精准化，加快推进智慧教育、智慧医疗、智慧就业、智慧住宅、智慧交通、智慧社保、智慧养老、智慧物流、智慧社区等建设。探索城市数字治理新模式，在市场监管、环境监管、信用服务、应急保障、治安防控、公共安全等社会治理领域，深化信息应用，切实推进沅陵治理体系和治理能力现代化。构建符合县情的数字素养教育框架，提升全民数字技能，积极营造数字文化氛围。

3. 建设宜商之城

从"繁盛三千年不衰"的历史辉煌中弘扬沅商文化、传承沅商精神，树牢"企业家至上"的价值取向，培养尊重企业家的文化自觉，建立依规有度的"亲清"新型政商关系，擦亮"身在沅陵、办事公平"营商环境金字招牌，为企业提供"无障碍、零距离、母亲式"服务，把沅陵打造成企业家创业的乐园、成长的沃土、心灵的港湾，吸引更多的企业家投资沅陵、扎根沅陵，让沅陵文化的软实力成为营商环境的硬支撑。

脱贫地区以人为核心推进县域发展的保靖探索

⊙ 来亚红（中共湖南省委党校教授、湖南省县域经济研究会副会长）

县域是我国最基本的行政和经济单元。第七次人口普查数据显示，我国县域常住人口总量为7.45亿人，占人口总量的52.8%。党的十八大以来，经过8年持续奋斗，截至2020年年底，我国如期完成新时代脱贫攻坚目标任务，832个贫困县全部摘帽，9899万农村贫困人口全部实现脱贫。在进入全面建设社会主义现代化国家的新阶段，推进脱贫地区和人口巩固拓展脱贫成果，赶上全国发展步伐并实现共同富裕，成为各地必须着力探索的紧迫课题。

保靖县位于湖南省湘西自治州中部，是国家确定的第一批革命老区县、国家扶贫开发工作重点县、深度贫困县。2019年，保靖县如期完成脱贫攻坚的历史性任务，20 466户82 648名建档立卡贫困人口、115个贫困村全部脱贫出列。脱贫后的这几年来，保靖县积极探索落后地区实现县域高质量发展的现实路径，逐步形成了以"幸福保靖人"为核心的思维框架、认知体系、发展定位和推进路径，把促进人的全面发展作为凝聚激励全县干部群众奋斗的核心目标，努力把保靖县建设成"保靖人"身有所栖、心有所依的幸福美好家园。实事求是地讲，保靖县在经济、科技等物的现代化方面与先进县市比较，还有很大差距，但是保靖县一切以人的建设为核心、擦亮"幸福保靖人"名片的做法是卓有成效的。2022年，保靖县荣获了多项涉及"保靖人"全面发展的省部级以上表彰，如全国信访工作示范县、全国科普示范县、省级文明城市、全省安全生产和消防工作优秀县、两项省级教育评估获优秀等次，等等。

一、探索和实践：把促进人的全面发展摆在县域发展的核心位置

保靖县位于武陵山脉中段、湖南省湘西土家族苗族自治州中部，总面积1753.8平方千米，总人口32万人，是典型的民族山区县。保靖县置县历史达两千余年，有着厚重的历史积淀。长期以来，囿于交通区位、资源禀赋、发展基础等条件所限，劳动力、人才、资金等要素资源长期净流出，经济总量和群众收入等指标长期位居"省尾"。在湖南省委组织部的指导和全县上下的深度酝酿下，保靖县确立了推进现代化建设的突破口：以人的现代化为核心推进县域发展，提出"五项任务"和"十八条路径"建设体系，取得了显著成效，在推进县域现代化建设中形成了可供学习和参考的"保靖实践"。

（一）解放思想、更新观念，确立以人的全面发展为核心的县域发展战略定位

2021年7月，中共保靖县第十三次代表大会旗帜鲜明提出人的全面发展战略："以人的发展为统领，聚焦人民的'业'、人民的'声'、人民的'情'、人民的'根'、人民的'未来'，实施人的全面发展战略。"制定了实现让人民享有更好的教育、更稳定的工作、更满意的收入、更可靠的社会保障、更高水平的医疗卫生服务、更舒适的居住条件、更优美的环境、更丰富的精神文化生活的"八更目标"和推进措施。2022年伊始，全县上下以"满足人民对美好生活的向往、促进人的全面发展"为主题，深入开展多轮多层次"幸福保靖人·美好新生活"思想大解放活动，引发万名保靖人倾情参与。2023年县委、县政府提出：要以全域文明创建为抓手，争做"幸福保靖人"，共建"美好新生活"。思想的力量一旦转化为群众的自觉，就会让涓涓细流汇成浪奔之涌、点点滴水聚成澎湃之势。至此，"幸福保靖人·美好新生活"成为全县各项工作的主基调和保靖县干部群众心中的最强音。

（二）党建引领、机制创新，强化促进人的全面发展为核心的制度保障

人的全面发展是一个系统工程，要将以往"见物不见人"的经济社会发展模式转变为"见物更要见人""人为核心"的发展模式，保靖县在强化党建引领的基础上整体谋划、统筹推进体制机制的改革创新。

强化表率意识，抓好"关键少数"。始终坚持党的领导这个根本，把党建引领贯穿人的全面发展为核心推进县域发展的全过程。一是履行县委书记"第一责任人"职责，做到涉及"人为核心"重要工作亲自安排、重大问题亲自解决、重点课题亲自调研，以上率下做示范。二是坚持抓"关键少数"，县级领导充分发挥"火车头""头雁"表率作用，推动思想大转变、作风大改进，做到心系群众、勤政为民。保靖县43名县级领导联乡包村实现全覆盖，带动各级党组织书记聚焦落实县委决策，与乡村干部、专干、党员、群众面对面沟通、心贴心交流，拉家常、聊问题、谋发展，真正做到一切为了群众，一切依靠群众。三是在全体党员干部中强化对标意识，及时解决基层群众反映的大事小情，确保事事有回应、件件有着落、凡事有交代。

完善制度体系，优化体制机制。出台了《保靖县激励干部队伍新时代新担当新作为十二条措施》等文件，搭建激活干部担当作为的"四梁八柱"。用活职级政策，几百名乡村振兴一线优秀干部得到提拔重用或晋升职级；制定了《保靖县关于支持民营经济高质量发展的九条意见》《关于优化营商环境促进市场主体高质量发展实施意见》等政策措施，推行"客商评股长""企业之家下午茶"等制度，加强激励全社会创新创业的制度建设；召开保靖县新的社会阶层人士联合成立大会，为新的社会阶层人士提供联谊交友便利、畅通建言献策渠道和搭建社会服务平台。

健全监督体系，建设"清廉保靖"。风清气正的政治生态是推动人的全面发展的重要保证。强力推动"清廉保靖"建设工作，以清廉示范点建设为重点，选择18家有代表性的单位和12个乡镇作为清廉机关、清廉学校、清廉医院、清廉乡村建设示范点培育，取得明显阶段性成效。2022年信访举报数同比下降26%，严肃处置"冒名诬告干部"、干部不胜任现职等行为，对党员和公职人员违纪违规失信行为主动亮剑。

（三）聚焦定位、明确任务，探索人的全面发展为核心的县域发展路径

保靖县围绕"人为核心"推进县域发展的战略定位，确定以"解放人、组

织人、改变人、塑造人和培养人"为重点任务，推进人的全面发展。一是解放人。人是生产力中最活跃的因素，解放人的目标就是人的行为不再被外压驱动，而是由内生驱动，从而释放人的活力。保靖县首先从解放"保靖人"的思想观念着手，激发起追求发展的内生动力。二是组织人，就是改进人的运行和活动方式，提高人的组织化程度。保靖县从政治、经济、文化、生活各方面，通过强化基层治理、支持合作经济组织以及各种协会、互助会等群众性组织的建设，凝聚人心、汇聚合力。三是改变人，就是通过教育和宣传改变人的思维方式和行为模式，摆脱落后的不符合新发展理念的思维定式，全面提高人的文明素养、综合素质和创新创业能力。四是塑造人，即以物质文明、精神文明、生态文明建设的鲜活实践引领人的全面提升，使之顺应时代和社会进步的要求。五是培养人，着眼保靖县域经济社会发展所需，加大教育培训力度，使人得到全面发展，为未来发展和竞争提供源源不断的人才人力供给。

目标任务明晰后，关键在于如何行动。保靖县坚持系统思维、问题导向和目标导向，从以下18个方面发力，初步探索出以人的现代化为核心推进县域现代化的实现路径。①精准聚焦县域现代化建设的目标人群，针对干部群体、企业家群体、普通群众（产业工人、农民、学生）等分类施策提升人的全面发展水平；②围绕促进人的全面发展战略定位做规划、定思路、明责任，加强对长远奋斗目标和当前具体行动计划的指引；③改进全社会舆论宣传和党员干部群众思想教育，激发发展信心和干部群众的精气神；④强化县委集中统一领导和全面从严管理干部，锻造坚强有力的一线指挥部和"关键少数"；⑤全方位加强干部队伍党性修养和专业能力培训，提高骨干力量的专业化水平和实战本领；⑥提高基层一线战斗堡垒的组织力、动员力、战斗力，以党组织为核心，完善基层治理架构和社会组织动员体系；⑦以医生和教师为重点，强化各类人才培养和引进，夯实高质量发展的人才智力支撑；⑧全方位提高医疗卫生事业质量水平，筑牢人的生命安全和健康成长多重保障防线；⑨全方位推进教育均衡发展和质量水平提升；⑩织密社会保障和救助网络，以落实各项社会保障政策为重点，关心关爱各类弱势群体；⑪坚持因地制宜和聚焦特色相结合培育县域主导产业，着眼长远谋划推进和拓展生产经营活动；

⑫促进适龄人口就业创业，多渠道挖掘劳动力潜能，提高劳动力价值，拓展劳动力空间；⑬加强城乡基础设施建设和环境整治，努力改善生存生产生活环境；⑭扎实推进法治教育、平安创建和治安防控，加强矛盾纠纷化解和特殊人群管控；⑮加强党员干部队伍纪律建设和作风建设，以干部队伍纪律严明勤政为民带动全县上下风清气正；⑯以敢于改革敢于创新的精神破旧治除沉疴立新规，逐步用新的制度机制规范人的组织化运行；⑰推进优良传统文化和民族文化的创新性发展和创造性转化，努力把长板和优势做得更长、做得更优；⑱倡导培育文明新风，坚定推动移风易俗，渐进式改变传统思维模式和落后生活习惯。

二、成效与困难：以人为核心推进县域发展取得初步成效，但仍任重道远

以"保靖人"的建设为核心推进县域发展的战略定位现已成为统一全县干群思想和行动的基本遵循。观念转变了、共识凝聚了、内力激发了，保靖县在全方位营造"人为核心"的发展环境和促进"保靖人"全面发展两方面都取得初步成效。

（一）以人的全面发展为核心的县域发展环境初显系统性成效

1. 生产效率更高效

在产业发展上，保靖县摒弃简单靠砸资金、上项目求发展的思路，力争省委组织部、省自然资源厅等7家省直单位的理论指导和技术支持，以全国农业科技现代化先行县建设结合保靖得天独厚的区位优势和资源优势，深入开展产业振兴行动，大力发展保靖"两茶一果"（茶叶、油茶、柑橘）等特色优势产业，三大特色产业实现历史最好发展。保靖黄金茶获国家地理标志产品保护示范区并创建授牌、入选湖南省首届农作物十大优异种质资源、保靖"黄金茶1号"入选2023年农业主导品种。2022年全县黄金茶种植面积达15.5万亩，带动全县10万茶农人均收入从10年前的500元增长到现在的10 000元。"十万不算富、

百万刚起步，千万还有好几户"，茶树已成为百姓真正的"摇钱树"。特色产业的发展壮大，开拓了干群视野，"保靖人"的市场意识、发展意识、开放意识随着产业的壮大也在不断增强。

2. 人居环境更优美

深入践行"绿水青山就是金山银山"理念，保靖人自觉保护生态环境、美化家园，正在经历从求温饱到求环保的转变。保靖县已经完成了159个村的村庄规划方案，甘溪村、溪州村分获全省村庄规划编制优秀案例一等奖、二等奖，落梯村入选中央组织部2022年红色美丽村庄建设试点村。城区"四纵五横一环城"的路网骨架基本成型，城乡交通实现大提速。安全饮水、生活用电、4G信号、光纤通达实现全覆盖，农村全面实现"五通五有"。2022年，保靖县城入选"中国百佳深呼吸小城"，被赞誉为酉水河畔的"威尼斯"，被评为"最干净的城市"；农村危房改造工作获国务院真抓实干激励表彰；2023年获评"全国深呼吸生态旅游魅力名县"，实现了人居环境大改善、生态环境大提升。

3. 民生保障更完善

保靖县坚持为民惠民导向，持续加大民生投入力度，2022年投入民生资金21.25亿元，支出占比达65.02%，人民公共服务保障水平显著提升。扎实推进稳就业惠民生，城镇新增就业和农村转移就业持续向好，城镇登记失业率控制在4.5%以内；大力实施科教兴县战略，组建名师工作室，实施首席名师帮带农村教师工程，每年培训基层骨干教师200人次，不断提升基层教师能力素质，获评全国义务教育发展基本均衡县；实施医疗强基行动，以湖南省中医药综合改革示范区试点县为抓手，以县人民医院和县中医院为龙头，带动乡镇卫生院组建紧密型县域医共体，全县乡镇卫生院标准化建设率达96%，村卫生室标准化建设率达96.86%。持续加大基层医疗卫生机构本土化人才培养力度和引育力度，逐步形成"小病在门诊、首诊在基层、大病不出县"的就医格局。全县基本医保参保达26.98万人，筑牢了"保靖人"的生命安全和健康成长防线；大力实施"酉水人才"计划，将医疗、教育等民生领域的人才引育作为擦亮"幸福保靖"底色的重要抓手；城乡低保实现应保尽保，不断提高城乡最低生活保障标准，2022年分别增长3.45%、4.05%，城乡居民养老保险标准提高16%。2022年，保靖县人民医院入选国家卫生健康委"千县工程"名单，两项省级教育评估获优秀等次。

4. 乡风民风更文明

以满足人民对先进健康文化需求为中心，强化社会主义核心价值观引领作用，推行"一村（社区）一顾问"和移风易俗"一约四会"等制度，推进和谐优良的基层文化环境建设；开展文明铸魂行动，深化文明村镇、文明家庭、道德模范等群众性创建活动，实现了省级文明城市"首创首成"，127个村先后获得全国民主法治示范村、全国文明村、国家红色试点村及省级乡村振兴示范村等称号；传承优秀传统文化和民族文化，弘扬和宣传茶文化、农耕文化、红色文化等独特地域文化，倾力打造人文保靖、书香保靖、民族团结保靖，从而营造出风正气顺、人和业兴、平等友爱、融洽和谐的人文环境；遍布全县各基层单位的"道德讲堂"，成为倡新风易旧俗的大平台、丰富群众文化生活的大舞台，不断引导群众向善、向美、向好，文明乡风蔚然成风。日渐浓厚的文明乡风、良好家风、淳朴民风，引领保靖县现代化建设之路更加行稳致远。

5. 发展环境更优化

为了提升"保靖人"的创新创业能力，保靖县坚持"人才首位"理念，突出重点领域靶向聚才、精准"柔性引才"，抢抓全国农业科技现代化先行县建设契机，挂牌成立"湖南省农科院保靖黄金茶产业研究院""中国农业大学教授工作站"等高端人才平台，柔性引进了中国工程院院士刘仲华、吴义强、柏连阳、单杨等高端人才12名，创新"一茶三院士"机制。围绕乡村振兴和三产融合发展需求，开办数十期"院士专家讲坛""田间课堂"，培育"土专家""田秀才"2万余人，推行"一户一大、一家一技"，培养高素质农民。致力于打造"审批时间最少、流程最优、体制最顺、机制最活、效率最高、服务最好"的营商环境，保靖县营商环境综合评价在全省排名不断上升，其中"获得信贷"指标居全省第一。"放管服"改革不断深化，"互联网＋政务服务"一体化平台办件效率大幅提升，推出"专人帮代办""贴心帮代办""上门帮代办"服务品牌，开办企业实现"零跑腿、零费用"。保靖县还积极融入开放格局,全国首个县级海关服务站落户保靖。截至2022年年底,保靖县实有市场主体超1.3万户,"四上"企业总数达到93家。

6. 公平正义更充分

注重人的民主法制思想和保障全过程人民民主的环境打造。一是依法做好人事任免工作,通过落实任前发言、向宪法宣誓等制度,被任命人员的宪法意识、公仆意识进一步增强;二是健全信访矛盾纠纷多元化解机制,创新推行"险源、诉源、警源、访源"四源共治模式,信访工作荣获省政府真抓实干督查激励、全国示范县;三是坚决打好政治安全保卫战、反恐防恐整体战、网络安全主动战等战役,系统防范政府债务和金融风险,常态化开展扫黑除恶专项斗争,大力开展平安县、平安乡镇、平安村等"十大平安创建"活动,社会大局保持和谐稳定,安全生产、平安建设、公众安全感民意调查排名全州第一,成功承办了全州"五个到户"现场会,"四源共治"典型经验获得省政府综合大督查通报表扬,农村派出所管交通典型做法获评省政府真抓实干督查激励表彰,农村道路交通安全管理经验在全省现场会作典型发言。

(二)"保靖人"的全面发展正在经历历史性变革

1. 人的思想观念悄然发生转变

一系列"幸福保靖人·美好新生活"思想大解放活动,使"一个保靖人就是一张名片"的理念深入人心,并成为自觉。2021年保靖县被确定为省委组织部帮扶对象后,强化对保靖县干部队伍认知水平的提升和思想观念的转变,领导班子成员思想高度统一,团结协作意识更强了;干部抓事业发展、抓项目和效率意识大大提升;基层普遍存在的"小鬼难缠"弊病在保靖县得到初步破解。保靖县借助各种新媒体、自媒体等宣传工具,深入挖掘典型、持续营造声势,群众的思想激荡起来、脑子活络起来,主人翁意识增强起来。保靖人的思想观念正在逐步实现从束缚、封闭到解放、进步、务实,再到开放、科学、创新的历史性跨越。

2. 人的行为习惯逐渐发生改变

保靖县以推动学习贯彻习近平新时代中国特色社会主义思想主题教育为主线，强化社会主义核心价值观引领作用，引导居民了解文明常识、践行文明行为，渐进改变人的行为和生活习惯。干部由"听话照做"或"被动躺平"向"一往无前、主动作为"转变；群众由"各扫自家门前雪"向"扫好自家门前雪，也管他人瓦上霜"转变。在每周五的"志愿服务日"，占全县人口总数超过20%的红马甲志愿者活跃在各个村庄、社区，或进行卫生保洁，或劝导不文明行为，身体力行让文明之花绽放在保靖各处。2023年6月30日面对历史极值的特大暴雨袭击，全县420个基层党组织、1.35万党员干部，组建282支党员先锋队、抢险突击队、志愿服务队投身防汛救灾一线，紧急避险转移人口11 475人，紧急转移安置人口2606人，安全施救受困人员175人，实现山洪地质灾害零伤亡和重特大工程险情零发生，得到国家防汛抗旱总指挥部推荐和省委、省政府主要领导的高度表扬。保靖干部群众奋力抗灾救灾的事迹，先后被中央电视台、新华社、中新社、央广网等多家央媒24次正面报道。

3. 人的综合能力在不断提升

按照《保靖县全域全员全覆盖教育培训行动实施方案》的安排，一方面，深入开展"干部能力提升年"活动，聚焦"八项本领""七种能力"，开展"大解放、大培训、大练兵、大比武"等活动，一大批政治过硬、专业过硬、能力过硬的干部"脱颖而出"；另一方面，对普通群众大力开展职业培训进园区、进乡村、进社区活动，举办茶艺师、茶果树栽培、铲车操作、架子工和电工等多期培训班，开展政府补贴性职业技能培训和专项职业能力考核，成功打造了"重装卸机械操作工、土石方挖掘机司机、保育员"等保靖培训品牌。"保靖人"的综合能力正在不断得到提升，涌现出一批杰出代表，保靖县林茵茶业董事长石开就是其中的佼佼者。作为湖南省农业产业化省级龙头企业，林茵茶业公司集茶叶种植、加工、销售于一体，目前公司保靖黄金茶茶叶基地规模1.15万亩，带动了全县19个村3528户农户。30出头的董事长石开是"全国农村青年致富带头人"，目前，他正在茶叶种植加工的基础上延长产业链条，发展茶文旅结合项目。

他常说："读书的目的不是为了摆脱贫困的家乡,而是为了帮助贫困的家乡摆脱贫困。""为什么我眼里常含泪水,因为我是幸福保靖人!"黄金村村民石桥聪,多年致力于改良茶叶培育方式和品质,研发的"桥聪8号"茶叶成为保靖黄金茶中的顶级品种,他本人也成为大名鼎鼎的茶叶技术"土专家"。

(三)全面推进人的现代化建设成效初显但任重道远

虽然保靖县在推进"人为核心"的现代化建设中取得了初步成效,但是不可否认,当前还存在不少羁绊障碍,还面临一些困难和问题,主要体现在以下三个方面。

一是"人为核心"的发展观在有些干部群众中还没有真正确立,导致现实工作中主观能动性不强,内生动力不足。其一,在领导群体和政府机关工作人员中,还存在对人的现代化知之不深了解不够,改革创新、狠抓落实、服务群众本领不强,形式主义、官僚主义还不同程度存在等问题,导致工作中指挥失当、措施不力、主动作为意识不足;其二,对于保靖县普通老百姓来说,大部分人没有经历从农业社会到工业社会的渐进过程,直接跨越到后工业化社会,市场化思维缺失,发展信心、勇气不足,安于现状,内生动力不够。

二是落后的经济发展现状导致"人为核心"的现代化建设基础支撑不足。保靖县经济总量小,财源税源不足,财政收支压力较大,导致提升人的现代化所需公共支出捉襟见肘,项目推进困难重重。

三是"人为核心"的现代化建设还需继续变革和完善县域运行的体制机制。保靖县还需进一步加强全局统筹和治理创新,破解阻碍人的现代化的诸多体制机制障碍,如金融体制制约、行政权责义分配失衡、营商环境欠佳、人力人才资源短缺、考核评价体系"风向标"偏向、惠民富民政策落实不到位等问题。

三、经验和启示:以人为核心推进脱贫县实现高质量发展

作为刚脱贫不久的经济落后县,保靖县在推进县域发展的实践探索中,没

有走唯生产总值、只抓经济指标提升的老路,而是另辟蹊径,把实现人的全面发展作为县域发展的核心。保靖县的初步探索,是全面践行党的现代化建设理论,特别是习近平总书记关于推进县域发展重要论述的结果。"保靖实践"既带有鲜明的地方性特点,又有突出的普适性和代表性,对于新时代以人的全面发展为核心推进县域现代化建设具有较强的借鉴和指导意义。

(一)现代化建设的本质要求就是以人的全面发展为核心

习近平总书记明确指出:"现代化的本质是人的现代化。"现代化建设要求提高社会生产力,就必然要改变与生产力发展不适应的管理方式、活动方式和思想方式,本质就是一场广泛、深刻的革命。运用马克思主义唯物史观分析,这种改变、革命的基本逻辑是生产力和生产关系的互动发展,其中人的因素起着至为重要的能动作用。之所以讲是"能动"而不是其他,就是"人"动好了,社会改造越动越能;"人"动不好,社会运动越动越不能。人是发展的目的,是发展的动力,也是发展的工具和资源。为了人、依靠人,也要开发人、改造人。

(二)以人为核心的发展定位能激发县域发展的强大内生动力

人民是历史的创造者,更是真正的英雄,离开了人民,就会一事无成。县域发展突出人的建设,才能凝聚起源源不断的发展动力,激发人干事创业的激情、活力与内生动力。要充分激发人民群众的积极性、主动性、创造性,从解放人、组织人、塑造人、培养人、改造人来激活生产力和优化生产关系,让人民当家作主,成为县域现代化建设的主人翁、建设者、受益者。以人的全面发展为主体内容,改进全社会舆论宣传和党员干部群众思想教育内容,统一思想,争取社会各界的理解支持和共同参与,激发干部群众的发展信心和建设现代化的"精气神"。同时,要加大引才引智力度,以"乡情""乡愁"为纽带,汇聚更多乡贤能人。

（三）推进以人为核心的发展必须持续创新体制机制

人是一切社会关系的总和，体制机制位于社会体系的中观和微观层面，是社会关系的形式和运行机制系统。持续优化县域发展的体制机制体系，能够更好地盘活资源，从根本上释放发展动能。体制机制优化调整迈出一小步，社会生产力水平就会提升一大步。尤其是教育、医疗、就业、住房等人的发展指标要突破制度障碍，助力各类人才在各自领域尽显其能，实现自我价值。

（四）以人为核心推进县域发展必须分类施策

首先，要抓紧抓好决定县域发展的"关键少数"，在强化县委集中统一领导的同时，更进一步地全面从严管理县级领导干部，加强班子成员之间的团结与相互配合，锻造坚强有力的一线指挥部。其次，要抓牢抓实干部队伍这一"骨干力量"，加强党性修养的锤炼和专业能力的提升，提高骨干力量的专业化水平和服务县域发展的实战本领，特别是要系统提升驾驭经济工作的专业能力、专业认识，科学制定干部跨界交流、跨区交流机制，培养大批胜任新质生产力工作环境的创新型干部。再次，要建强基层"战斗堡垒"，提高基层一线战斗堡垒的组织力、动员力、战斗力，以党组织为核心，完善基层治理架构和社会组织动员体系。最后，要强化人才支撑保障，破解县域人才短缺问题。一方面要大力培育和引进所需人才，加强组织保障、编制保障和经费保障，助力人才在各自领域尽显其能，实现自我价值；另一方面打破地域、归属等限制，积极探索柔性引才、借脑发展等机制，夯实县域高质量发展的人才智力支撑。

（五）推进人的全面发展须注重以文化人以文育人

优良文化传承是中国式现代化的根与魂。中国式现代化深深植根于中华优秀传统文化，文化建设是现代化建设的应有之义，文化建设也为现代化提供价值引领、理论支撑、精神动力。没有文化的积极引领，没有人民精神世界的极大丰富，没有全民精神力量的充分发挥，现代化建设将是不完整的。县域发展要以习近平文化思想为指引，推进优良传统文化和民族文化在县域层面的创新性发展转化，以文化人、以文育人、以文塑人，满足人民文化需求，增强人民精神力量，倡导涵育文明新风，提升全社会文明程度。以新时代文明实践中心作为重要阵地，开展形式多样的"文明实践+"活动，组织动员广大群众积极投身文明实践活动，丰富群众精神生活，培育时代新风貌。坚定推动移风易俗，渐进式改变群众不合时宜的传统思维模式和落后生活习惯。

保靖县以人为核心推进县域发展，很好地诠释了"人民对美好生活的向往，就是党和政府的奋斗目标"。保靖县的探索与实践证明：县域发展关键在人，必须牢牢抓住人的全面发展这个牛鼻子，通过更新发展理念改革思想上层建筑，通过解放生产力发挥人的能动作用，通过调整生产关系改善运行机制，真正做到"一切为了人民、一切依靠人民"，以人的全面发展为核心推进县域高质量发展。

下篇

平江高新区产城融合发展研究

⊙ 杨大庆（中共湖南省委党校　湖南行政学院教授）

当前，我国产业园区不断发展和演化，经历了成本驱动型、产业链驱动型、创新驱动型和产城融合型四个发展阶段。为顺应这一发展趋势，全国各产业园区主动谋求战略转型，从单一生产型的园区，规划建设集生产与生活于一体的新型城市综合体，产城融合成为园区建设和发展的重要使命。平江高新区作为毗邻长株潭城市群的县域开发区，面临着二次创业、产业升级的重要任务，必须加快产城融合步伐，优化生活功能配套，增强对高层次人才和年轻人的吸引力，夯实本土企业的发展根基，推动县域经济高质量发展。

一、平江高新区的发展现状

近年来，平江高新区面对错综复杂的国内外经济环境和改革发展稳定任务，坚定不移贯彻新发展理念，抢抓洞庭湖生态经济区、长江经济带、长江中游城市群、湘赣边区域合作示范区等重大机遇，积极推动园区经济发展，为支撑县域经济发展、新型工业化和乡村振兴作出重大贡献。

（一）综合实力大幅攀升

平江高新区克服国际形势多变、经济下行、新型冠状病毒感染暴发等带来的困难和挑战，砥砺奋进、务实苦干，保持了主要经济指标稳中有增、质量效益稳中有升、各项工作稳中有进的较好发展势头，经济实力不断提高。2022年，完成技工贸总收入635.2亿元，完成园区生产总值136.67亿元，完成固定资产投资128.29亿元，实缴税收达到5.64亿元，同比增长31.8%，进出口额突破1亿美元。新增规上企业16家，获批国家级专精特新"小巨人"企业5家、省级

5家。在全省"五好"园区建设考核中综合排名第3，比2021年上升15个名次，在省级园区中排名第2，再一次刷新了历史最高名次，连续两年获评全省"五好"园区创建工作先进园区。

（二）产业特色基本形成

平江高新区积极抢抓岳阳千亿产业链建设的契机，以"5+1"优势产业链为主攻点，大力发展食品、云母、石膏建材、电子信息等主导产业。特别是岳阳市食品加工产业链办公室设在园区，派驻了专职副主任，机构、人员、经费全力保障，在13条新兴优势产业链建设工作中排位靠前。云母产业得到有效整合，瑞斯云母牵头入驻云母产业园一期，抱团上市发展成为共识。石膏产业渐有起色，平江石膏企业在多个国内行业峰会和论坛中共获得8个奖项、表现优异，金凤凰成为全国石膏产业的技术品牌。

（三）科技创新成果丰硕

平江高新区遴选一批优质企业，实行"一企一策"进行重点帮扶，培育壮大了一批制造业领航企业、专精特新"小巨人"企业、高新技术企业。2022年，园区高新技术企业58家，中小型科技企业62家，国家级专精特新"小巨人"企业5家，企业省级专精特新"小巨人"8家，省级单项制造业冠军企业1家，7家企业省级技术中心授牌成立。特别是军民融合产业取得突破性进展，恒基科技军工保密资格认证高分通过，澳源通信、吉成科技已取得国军标质量管理体系认证证书，恒基和方正达的气雾化高温合金粉末及成形技术、耐热蚀Ni基合金涂层粉末及高密度印制电路板三个项目进入省推荐目录。

（四）品牌实力逐步显现

平江有"中国面筋食品之乡"之称，面筋、酱干、甜酒三个品类获得农产品地理标志认证。平江高新区集聚了中国民营企业500强今麦郎，国家级农业产业化龙头企业山润油茶，省级农业产业化龙头企业玉峰食品、旺辉食品、华文食品均获中国驰名商标。其中，华文食品成功将劲仔小鱼打造成了十亿级大单品，成为国内鱼类休闲食品龙头品牌。

二、平江高新区产城融合现状调研及分析

为切实掌握平江高新区产城融合的一手资料，笔者进行了网络和现场两种调查。网络调查通过问卷调查 App 收集信息，调查对象可以登录微信号答题，每个手机号只能答题一次。现场调查以座谈会形式进行，邀请管委会领导、园区企业服务中心负责人和龙头企业负责人参加，就产城融合问题开展深入讨论。课题组设计了问卷调查表，共有基本情况、餐饮需求、文化娱乐体育需求、住宅教育医疗需求、交通通信需求、购物商贸需求、总体评价 7 个专栏，51 个选择题。调查回收有效问卷共 2046 份，通过数据整理，得到以下结论。

（一）本土消费市场需求广阔，高品质生活升级特征明显

调查表明，园区企业领导和员工收入普遍较高，一般月收入在 4000 元以上，月入 8000 元以上的高收入群体也占相当比例，对住宅、教育、医疗等高品质生活的需求日益旺盛。其中，有本地购房意愿的群体达到 61.6%，购买高层楼宇和别墅的比例达到 21.1% 和 14.3%，支持建设名校学区商品房的比例达到 72.4%，高端房地产市场的需求潜力较大。绝大多数（87.3%）居民希望本地创办长沙或岳阳名牌学校直属分校，其中非常支持的比例达到 69.2%。支持本地建设大型商业综合体的居民比例高达 89.1%，预计每月消费额在 500 元以上的比例超过一半，每月消费 1000 元以上的比例也达到 22.8%。

（二）现有生活服务水平不高，产城融合刻不容缓

调查显示，企业员工和本地群众对园区或镇区的生活服务水平的满意程度不高。对各项生活服务都不太满意的比例则达到 42.1%，而比较满意的比例仅为 18.6%。可见，生活服务设施不完备，极大地影响了当地企业的招工，"招工难、

留人难"已成为园区发展的重要制约因素。高层次人才的吸引能力不强,大学本科毕业人员占比不到20%,硕士研究生及以上人员更是凤毛麟角。园区和镇区劳动人员以中年为主,40岁以上人员的比重则超过三分之一,而30岁以下的年轻人比例仅为五分之一,影响了企业活力和可持续发展。因此,加强产城融合、建立健全生活服务设施,则是实现园区高质量发展和可持续运转的关键手段。

(三)建设商业综合体恰逢其时,消费"金矿"亟待挖掘

平江高新区缺乏大型超市、游乐场等设施,造成了生活和休闲娱乐的不便。调查表明,园区职工当地群众普遍支持建设集购物、娱乐、餐饮等于一体的大型商业综合体,消费潜力巨大。大多数调查对象均表示愿意前往消费,而且消费金额比较大。预计大型商业综合体建成后,不仅可直接辐射平江高新区范围2万人左右的消费群体,而且可以吸引伍市全镇8万人的消费,进一步带动周边乡镇、平江县城乃至汨罗市区10多万人购物,潜在目标客户在20万人以上。

(四)教育医疗交通"痛点"明显,民生改善意义重大

本次调查表明,教育、医疗、交通等生活服务设施满意程度不高,成为园区发展的"痛点"。从医疗来看,本地只有平江县第三医院和伍市镇中心卫生院,缺乏三甲以上大型品牌医院,医生执业能力、医疗硬件设施等都不尽如人意。多数调查者均希望建设高档次医院,提高医疗卫生的软件、硬件水平。从交通上看,公交系统不完备、国道G536路况不佳、共享单车不足是群众反映比较集中的问题。调查者希望增加园区内部和园区到镇区的公交线路,扩大共享单车和网约车规模,尽早启动G536的改扩建工程。从教育来看,本地仅有平江县五中、伍市镇中心学校等教学机构,教学水平相对不高,难以满足当地需求。绝大多数群众希望本地能创建长沙或岳阳名牌学校的直属分校,且支持建设直接就读品牌学校的商品房。从休闲娱乐来看,本地缺乏游乐场、电影院等大型娱乐场所,足浴、美容美发等设施相对不足,现有员工和群众的生活娱

乐较为单一，刷手机、看电视成为主要的消遣方式，人民群众的文化休闲需求没有得到有效满足。

三、平江高新区推进产城融合的对策建议

平江高新区要坚持"以人民为中心"发展观，秉持"以产兴城、以城带产、产城融合"的原则，以空间统筹生产、居住、公服、风貌等各类要素，健全生活服务功能，推动由单一生产型向生产生活复合型转变，打造集研发、生产、居住、消费、人文、生态等多功能于一体的县域新型综合体，构建满足高质量产业需求和提供高品质生活载体的产城融合格局。

（一）加强生活功能服务

1. 餐饮服务

一是建设大型餐饮中心。依托商业综合体，打造餐饮中心。实行自上而下的开发模式，对餐饮中心的建设进行统一、整体和完善的规划，有效配置餐饮资源，有针对性地满足居民和工人的就餐需求。加强对餐饮企业的集中管理，降低餐饮企业的运输、加工等成本，提高餐饮企业的服务水平；形成消费聚集效应，降低居民和工人就餐时的通行成本，提高居民和工人就餐的可选择性。

二是引进省内外知名餐饮品牌。丰富餐饮品种提升餐饮品质优化餐饮服务格局，吸引至少 10 家餐饮品牌连锁店入驻，实现湘菜馆、川菜馆、火锅店、小吃店、奶茶店、西餐厅、自助餐厅等基本菜品的全覆盖。实现高中低端餐饮共同繁荣，居民和工人高中低水平的消费需求共同满足。实现餐饮中心的统一化和良好有序的市场竞争机制，各类餐饮质量和服务水平均有所提升，餐饮价格水平达到居民和工人消费的满意水平。各类餐饮企业全部连通电子商务服务平台，大部分餐饮企业开通外卖送餐服务，实现平江高新区中心外卖服务的全覆盖。

2. 购物服务

一是完善购物设施。建立多层次、网格化的必备性购物设施体系。必备性

购物设施指满足居民和工人日常生活需求的购物设施，通常具有基础性、急用性、常用性的特点，主要包括主副食品、生活日用品、药品、生产工具、照相打印、维修服务、租赁服务、家政服务等，是购物设施建设的重点。根据购物品的服务范围和消费性质，依托商业综合体、便利店和中小超市，配置购物业态，形成以人为本的购物空间，满足居民的基本购物需求。

二是完善购物流通体系。构建以镇级物流中心、平江高新区物流服务点为支撑的两级物流网络布局。高新区以综合商业体、客运站点、快递集聚点等为依托，设立物流中心，由一个网点同时代理多个快递企业品牌，解决乡镇快递企业独自经营成本高、管理不集中、运营难等问题，实现抱团取暖、费用共担、网络共享的发展方式。

3. 娱乐休闲服务

一是文化娱乐服务。结合平江"九龙舞"等文化特色，围绕九龙图书馆、中心公园广场、商业娱乐服务设施等已有的设备和资源，拓展新型文化产业业态，减少政府的财政负担。引导商业娱乐场所参与基层公共文化服务，有条件的可按照政府购买服务相关规定，组织与承接公益性文化艺术活动。

二是体育娱乐服务。建立多层次的体育娱乐设施体系。依托中心公园广场，建设全民健身广场和全民健身中心，全民健身广场设置篮球场、乒乓球场、羽毛球场、健身步道、健身器材以及用于轮滑、太极拳、广场舞的综合场地；全民健身中心设置室内球场、室内健身房、服务功能用房等。

（二）发展民生服务

1. 医疗卫生

一是引入优质医疗资源。引进省内湘雅、省人民医院等优质医疗资源，在园区建设配套的医疗卫生服务机构，深入与高端医院合作诊疗的机制。与岳阳三甲医院签约，运用轮诊形式，形成三甲医院名医在园区坐诊制度。加快推动建设综合性医院，更加全面满足居民就医需要。

二是提升本土重点医院水平。全面提升镇医院救治能力，健全医疗卫生设施。改善镇医院发热门诊、急诊部、住院部等业务用房条件，加强基础设施建设，完善设备配置，更新换代医疗装备。提高镇医院传染病检测和诊治能力，重点加强感染性疾病科和相对独立的传染病病区建设，完善检验检测仪器设备配置，提高快速检测和诊治水平。建设可转换病区，扩增重症监护病区（含相关专科重症病房）床位，配置呼吸机等必要医疗设备，发生重大疫情时可立即转换。增设药房药店，满足居民日常购药的需求。近期启动投资4900多万元的平江三医院现代化门诊住院楼、职工宿舍楼新建项目如期报批。

三是优化社区医疗服务体系。通过公开招聘中心负责人、完善内部制度建设、加大培训力度、强化业务考核等方式，加强对社区卫生服务中心业务水平的提升，提高群众满意度，实现首诊在社区、预约在社区、康复在社区。结合社区服务中心设置社区卫生服务中心，满足居民就近就医需求，在社区就近首诊和预约，大病直接转诊到对口医院，复诊和康复再回到社区。

2. 交通市政基础设施

一是健全综合交通网络。依托平江位于湘鄂赣三省中心的区位优势和水、陆、空"三栖并进"的交通优势，规划连接长沙城轨和长岳城际铁路，争取在平江高新区设站。加快平益高速公路建设，改造升级G536、X013等干线公路。在园区"三纵三横"主干交通网络的基础上，加快推进围园路、坤宇路、兴东路等园区主支路的建设工程，提升城市路网密度和交通承载能力。

二是健全公共交通网络。针对园区公交线路规划不合理、覆盖面不足等园区公交配套存在的问题，做好园区公交规划实地调研，突出居住小区工作地点、城轨、中心商业区等人口密集流动区域的公交线路需求，扩大主干道线网覆盖。结合公交信息化建设，实现车辆运行和调度的智能化，形成公交线网服务规范统一、协调调度统一的全新的运营管理模式。

三是健全市政公用设施。加快供水、供电、供气、供热、通信、广播电视等供应设施，排水、环卫等环境设施，消防、人防、抗震、防洪排涝等防灾减灾设施的建设，构建功能完善、保障有力、安全可靠的市政设施体系。加快推进园区污水处理厂提质升级、供水工程改扩建、污水处理厂至汨罗江管网工程、新材料项目污水管网工程及食品产业园二、三期污水配套工程等项目建设进程。

3. 教育

一是提高中小学教育质量。引进长沙长郡、雅礼等优质教育资源的落地，科学布局中小学。支持组建中小学教育集团，不断创新办学模式。立足企业职工子女义务教育需求，加快建设幼儿园、小学、初级中学，形成较为完善的学前教育和基础教育体系。加快发展现代职业教育，建设产业相关的职业教育实训基地。按照基本办学标准，改善教学及辅助用房、学生宿舍、食堂等教学和生活设施，逐步实现校舍、场所标准化。通过培养和派出师资队伍、交流提高师资水平等方式，稳步推进职教资源整合工作。近期加速完成总投资3000多万元的平江五中改扩建项目、伍市小学升级改造工程、中心幼儿园主体工程等重大项目建设。

二是强化学前教育。大力引进优质品牌教育培训机构和托管机构，满足园区各年龄段的课外培训和托管需求，加强具备全日托、半日托、计时托等多样化服务能力的普惠托育教育服务机构建设，丰富教育形式。新建和改扩建公办园，扶持普惠性幼儿园发展。加强幼儿园活动、生活、户外活动场地等建设。

4. 居住

一是加强商品房建设。秉承"房住不炒"消费理念，合理增加土地供应，酌情加大住宅用地比例，提高建设用地效率。保持房地产市场产品结构均衡发展，做到居民住宅、厂房、商业用房、娱乐设施等各类商品房供给与需求结构相协调、相平衡，以充分合理地利用土地资源，实现资源配置效率的最优化。满足改善性住房消费需求，引导房地产市场供需从一般的住房供应转向更注重绿色、节能、环保、智能方向发展。满足进城务工人员住房消费需求，加快进城务工人员市民化，开辟新的住房需求。充分发挥平江房地价格洼地优势，结合人才引进和激励工作形成人才高地，鼓励大学生、产业工人、高技术人才购房置业。

二是加强公租房建设。结合岳阳市政府"巴陵人才工程"20条政策，推动人才落户，规划建设人才公寓、专家公寓。争取市财政投入向园区人才公寓建设倾斜，设立园区人才公寓项目配套专项财政资金，加强开发区公租房配套建设。发挥镇区联动效应，由伍市镇政府与周边镇区政府协商合作，利用闲置村居与镇政府或村委会合作，对现有出租农居进行翻新、改造和修建，整栋出租，同时在周边做好商业生活配套项目的招商和引进，加强小区物业管理和治安管理，解决公租房缺口问题。

（四）建设商业综合体

建设集商业、商务办公、商贸、文化创意休闲、商住区、总部经济于一体的城市综合体，打造高新区镇城市客厅、城市名片，构建平江高新区休闲购物的第一选择、外地客商游客必到打卡游览的城市地标。

1. 零售消费：以现代化连锁超市为主

针对本地居民的日常消费需求，主要引进以百货商场、大型超市和社区便利店为代表的实体商贸零售企业入驻，并前瞻性地考虑新兴技术的利用。结合园区消费特点，优先纳入 24 小时无人值守货柜、无人便利店等智能化企业，增强园区消费服务针对性。积极引入连锁品牌超市入驻，优先考虑步步高、湖南佳慧等本省商超品牌，增强本地居民的消费吸引力和品牌信任。

2. 餐饮服务：以特色中高端餐饮品牌为主

平江高新区多条交通纽带交会口，城镇人口组成较为复杂，各类菜系均拥有一定的市场，合理安排餐饮种类尤为重要。是要需要充分考虑餐饮菜系的组合模式，既引进与本地口味相近的川、湘、鄂菜系，也要开设粤、滇、徽等其他风味菜系企业，避免同质化餐饮竞争。有针对性引入知名连锁餐饮企业、网红餐饮企业，如海底捞、盒马鲜生、火宫殿等，满足由人民生活水平提升带来的消费档次提升，并充分发挥知名连锁餐饮入驻产生的集聚效应，吸引特色餐饮、饭店入驻商贸中心。充分考虑年轻消费群体的偏好需求，提升对快餐消费、火锅等特色餐饮的重视程度，积极引入肯德基、麦当劳等连锁快餐店。

3. 购物商贸：以优质国产中高端耐用品类为主

根据平江高新区及周边地区的竞争态势，结合综合体所在区域特点、人口消费特征、产业特色等来明确功能配比及品牌组合。注重消费者个性体验需求，有重点地实现差异化发展。年轻一代是综合购物的主要消费人群，更注重新鲜感、时尚感，购买能力有限，对高端品牌的需求较低，需要主要发展网红品牌店、快销时尚品牌店等；消费能力更强的中产阶级对高端品牌的忠诚度较高，是综合购物的重要消费人群，应针对性发展个性化定制服务、品牌西装服饰、贵重首饰等业态。

4. 娱乐休闲：以家庭式娱乐项目为主

随着城乡居民收入的提高，居民的精神消费需求不断提高，需要在综合体内实现消费者对文化娱乐、品质生活的体验追求。研究市场特点，不断满足居民"买心情、买圈子"的新消费需求。对于新生代、年轻家庭等年轻消费群体而言，电玩城、KTV、电影院、室内溜冰场等业态是具备较高吸引力的重要业态；对于中产阶级及传统家庭而言，则需要积极引进发展与日常生活起居密切相关的咖啡馆、中西餐厅、花店、面包房、美容美发店、健身房、文化剧场等服务业态。注重儿童在家庭娱乐消费中的核心地位，扩展家庭类、亲子类娱乐互动业态。

5. 商务配套：以服务园区商务需要为主要目标

平江高新区商业综合体承担着对接服务园区升级发展的需求，承担一定的商务服务功能是设计中的应有之义。

一是需要不断创新、突破传统，通过商业与文化、商业与娱乐、商业与商务等融合发展的新兴业态模式，合理规划布局银行营业部、自动存取款机、停车场等配套设施项目，切实做好商务配套服务。

二是深入对接园区商务服务需求，发展建设商务会所、高档商务餐厅等非常规业态，重点提供包括商务信息交流、会议服务、商务研讨及培训、经济贸易咨询等针对性商务配套服务，适当发展酒店、住宿、汽车美容等生活辅助服务。

"双碳"目标下常德市县域工业园区低碳发展研究

⊙ 冯秀萍（中共常德市委党校）

党的二十大报告指出，实现碳达峰、碳中和是一场广泛而深刻的经济社会系统性变革，要推动能源清洁低碳高效利用，推进工业、建筑、交通等领域清洁低碳转型，推动制造业高端化、智能化、绿色化发展[1]。工业园区以产业集聚、企业集中为表象特征，是县域工业发展的重要空间载体。能源资源消耗数量大、工业污染排放相对集中等特点，决定了工业园区必然成为推动县域碳减排工作的重中之重，同时，工业园区所具有的规模性、集聚性、协同性、创新性等优势，又为系统实施减污降碳、节能增效举措提供了支撑。促进县域工业园区低碳转型对于推动区域碳减排和经济高质量发展有着重大意义。

一、常德市县域工业园区低碳发展的基本情况

（一）工业园区低碳发展的基本概念

工业园区是以促进产业发展为目标而设立的特殊区位环境，表现为许多企业在一大片土地上聚集，能够共享资源、关联发展，是产业集群发展的重要基础和空间载体，具备产业特色相对鲜明、集约化程度较高、功能布局较为完整等优势特点。低碳发展是一种减少能源消耗的可持续发展模式，是以低耗能、低污染、低排放为主要特征，强调通过对产业、技术、能源等体系实施重大调整，尽可能突破高碳能源锁定，从而减少温室气体排放、有效应对气候变化。工业园区低碳发展本质上就是把低碳、清洁、循环的理念贯穿工业园区生产生活全过程，旨在充分发挥工业园区减污降碳的突出平台作用。

（二）常德县域工业园区低碳发展基本情况

截至2023年3月，常德市高新园区总数增至8家，其中国家级高新区1家、省级高新区7家，在行政区域上实现省级以上高新园区全覆盖，目前各大园区产业定位基本确立，初步形成了主特产业较为清晰、重点领域相对明确的发展格局。

1. 低碳发展顶层设计有新作为

常德市提出率先在全省创建碳中和示范区的目标，编制了《常德市2019年温室气体排放清单报告》《常德市二氧化碳排放达峰行动方案》等文件，提出实施"碳达峰十大行动"，能源绿色低碳转型、节能降碳增效、工业领域碳达峰、循环经济助力降碳、绿色低碳科技创新等行动并贯穿工业园区低碳发展全过程、各方面。县域主要工业园区也结合"双碳"目标要求进行了一系列谋划布局，如津市高新区专门与湖南省环境保护科学研究院合作，编制高新区环保"十四五"发展规划及绿色园区规划，明确项目清单和责任清单，分步有序实施推进。

2. 低碳发展工作举措有新推进

常德市各区县坚持走特色化、集约化、低碳化的提质升级道路，大力推动产业基础高级化、产业链现代化，一方面，淘汰落后产能，依法关闭煤矿企业、非煤矿山，淘汰关闭造纸企业，整治石膏矿山，关闭和整改"散乱污"企业，搬迁改造化工企业，坚决把好入园门槛；另一方面，培育绿色动能，以力元新材料、金富力新能源、中锂新材料、飞沃科技等为龙头的新能源新材料产业集群正在快速崛起，光伏发电、集中供热供气、工艺清洁生产等行动稳步实施。2022年，各区县主要工业园区均开展了生态环境保护年度报告和评估工作，全部建成污水集中处理设施并安装了自动在线监控装置，推进园区第三方治理，开展智慧环保平台建设，建立生态环境执法监督正面清单制度。

3. 低碳发展示范标杆有新突破

常德市各区县着力打造低碳发展标杆，以示范园区、行业标杆、关键领域为突破口，持续提升低碳发展质效，如安福环保获评国家工业产品绿色设计示范企业，石门海螺获评省级绿色工厂，临澧万顺墙材获评省级绿色设计产品，中联液压被评为"绿色工厂"，杰新纺织印染成功入选湖南省第二批"重点工业行业能效头雁"企业。2022年，有17家企业获工信部两化融合管理体系贯标评定证书，中联建起获批国家工业产品绿色设计示范企业，省级层面获评1个"5G+工业互联网"示范工厂、1个智能制造标杆示范车间、2个"上云上平台"标杆企业、4个5G典型应用场景、5个"数字新基建"标志性项目，46家企业纳入制造业数字化转型"三化"重点项目。

二、常德市县域工业园区低碳发展的逻辑理路和主要问题

（一）工业园区绿色低碳发展的逻辑理路

基于全生命周期碳排放管理，工业园区低碳发展应突出产业低碳化、能源低碳化、基础设施低碳化和管理低碳化等方面内容。依据层次分析法，工业园区低碳发展框架体系包括以下内容（见图1）：一是目标层，即应对气候变化的大框架体系。产业集聚、企业集中、链条集群的工业园区是落实"双碳"目标要求的主力军和先行者，也是应对气候变化、深度推进减污降碳的关键靶点，因此，工业园区必须将应对气候变化作为发展的重要目标。二是准则层，即产业结构调整、资源集约利用、环境污染防治和生态系统保护。落实应对气候变化目标要求，必须统筹全要素全过程全链条，把加快发展方式绿色转型、加强资源循环利用、加大污染物协同治理和严守生态保护红线作为重要内容。三是方案层，即产业低碳化、能源低碳化、基础设施低碳化和管理低碳化。其中，产业低碳化是核心，重在调整产业结构、推进低碳生产和推广低碳技术等；能源低碳化和基础设施低碳化是基础，涉及完善低碳空间布局、严控化石能源消费、积极发展非化石能源、提升能源保障水平、完善循环利用系统等；管理低碳化是保障，包括健全制度、编制清单、完善数据、建立平台等。

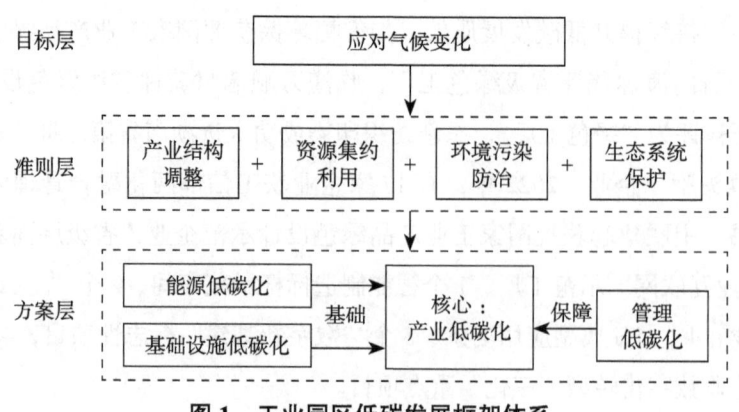

```
目标层          ┌──────────────┐
                │  应对气候变化  │
                └──────┬───────┘
                       ↓
准则层   ┌──────┐ + ┌──────┐ + ┌──────┐ + ┌──────┐
         │产业结构│   │资源集约│   │环境污染│   │生态系统│
         │ 调整 │   │ 利用 │   │ 防治 │   │ 保护 │
         └──────┘   └──────┘   └──────┘   └──────┘

方案层   ┌────────┐                              ┌──────┐
         │能源低碳化│→ 基础 →┌──────────┐← 保障 ←│ 管理 │
         ├────────┤         │核心：     │        │低碳化│
         │基础设施 │         │产业低碳化 │        └──────┘
         │ 低碳化 │         └──────────┘
         └────────┘
```

图 1　工业园区低碳发展框架体系

（二）常德市县域工业园区低碳发展存在的主要问题

1. 产业低碳化转型任务艰巨

一是产业绿色转型提速不够。传统重点行业"一行一策"清洁生产改造提速不够，食品、纺织、建材等传统产业清洁低碳改造长期积累的结构性矛盾慢慢凸显，绿色低碳产业发展规模偏小。综合来看，各大园区初步形成了以先进制造与自动化、新材料、生物与新医药三大高新领域为主体的特色产业集群，三大领域增加值占比超过70%，但新能源及节能、高技术服务、航空航天技术和资源环境领域的市场主体数量占比分别仅为4.6%、6.4%、0.5%和6.2%[2]，低碳产业布局还没有形成多点支撑、竞相发展的良好局面。二是产业关联度偏低。虽然各园区都根据发展定位确定了主导产业和特色产业目录，但实际引进企业的过程中，迫于竞争压力，仍然存在重数量轻质量、重总量轻结构的情况，导致主导产业首位度不高、上下游产业链条不长，主要工业企业产业集聚度较低，以循环经济为核心的生态产业体系尚未建立，园区内资源能源循环利用比例和强度需要提升。三是亩均效益总体不高。根据2020年度、2021年度全省省级及以上产业园区的综合评价结果，全市排在全省前20位的只有常德经开区和桃源高新区，分别位列第5位和第13位。综合亩均生产总值及增速、亩均税收及增速、园区土地节约集约利用指数、单位规模工业增加值能耗降低率、主要污染物排放削减率等指标得分情况看，不少县域工业园区都低于全省两年平均分。

2. 能源低碳化变革压力偏大

一是清洁能源消费比重相对较低。"十三五"期间，全市规模以上工业企业中，化石能源消费占综合能耗消费量的比重超过七成，达到71.1%。伴随能源结构的持续优化升级，天然气、液化天然气等清洁能源消费比重有了不同幅度的提升，太阳能发电、生物质发电、垃圾焚烧发电等可再生能源利用方式不断创新，但提升和创新幅度比较小，总体占比仍然很低，规模以上工业企业对原煤、煤制品、煤矸石（用于燃料）等化石能源的依赖程度依然较高。二是高耗能行业综合能源消费量占比持续高位。各园区有电力热力生产供应业、非金属矿物制品业、有色金属冶炼和压延加工业、化学原料及化学制品制造等高耗能行业，这些行业对工业园区节能降耗有着重大影响。2020年，全市六大高耗能行业综合能源消费量为273.2万吨标煤，占全部规模以上工业企业综合能源消费量的84.6%，和2015年相比微降一个百分点，其中电力热力生产和供应业与非金属矿物制品业占比分别为38.4%、35.3%，仅这两个行业的综合能源消费量占比就超过七成。三是能源回收利用效率有待提高。由于生产设备老化、能源技术和管理水平落后等原因，目前县域工业园区内有些高耗能企业能源加工转化效率比较低，企业生产过程中的大量余压余热无法得到充分回收利用。2020年，全市规模以上工业企业加工转换投入合计208.2万吨标准煤，加工转换产出87.2万吨标准煤、加工转换效率为41.9%，回收利用能源合计6.5万吨标准煤、回收利用率为3.1%，均低于全省2019年66.9%、5.4%的指标值[3]。

3. 基础设施低碳化布局有待提速

一是能源基础设施"大少小多"。各区县加快构建水电、火电、太阳能、生物质能等多种能源综合保障体系，常德电厂、临澧凯迪生物质电厂、德山垃圾焚烧发电厂等分别建成发电，在工业园区物理边界内或周边基本都设有发电厂、热电厂等集中式能源基础设施，但容量结构总体看"大容量机组少、小容量机组多"，因此，综合能源利用效率在区域尺度上还有比较大的调整升级空间。二是环境基础设施运行不稳。根据各园区《生态环境管理2022年度自评估报告》，目前基本建成了污水处理、废气治理、固废处置、风险防范、监控检测等平台设施，但在实际运行中还面临稳定性和持续性考验，如第二轮中央生态环境保护督察组报告反馈第 25 号问题，桃源县陬市工业园内企业存在直接将第一类污染物混入污水处理厂，没有按规定在车间处理达标；长江经济带生态环境警示片中指出，津市市工业园内企业废水混入电排水后排入澧水，污水中甲苯浓度严重超标；部分园区污水处理设施进水存在异常，COD 浓度还不能稳定达到要求值。三是基础设施共建共享不足。园区能源梯级利用、供水排水、污水收集与处理、再生水回用、固废处置及资源化利用等环节共建共享水平不高，如企业间串联用水、分质用水、一水多用和循环利用的比重不高、覆盖面也比较小，使用重复用水的规模以上工业企业、重复用水量超过 100 万立方米的企业数量偏少，重复用水企业主要集中在化学原料和化学制品制造业、非金属矿采选业、非金属矿物制品业等行业，部分行业没有涉及使用重复用水。

4. 管理低碳化能力需要加强

一是协同推进低碳发展的意识不强。第二轮中央生态环境保护督察组向常德市交办了"产业园区生态环境保护水平较低"的共性问题，根据整改要求，2023 年年底省级以上工业园区要完成规划环评和跟踪评价，但仍有部分园区完成跟踪环评任务相对滞后，有些企业社会责任意识不强，仅仅是在面上推进末端治理、工程治理、点位治理，没有从全过程思考源头治理、系统治理、生物治理思路，应对环境风险的能力偏弱。二是智慧化管理平台覆盖不够完全。各区县着力培育发展智慧园区，打造数字化工业园区，在全面推行第三方治理服务平台和智慧环保平台建设上取得了一些进展，但离低碳管理的实时线上化、数字化和智能化还有很大差距，如有的园区在自评估报告中就指出，园区智慧化管理程度不高，环境空气自动监测系统未正常运行，无法为园区日常环境管理工作提供监管依据，导致园区应对重污染天气时响应速度不够快。三是配套支持机制尚未建立。目前园区低碳发展工作机制还不健全，工业领域应对气候变化的相关配套政策还不完善，碳信用、碳积分、碳普惠、绿色低碳贷款、绿色债券、绿色基金等灵活机制还在试水建立中，园区和企业在人才、金融、配套政策等方面得到的支持还比较少，推动低碳发展的意愿、动力和潜力没有很好激发。

三、常德市县域工业园区低碳发展的对策建议

（一）调整产业布局，促进园区定位绿色化

1. 稳目标，全面加强顶层设计

对标国家"双碳"行动方案以及循环化改造、绿色园区、生态工业示范园区等相关指标体系，结合园区总体布局和产业规划，坚持"一园一策"制定具有前瞻性、切实可行的园区低碳转型发展规划，增强优势产业链对关联产业的吸引、集聚和辐射带动力，提高园区内部产业协作配套水平，完善能耗双控制度，逐步过渡到碳排放总量和强度双控。

2. 优存量，升级提质传统产业

坚决遏制"两高"项目盲目发展，对"两高"项目实行清单管理、分类处置、动态监测，对拟建在建项目、产能已饱和行业的拟建项目、能效低于本行业基准水平的存量项目分类施策，做到依法依规淘汰落后产能、落后工艺、落后产品，应提尽提能效水平。深入实施绿色制造工程，推动水泥、化工等重点行业节能降碳、清洁生产，创建绿色工厂、绿色园区，实施工业智能化升级，培育智能制造示范企业，改造智能制造生产车间，降低单位产品能源资源消费量。

3. 扩增量，培育壮大绿色产业

强化以低碳发展为主题的专业园区策划包装，重点发展光电制造、风电叶片生产制造为主的新能源电力装备，打造绿色低碳新能源装备制造业强县，加快发展园中园、特色园，打造竞争力强、创新性好、成长潜力大的重点园区，如新材料产业园、新能源与新能源汽车产业园等，以龙头企业为引领，着力延伸产业链条，带动上下游企业入园发展。

（二）优化能源结构，促进生产过程清洁化

1. 加强煤炭清洁高效利用

在确保能源安全保供的基础上，科学合理控制煤炭消费总量，积极引导水泥、有色金属冶炼等重点行业减煤降碳、节能增效，加快推进相关燃煤发电工程升级替代项目建设，因地制宜推行热电联产等园区集中供能模式，创新煤炭监管方式，精准动态监测各园区煤炭消费。

2. 大力发展可再生能源

因地制宜发展利用可再生能源，开展清洁能源替代改造，提高清洁能源消费占比。瞄准光伏发电、风力发电、生物质发电、垃圾焚烧发电等重点领域，打造一批经济效果好、推广效果佳的试点示范项目，推动分布式光伏规模化发展，有条件的工业园区可以开展屋顶建设分布式光伏发电项目，利用园区空闲区域，因地制宜探索分散式风电，积极引导"以电代煤、以电代油"的清洁能源消费方式。

3. 加快构建新型电力系统

有效衔接新能源与电网建设，增强电网对新能源消纳能力，开展储能项目试点，不同园区合理选择集中式与分布式能源供应方式，积极发展"新能源＋储能"、源网荷储和多能互补等模式，推动建立"光伏、风电互补调节＋储能"的风光综合可再生能源发电及储能建设项目，提升电力系统灵活性、经济性和安全性。

（三）推动设施升级，促进资源利用循环化

1. 推动基础设施成网

结合园区发展规划和产业定位，进一步完善园区基础设施布局，有计划、有步骤推进园区基础设施低碳化改造进度，重点实施清洁能源替代、集中供气供水供热、污水集中收治、再生水回用等项目，推广高效制冷、先进通风、余热利用、智能化用能控制等绿色低碳技术，支持工业园区推进生物质发电和垃

圾焚烧发电，瞄准"源网荷储"一体化的可再生能源与储能设施配套发展方向，继续开展储能和多能互补项目试点。

2. 推动产业集群成链

紧扣创新突破、产业突围三年攻坚行动，通过建链、延链、强链、扶链，实现产业链上下游横向共生和纵向耦合，在推动产业链稳固升级中实现低投入、低排放、高效益的目标。要锁定重点产业，以区域集中、产业集群、集约开发为方向，引导关联产业集聚，形成规模优势，促进产业循环式组合和企业循环式生产，推动园区全生命周期开展绿色产品研发、绿色设计、绿色生产、绿色物流和绿色管理。

3. 推动资源利用成环

鼓励园区同一产业链上的节点企业间，在废旧资源综合回收利用、环境污染治理及技术研发、环保技术设备制造等领域构建信息网络，实现线上精准对接、线下精准合作，争取有条件的企业从产品前期生产，到后期组装成型，再到废弃物回收利用，全部在园区内部完成，实现资源能源的内部循环利用和废弃物零排放。

（四）创新管理体制，促进政策体系制度化

1. 全面提升碳管理能力

进一步挖掘园区行政管理体系独立高效的潜在优势，理顺园区环保组织架构，强化碳排放评价与准入机制，健全碳管理制度，调整和完善低碳园区和低碳企业评价指标体系，依托指标体系指导园区减污降碳目标达成。

2. 加强园区智慧化建设

全面推行第三方治理服务平台建设，实现智慧环保平台建设全覆盖，积极推进遥感测量、大数据、云计算等新兴技术在园区碳排放施策技术领域的应用，搭建包括信息共享平台、废弃物交易平台、技术成果转化平台、能源物质交换平台等于一体的信息化服务体系，及时捕捉、计算、分析和传递信息，助力企业在技术、设备、资源、废物等方面的共享、衔接与互助。

3. 强化关键性要素支撑

完善财税价格支持政策，增加对重大项目、重大行动、重大示范、重点企业低碳技术研发、推广和应用的支持力度，积极引导社会资金加大对园区低碳发展领域投资，鼓励金融机构以绿色交易市场机制为基础开发金融产品，打造绿色低碳贷款、绿色股权、绿色债券、绿色基金等金融工具，加强创新能力建设和人才培养，鼓励产学研合作，开展关键技术协同攻关，形成园区同高校、科研院所全方位多层次合作模式，建立人才订单式培养机制，共建绿色低碳产业创新中心，促进产业链、供应链、资金链、人才链深度融合。

参考文献

[1] 习近平. 高举中国特色社会主义伟大旗帜 为全面建设社会主义现代化国家而团结奋斗——在中国共产党第二十次全国代表大会上的报告 [M]. 北京：人民出版社，2022：51.

[2] 常德市统计局. 2021年上半年常德市高新技术产业持续恢复向好 [EB/OL].（2021-08-06）[2022-10-08]. http://tjj.hunan.gov.cn/hntj/tjfx/sxfx/cds/202108/t20210806_20285130.html.

[3] 常德市统计局. 常德能源结构持续优化 [EB/OL].（2020-10-30）[2020-11-25]. http://tjj.hunan.gov.cn/hntj/tjfx/sxfx/cds/202010/t20201030_13947157.html.

辰溪县酉庄文化生态产城融合园区建设初探

⊙ 滕　媛（中共怀化市委统战部　怀化市工商联驻长沙招商联络处）
　　⊙ 林道成（中共湖南省委党校　湖南行政学院）

作为城市经济与农村经济的连接点，县域经济不单纯是农业经济或区域经济，其背后承载了农业农村现代化、乡村振兴、城乡融合发展等多重战略，是区域发展的基石，更是高质量发展的重要支撑，因此如何激发县域经济的发展潜力、形成县域经济的发展新动能、促进县域经济高质量发展是新时代新发展的新命题。本文立足于湖南省怀化市辰溪县在建设酉庄文化生态产城融合园区过程中所作出的实践探索及取得的成就与经验，期望能为县域经济如何推动农文康旅融合发展提供参考与启示。

一、酉庄文化生态产城融合园区发展概况

（一）浓郁的地方特色是酉庄文化生态产城融合产业园发展的基础

辰溪县历史悠久，资源丰富，山雄水秀，工业发达。属革命老区县，位于湖南省西部、怀化市北边、沅水中游，面积1990.3平方千米，辖23个乡镇、272个行政村和22个社区，人口53万。其中酉庄文化生态产城融合产业园位于辰溪乡村振兴示范点潭湾镇，交通便利，距辰溪县城2.5千米，风景秀丽，西临大酉山，东临辰水，北接辰阳，产业园面积约13 500亩，覆盖"五村一点"，分别为三甲塘村、马路坪村、南庄坪村、石牌村、桥湾村，以及大酉人家，其中核心区酉庄占地1380亩，通过协同发展形成产业集群，带动了覆盖面积达10 000亩以上的产业发展。正是美丽的自然环境与独特的产业优势造就了酉庄文化生态产城融合产业园发展的基础。

（二）有效市场与有为政府的结合是酉庄文化生态产城融合产业园发展的支撑

2020—2021年，辰溪县文化旅游广电体育局委托北京绿维文旅科技发展有限公司编制了大酉山景区总体的规划定位，确定了休闲旅游、田园生活和现代农业示范三个组团。辰溪县潭湾镇政府牵头联合湖南大酉橘颂文化旅游发展公司对大酉文化产城融合产业园进行整体规划，形成了"一心一园二带四区"的特色产业链，其中湖南大酉橘颂文化旅游发展公司通过"一院、二链、三园、四基地"的模式重点打造了大酉山的核心区，为大酉山整体规划实施奠定了良好基础。同时政府也在积极推进"一园二带四区"开发及招商引资建设，为"一心一园二带四区"引入共享平台、资源、文脉传承、技术、市场，使整体业态更加丰富多彩。有效市场与有为政府的结合使得酉庄文化生态产城融合产业园的建设快速发展。

（三）多产融合发展是酉庄文化生态产城融合产业园发展的核心

产业园发展的核心是各业态间形成你中有我、我中有你、互相渗透、相得益彰的良性循环，彼此间形成共享经济，互相融合。通过"二链"融合"二带"涵盖"四区"。"一心一园二带四区"与城市、乡镇、村组逐步形成以产兴城，以城促产的城郊融合发展格局。同时产业的融合发展给当地居民提供了就业岗位、增加收入，如总占地面积1050亩，包含了橘园400亩、黄桃和翠玉梨200亩、稻田100亩、水域面积80亩的核心区，通过产业融合发展不仅为2835名贫困人口提供了入股企业兜底分红的机会，也创造出了大量的就业岗位，成为了易地搬迁优先安置就业基地。

二、酉庄文化生态产城融合园区建设的具体做法

（一）因地制宜发挥区域优势，明确园区第一、第二、第三产业融合发展策略

坚持因地制宜、发展区域优势、促进产业关联、综合效益、整体性是产业

园建设的原则。园区内基础设施初具规模，首先是启动"一心"所包含的基础项目，着力建设园区内的基础设施，提高公共服务水平，为产业的融合发展打下良好基础，使"一院二链三园四基地"之间业态联动初具雏形。再是以农文旅产业链为中心开展产业融合发展，在传统农业的基础上附加了旅游、教育等多项功能，通过对善卷归隐文化、藏书文化的挖掘，举办国风主题的各类研习、讲堂、体验等活动，发挥了地域特色优势，持续输出富含大酉文化的产品，如辰河高腔、茶山号子、丝弦和垻陶民乐歌舞等非物质文化的展示，极大地丰富了中华优秀传统文化的内涵。同时整合产业园内所包含相关业态，与周边产业融合，促进形成第一、第二、第三产业相融合的产业链，构建第一产业重点发展观光农业和现代设施农业，第二产业依托农业龙头企业开展生产和加工业务，第三产业依托园区内优美的田园风光、浓厚的乡土文化、良好的基础设施等资源，开发乡村观光旅游和人才培训服务的现代化产业体系。

（二）以创新驱动融合发展，大力培育融合主体

坚持市场导向，培育新型经营主体，以创新为驱动是建设产业园的强大动力，一是坚持把生态农业资源作为旅游的载体，把文化资源作为旅游的灵魂，依托生态农业资源，积极拓展农业在休闲观光、生态保护等方面的发展空间。二是大力发展乡村旅游，以"一心"为核心，把历史文化、民俗文化、传统农耕设施、现代农业设施、生态景观和市民参与农事活动等融为一体，寻找生产过程与休闲观光的结合点，为市民提供休闲观光场所。实现田园风光中的民宿、兵工小镇、传统古村落、地方特色中的稻花鱼、酸萝卜等多元素，能够与民俗文化中的辰河高腔、茶山号子等逐步融入市场业态，谱写繁荣乡村振兴的新篇章。三是园区内第一、第二、第三产业的产业链主要由一条主链和三条子链融合而成。一条主链以发展休闲农业为主导产业，通过建设现代农业产业园、大酉书院、兵工小镇等乡村休闲旅游，吸引游客，从而带动特色种植、农产品加工、仓储物流等产业，同时依靠乡村振兴培训中心提高农民技能，反哺休闲农业的发展，推进第一、第二、第三产业深度融合。

（三）构建政策支持体系，强化政府服务职能

政府部门通过强化政策监管、加强规划引领与示范指导，制定行业规范，为市场主体行为提供有效指引和强制性约束，为引导经营性和公益性服务组织或产业充分发挥作用，着力解决全局性问题。政府主导园区建设，其中政府在现代农业产业融合发展和乡村振兴战略中起到制度保障和政策支持的作用，有关部门的鼓励和参与能够保证项目的顺利实施和资源的跨区域流动。具体做法是成立了由地区主要负责人任组长，分管负责人任副组长的领导小组，在园区建造过程中充分调动了园区所在乡镇的相关部门的力量形成合力。此外，政府还发挥了督导作用，在项目的推进过程中，有关部门对园区的土地、资金的使用，政策落实情况等多方面开展严格的监督审查，使园区的创建工作顺利推进。同时，政府在园区的具体规划、基础设施建设、园区主要产业的选择上及对上项目资金争取等具有前瞻性和战略性的重点问题方面都起到了巨大的促进和保障作用。

（四）充分发挥集体优势，促进农民增收

园区创新性地构建了多方参与的利益共同体经营模式，以此来激发龙头企业、村集体和农户的积极性，以合作共赢为目标打造横向宽、纵向长的产业链条，鼓励小农户通过自愿入股、签订合同等方式参与园区建设，在小农户与龙头企业、农民专业合作社、家庭农场、专业大户等新型经营主体之间牵线搭桥，形成利润共享、风险共担的利益共同体。成立乡村旅游联盟，由湖南大酉橘颂文化旅游有限公司牵头，负责协调园区的旅游工作。同时强调农民参与实现增加农民收入，积极推进乡村振兴，主要模式为园区内村集体建立专业合作社，农户可自愿参与合作社，按照农产品产量或土地流转面积进行评估分股，实行"保底+分红"机制，将土地流转收入及园区经营收入按股分红作为固定保底收益、实现农民变股民，同时鼓励农民在园区就业或自主创业，使农户具有股民和务工人员的双重身份，从多环节分享收益，如降低准入门槛，使有能力、善经营的农民能投资并参与园区的商业经营，除了入驻商户外，还设置诸如保洁、

安保、后勤等基本岗位，通过多元化的就业服务体系促进周边农民和贫困人员增收。

（五）强调科技支撑，以人才带动园区建设

科技创新是乡村振兴的重要支撑，人才振兴是乡村振兴的关键因素，因此农业科技人才的培养与引进是乡村振兴的重中之重。园区始终重视科技和人才的支撑力量，在规划创建和三产融合发展过程中把科技和人才的作用发挥到了各个环节。在园区的规划创建阶段筹备组便与国内外涉农高校及科研院所的知名专家展开合作，对园区的建造与现代农业体系建设的重大决策给予支持，邀请了国际知名园区规划专家进行科学地规划布局，把园区打造成国家4A级景区。在生产环节中邀请农业生产专家进行技术指导，主要内容包括农产品种子的品种改良、种植过程中的无土栽培及灌溉过程中的水肥一体化等，以此来确保农产品质量。注重引进和培养本地人才，通过改善营商环境、发展农业三产吸引外出务工人员、本地大学毕业生返乡创业。积极构建知识共享平台，如打造全国新时代文明实践中心试点县培训基地，提升新型职业农民的生产技能，同时开展创业培训班，培养一批具有创业能力的人员，以此为园区发展储备人才。

三、酉庄文化生态产城融合园区建设对县域农文康旅融合发展的经验启示

酉庄文化生态产城融合园区通过发展农文康旅三产融合走出了一条资源节约、生产绿色、产品高值、产业高效、环境友好为主要特征的乡村振兴之路，产业融合成为其农业发展方式转变的经验借鉴。

（一）大力发展多类型的产业新业态

一是做大做强主导产业。辰溪（酉庄）文化生态产城融合产业园确定以休

闲农业为主导产业，通过建设现代农业产业园、大酉书院、兵工小镇等既具农业生产功能又有休闲旅游性质的场所吸引游客，进而推进第一、第二、第三产业深度融合。二是做精做细特色产业。通过休闲农业带动农产品特色种植、农产品二次加工及农产品物流运输等产业的发展，通过多样化的工作及利用乡村振兴培训中心来提高农民的各项技能，进而可以反哺休闲农业的发展。三是做优做新文旅产业。把文化资源作为旅游的灵魂，依托生态农业资源，积极拓展农业在休闲观光、生态保护等方面的发展空间。以"一心"为核心，大力发展乡村旅游，把历史文化、民俗文化、传统农耕设施、现代农业设施、生态景观和市民参与农事活动等融为一体，寻找生产过程与休闲观光的结合点，为市民提供休闲观光场所。实现田园风光中的民宿、兵工小镇、传统古村落，地方特色中的稻花鱼、酸萝卜，能够与民俗文化中的辰河高腔、茶山号子等逐步融入市场业态，谱写繁荣乡村振兴的新篇章。

（二）完善基础设施，提高公共服务水平

首先是搭建园区旅游交通通达界面，实现对外交通的便利，同时打通内部交通，优化绿化，打造全域绿道网络，形成完备的交通配套设施建设。随后是强化园区组织管理，规范运营体系，完善园区内基础设施，积累运营经验，对接后台各方资源，加强前瞻性研究与系统性规划。同时加强园区政策扶持对接乡村振兴政策导向，策划适宜辰溪发展的乡村振兴产业项目库，提供信息服务和资源服务；对接县委宣传部，策划新时代乡风文明建设项目；对接文旅局，策划酉庄3A级景区升级方案和乡村旅游方案，明确政府、部门与企业三者的责任与权益，按照4A级景区标准从硬件软件建设上分步打造；与当地村镇协商建立1~2个村为赋能试验区；加强乡村振兴培训基地运营管理；引进专业管理团队，组建新的运营管理股份公司，将产权和经营剥离；由酉庄按照公益服务性质注册成立辰溪大酉乡村振兴赋能中心；构建园区长效发展机制。

（三）加大人才引进力度，进行产学研一体化发展

引导企业加大研发的投入力度，鼓励企业与农业大学、科研院所进行合作及引入更多的农业科研人才，加快农业科技成果的转化并形成新型生产力，实现农业科技投入的可持续增长。政府可建立农业企业库和农业科技成果库，并在两库间连线搭桥，使科学技术贯彻到企业生产经营的每个部分，从而最大化发挥科技力量在农村三产融合发展中的作用。同时实施新农人培养计划，帮助园区培养乡村振兴的各类人才，引导更多的专业人才参与到园区乡村振兴中来，联合有多维思考能力、多维创业能力的新农人共同创业，解决就业问题的同时支撑乡村振兴可持续发展。建立健全"关心下一代劳动教育体系"。通过现代农业职业教育体系建设，实现远程智慧教育同享，培养更多面向未来的现代农业的新生力量。

（四）发挥企业带头作用，增强品牌影响力

充分发挥农村龙头企业的带动作用，以示范效应带动农村产业融合发展。一方面，鼓励小型农业经营者同龙头企业合作，积极参与到产业链上的各个环节，发挥龙头企业的资源优势、规模优势、科技优势、市场优势，带动本地产业的发展，进一步提升农业经营主体的生产积极性。另一方面，健全合作机制，促进龙头企业之间的资源、技术交流，形成各龙头企业的互补合作，以此来培育强有力的区域产业融合集群。鼓励城乡产业合作，加大科技帮扶力度，加大农村产业融合深度，不断拓宽产业面与延长产业链，如将初级农产品再加工来增加农产品的附加值，同时借助大数据、云计算等服务，及时共享市场信息，以三产融合发展的方式创新新业态、研发新产品，并充分发挥农村自然环境的优势，打造特色的当地品牌。

桂阳县工业园区经济高质量发展研究

⊙ 汪宏民（中共桂阳县委党校）

党的二十大报告提出，高质量发展是全面建设社会主义现代化国家的首要任务，要坚持以推动高质量发展为主题，把实施扩大内需战略同深化供给侧结构性改革有机结合起来，建设现代化产业体系。深化供给侧结构性改革，实现经济高质量发展，迫切需要民营企业加快转型升级，提高民营企业家队伍整体素质，鼓励支持民营企业转变发展方式、调整产业结构、转换增长动力，推动工业园区经济更好发展。近年来，桂阳县经济步入了跨越式发展的快车道，一大批民营企业迅速发展壮大，成为推动桂阳县经济增长的生力军。为全面落实桂阳高质量发展要求，推动桂阳县由经济大县向经济强县跨越，努力实现"全国百强县"目标。在深入调研的基础上通过总结发展成效、剖析发展问题，结合桂阳县惠商政策，提出桂阳县工业园区经济高质量发展的针对性建议，为工业园区经济高质量提供参考启示。

一、桂阳县工业园区经济高质量发展的现实基础

近年来，桂阳县工业园区民营企业从小到大、从弱到强，已成为其经济社会发展中的生力军，对经济发展的拉动作用日益增强。目前，园区规划面积30.44平方千米，共有民营企业210家，其中规模以上96家，规模以下114家；2021年实现园区技工贸总收入700.05亿元，同比增长17.9%；工业总产值638.5亿元，同比增长11.66%；规模工业增加值136.8亿元，同比增长11.3%左右；完成税收10.65亿元，同比均增长22.98%；完成工业固定资产投资177.65亿元，同比增长11.33%；单位面积土地投资强度达134.89万元/亩，同比增长11.33%；园区主导产业集聚度达72.63%；高新技术产品产值突破444.89亿元，增长

22.82%，高新技术产业主营业务收入占比 61.95%，研发经费总额占园区生产总值比重 6.89%，增幅 9.4%；全员劳动生产率（园区生产总值）33.36 万元/人。2021 年，桂阳高新区被湖南省发展和改革委员会认定为第二批湖南省先进制造业和现代服务业融合发展试点园区；被市工信局评为全市"平安园区"；在全省 44 个高新区的绩效评价排名大幅提升，由 2019 年的 30 名提升到 21 名。

（一）规模实力显著增强

桂阳工业园区经济发展态势较好，规模实力稳步提升。园区先后被评为"全省发展开放型经济优秀园区""湖南省双创示范基地""省级高新技术产业开发区"。家居产业园被评为省级特色产业园，有色科技产业园被列为省有色金属重点产业园。芙蓉食品药品产业园被确定为全国农业产业化示范基地、全国农村创业创新园区。园区技工贸总收入由 2016 年的 519.3 亿元增长到 2021 年的 700.05 亿元，年均增长约 5%。园区规模以上工业企业个数由 2016 年的 80 家增加到 2021 年的 96 家。固定资产投资由 2016 年的 88.85 亿元增加到 2021 年的 177.65 亿元，年均增长 7.95%。实缴税金由 2016 年的 5.14 亿元增长到 2021 年的 10.65 亿元，年均增长 12% 以上。

（二）优势产业加速聚集

桂阳工业园区坚持稳增长与调结构并行，产业发展取得亮眼成绩。园区抢抓"中国制造 2025"和湘南湘西承接产业转移示范区的战略机遇，从无到有，全力建设广东家居智造产业园，推动各种家具产业要素资源向园区聚集。目前，已初步形成了以城市之窗家具、楚荣家具、港艺家具等企业为核心的家居制造产业集群。有色金属精深加工产业加速发展，集聚了银星、皓钰等一批实力型企业，形成了以铅、锌新材料为主的有色金属精深加工产业集群，建成了全省唯一的有色金属冶炼加工专业园区即桂阳有色科技产业园。电子信息产业链不断延伸，汇集了鼎新电子、柏恩电子、安培龙传感科技、雅晶源电子、成瑞电子等一批优质企业。借助"湖南省中药材种植基地示范县"优势，以芙蓉食品药品产业园为依托，引进了利诺生物药业、丹桂园药业、景湘源食品饮料、太和辣业等企业，初步形成了以中成药、药食同源保健品加工制造为主要发展方向的食品药品产业。中科招商、雷允上药业、上海电气等500强企业落户桂阳。

（三）创新活力竞相迸发

桂阳工业园区对标省级高新技术产业开发区创建条件，着力搭建创新创业平台，大力引导企业加大科技投入，加快科技创新，并于2019年成功创建为省级高新技术产业开发区。利诺药业引进柏恩光学科技公司合作研发和生产第四代激光医疗科技设备，填补了郴州乃至湖南生物激光医疗科技产品领域的空白。翔龙通航公司自主研发的XL-100型轻型运动飞机成功试飞。景湘源食品饮料被列为郴州市（2018—2020年）知识产权试点企业。近五年桂阳工业园累计完成研发经费投入24.45亿元，累计完成专利申请908件，专利授权483件，高新技术企业个数由2016年的33家增加到2021年的59家，其中经科技部门认定的高新技术企业达19家，高新技术产品产值由2016年的26.85亿元提升到2021年的444.89亿元。

（四）基础设施日臻完善

桂阳工业园区始终坚持产城融合，完成了中小微企业孵化中心大楼、企业服务中心、创新创业园一期等设施建设，建设了银行、超市等配套设施，新增有色、宝山两个污水处理厂。新建了智能家居产业园，规划建设原辅材料交易市场、物流仓储、商住配套等，打造了基础较为完善、配套较为全面的家居特色产业小镇。建设了一个崭新的有色金属科技产业园，有色产业园黄金大道、坛山大道延伸段等基础设施建成使用。正加速推进家居产业园和田路、谷田路、共和一路东延、有色产业园坛山大道延伸段、有色园高新路等道路建设。引进和建设了一所中小学和一所职校，为园区务工群众提供就学保障，为园区企业用工提供了技能培训便利。

（五）营商环境不断改善

"放管服"改革深入推进，"马上办、网上办、一次办结"事项分别达68.5%、81%、99.1%，"一件事一次办"做法经验被全省推介。商事登记制度改革持续深化，率先在全市推行"三证合一、一照一码"商事登记制度，企业全程电子化登记率居全市第一。营商环境进一步优化，市场主体数量位居全市前列。建立项目跟踪服务机制，对重大项目从合同洽谈、规划选址、代办手续、征地拆迁、水电接入到员工招聘等工作实行全程跟踪服务，实行项目建设"保姆式"服务。突出政策创新，研究制定了湖南广东家居智造产业园产业发展引导资金管理办法、桂阳县工业用地"先租后让"操作细则等配套政策。企业帮扶服务成效显著，通过助保贷平台、委托贷款、银企对接等形式，全力帮助银星、锐驰环保、景湘源、利诺生物、楚荣家具等企业解决融资难题，助力济草堂、宏润油茶、成氏面业等企业克服困难。

二、桂阳县工业园区经济高质量发展存在的主要问题

桂阳县工业园经济在取得快速发展和显著成就的同时，也面临一些问题和挑战。

（一）招商引资缺乏精准

在招商过程中，特别是家具企业，由于意向入园企业较多，只要看到在广东有生产，形象较好，便招进来，片面追求数量，缺乏对企业的生产性质、企业实力等，进行全面掌握和全方位考察，导致虽然落户了很多优质项目，但家具生产企业与配套企业之间的配合度较低，对于产业链的快速形成没有达到预期目的，难以产生规模效应和集聚效应，难以达到"同幅共振"。招商引资缺乏明确导向和约束。规划没有根据经济社会及产业发展现状和趋势，适时适情调整，造成有些项目不能"对号入园"，差异化发展不够、龙头化带动不强、集聚化程度不高。例如，园区企业与企业之间缺乏产业关联度，只是简单的"扎

堆"，同一产业链上的纵向分工协作关系少，没有体现产业比较优势、相关产业科技含量、产业链关联效应、产业贡献率和增长后劲等方面的"主导性"。

（二）产业结构仍需优化

从产业链来看，虽然初步形成了一定的产业集群，但由于产业链条不长、终端产品品种少，产品附加值不高，仍停留在初级加工阶段。从企业规模来看，过十亿的企业只有1家，中小企业偏多，大部分企业是子公司、分公司、制造工厂，研发和销售"两头在外"，龙头企业的带动效应不明显，财税贡献不强，难以产生知识溢出效应，难以提升园区的整体创新能力。调研发现，桂阳大型矿山均为中国五矿、中国建材和湖南省国资委及湖南有色控制，资源属地化的利用比例很低，主要矿种的冶炼及精深加工都不在桂阳，导致桂阳县其他有色冶炼企业需要从外地购买原材料来加工，加工后又将半成品卖到外地去；家居制造产业园由于配套不完善，家居企业需要到外地购买五金、木材等材料，导致企业经营成本上升。

（三）配套建设有待完善

产业发展、园区布局及功能分区缺乏系统性规划和一盘棋谋划，规划与项目脱节，项目盲目落地。由于开发建设的时序、资金问题，造成水、电、气、路、污水收集管网等配套不完善，排污不畅，自来水末端压力不足，特别是新建的有色产业园供水问题突出。银行、超市、餐饮、娱乐、休闲等设施布点不足，不能满足企业员工和周边群众生活需求，导致生产生活不便，影响园区对各类人才吸引力。

（四）要素瓶颈亟待破解

桂阳工业园区处于我国中部地区，在工资待遇、生活配套等方面与沿海发达城市、省会城市等地相比差距较大，导致引进人才和留住人才困难。园区R&D经费投入占生产总值比重不足3.1%，符合经济发展需要的中高层次人才比较紧缺。随着推进国家高新技术开发区创建，园区企业对高端技术和管理人才需求大量增加，导致高层次人才供给不足、技术人才缺口较大。民营企业规模和产业层次的局限性，更加限制了其内部管理的创新和技术人才的培育。调研中还发现存在土地保障不足的问题，比如湖南广东家居智造产业园计划用地2万亩，每年需用地指标4000亩左右，省国土资源厅下达桂阳的用地指标不到千亩，林地指标也很紧张，远不能满足入园企业用地需求。桂阳县金融服务体系建设还不能很好地适应形势发展要求，特别是在疫情防控期间，面对中小微企业"短、小、频、急"的融资需求，现有金融体系还不能有效地提供充足的金融产品和金融服务，还不能形成推动中小企业脱困发展的支撑力量。

（五）环保约束不断趋紧

近年来，党中央高度重视生态文明建设，先后出台多项政策加强环境保护。《中共中央关于全面深化改革若干重大问题的决定》指出，要实行资源有偿使用制度和生态补偿制度。全国人大颁布的《中华人民共和国环境保护法》修订草案已于2015年1月1日实行，修订后的环保法加大了对违法排放污染物的惩治力度。湖南省坚定走生态优先、绿色发展之路，先后出台了《关于加强我省产业园区环境污染集中整治的意见》《湖南省人民政府关于实施"三线一单"生态环境分区管控的意见》等系列有关环保政策，提出了具体要求，加大了对园区环境保护力度。进一步加强环保基础设施建设，提高环保监测水平，实现经济与生态的协调发展，将是桂阳工业园区面临的又一挑战。

三、桂阳县工业园区经济实现高质量发展的对策思考

坚持围绕中心、服务大局，促进园区经济高质量发展，是园区经济工作的题中应有之义，是衡量工作成效的重要标准。要把加强园区经济高质量工作摆上重要议事日程，在党委统一领导下，形成各方面既明确分工又高效协同的园区经济高质量发展格局。

（一）开展产业招商，推动链式发展

依托桂阳县家居智造、有色金属加工、新材料、通用航空等主导产业发展规划和定位，主动出击，精准对接，加强主导产业链招商引资。根据产业定位，组建专业招商队伍，围绕确定的重点产业，制定本地"产业链招商指导目录"，深入研究产业链条和集聚规律，突出纵向延伸和横向集聚，梳理缺失环节和薄弱环节，着力引进带动能力强的龙头企业和补齐产业链的关联企业，着力推动招商引资由单个承接向全产业链引进转变，实现"引进一个产业、带动一批企业"。围绕现有产业、优质企业，着力引进上下游配套企业，建链、强链、延链、补链，促进可持续发展。同时，引导大型物流企业发展，解决民营企业物流运输问题。实施民营企业成长倍增计划，列出培育清单，对达到一定规模的龙头企业、骨干企业和成长性好的中小企业进行分级培育，形成企业梯队发展格局。桂阳县目前主要是围绕以有色金属、智能家居为主的产业，聚焦上下游产业项目，进行开展精准招商、链式招商、集群招商，确保建成中部著名有色金属精深加工基地和全国知名的家居智造基地。

（二）优化产业结构，突出做强做优

促进产业结构不断迈向中高端，实现新旧动能接续转换；要围绕"优化存量、做优增量"，着力改造升级"老字号"，深度开发"原字号"，培育壮大"新字号"，促进产业结构在动态变化调整中不断迈向中高端，实现新旧动能接续转换。坚决淘汰落后、低端、过剩产能，运用新技术、新业态、新模式改造提升传统产业，发展现代能源经济，推动现代服务业优质高效发展。突出龙头引领，充分发挥龙头民营企业在相应主导产业中的支撑作用，鼓励企业开展兼并重组，引导传统优势民营企业进入新兴、高端产业领域，促进企业由生产制造向营销服务延伸，从产品经营向品牌经营转变，打造一批创新能力强的大型龙头企业。落实高新技术企业奖励政策，支持企业积极申报专精特新、"小巨人"企业和高新技术企业，不断提高企业技术创新能力和市场竞争力，全面提升民营企业高质量发展水平。

（三）完善配套设施，推进产城融合

走高质量发展道路，必须推动融合发展。要进一步强化融合发展思维，充分利用好园区的集聚效应，使园区成为统筹各类资源的重要载体。要推动产城融合，做到配套先行，避免园区白天热闹、晚上成为"空城"，增强园区发展后劲。完备的基础配套设施是产业发展的强大支撑。根据园区发展需要，加强功能配套和设计，超前谋划建设一批高标基础设施，加强园区电网、水网、通信网络、输气管道、道路交通等基础设施规划建设和升级改造，为产业的引进和发展提供良好的硬件支撑。随着城市化的加速发展，产城融合的发展模式正逐渐成为高层次园区转型发展的不可逆趋势。桂阳工业园区要立足现有特色产业，通过产品创新、文化建设等延伸、拓宽产业链条，推进产业、城市协同发展，不断提升核心竞争力。桂阳县着力构建高新技术产业园、芙蓉食品医药产业园、有色科技产业园"一区三园"发展格局，推动园区按照"产业关联、布局集中、发展集约"原则和"专业化"思路发展，促进产业集聚。要坚持产城融合、产城互动，按照园区、城区、景区"三区合一"理念，对现有项目区进行科学定位整合，加快生活服务配套，与产业项目建设同步，合理布局生产生活服务配套，提升园区综合承载力，完善教育、医疗等资源向园区聚集。坚持产城融合理念，配套建设医疗、教育、娱乐、住宿餐饮、商务贸易等相关设施。

（四）强化要素保障，夯实发展基础

一是强化土地保障。一方面，要集约节约用地，统筹、盘活现有资源。另一方面，要完善土地资源配置机制，在年度建设用地规划空间、用地计划指标、供地计划中优先保障主导产业发展用地，加快推进同一乡镇范围内村庄建设用地布局调整试点。同时，对有的企业拿了地不动工、不投产的行为，要推动项目合同条款中土地退出机制条款的落实，对于建设进度缓慢或没有进度的项目，根据有关规定启动闲置土地或低效用地处置程序，必要时依法收回土地，切实提升桂阳县亩均生产总值、亩均税收。

二是坚持创新驱动构筑人才洼地。充分运用《中共桂阳县委办公室　桂阳县人民政府办公室印发《关于进一步加大人才引进力度 发挥人才引领作用的若干措施（试行）》的通知》精神，加大对新引进的各类全职领军人才奖励力度，支持鼓励重点产业领域企业建立"人才飞地"（即注册地在县内，研发机构在外地，成果在县内转化投入生产的），建立技能人才职业技能晋级补贴资助制度，确保人才引得进、留得住。紧密对接芙蓉人才和林邑聚才等行动计划，充分发挥就业服务信息平台作用，有效畅通企业和务工群众的招工用工、就业务工信息渠道；通过组织开展企业专场招聘会、乡镇集市巡回招聘等活动，为民营企业招聘各类人才。支持桂阳职校等培训机构，开展订单式培训，鼓励校企联合建立学生实习基地，完善为县内企业输送技术工人的补贴政策，定期开展优秀团队和个人评选活动，常态化开展优秀青年科技创新人才、郴州工匠、优秀企业家等评选活动。创新人才引进方法，引导和鼓励高校、科研院所、工业园区及企业建立联合引才和柔性引才机制，支持企业对高级管理人才实行股权奖励、优惠购股和期权激励。选派一批年纪轻、学历高、潜力大的优秀园区干部和企业高管前往大湾区深入驻点企业进行沉浸式培训，并通过专题辅导、现场教学、心得交流等方式，深入学习现代企业管理和经济社会发展的先进理念、模式、经验。着力打造"政府信任、市场信服、社会信赖"的桂阳人才品牌，为桂阳打造对接粤港澳大湾区人才合作示范区和区域性人才高地打下坚实基础。

三是拓宽融资渠道。充分整合县级财政资金和各项优惠政策，广泛吸纳银行和社会资金，引导金融机构向民营企业提供信贷支持，降低融资成本。加大专项债包装工作力度，保障项目建设资金投入。搭建政银企对接平台，引导和协调金融机构建立适应县域特色优势产业发展特点的信贷管理、信用评级和贷款评审制度，推进知识产权质押融资、应收账款质押、仓单质押、供应链融资、票据融资、产业链融资等金融产品创新。充分运用桂阳县银行行长联系民营企业的创新帮扶工作机制，完善银企、银保对接机制，切实解决企业融资难问题。

四是优化营商环境。以促进市场公平竞争、平等保护产权为关键，推动构建市场化、法治化、国际化的营商环境。教育引导园区经济人士树立法律意识，坚持守法经营，自觉维护公平开放透明的市场规则，加强园区经济统计和监测分析，大力推进服务管理创新。充分发挥工商联和商会的优势作用，积极参与营商环境评价，主动配合有关部门开展依法甄别纠正侵害民营企业产权错案冤案、防范和处置拖欠民营企业账款等工作。推动构建亲清政商关系，是园区经济统战工作的重要任务，依托统一战线开展政企沟通协商，是构建亲清政商关系的关键之举。转变"优惠政策"思维，以营造良好的经商环境来提升桂阳对外开放的吸引力。通过推行"最多跑一次"改革，让好的"营商环境"成为桂阳县对外开放的一张名片，在高新区实行"园区事园区办""一枚印章管审批"，高新区相应的审批事项全部赋权到园区，实现了企业办事不出园区。全面落实支持民营企业发展的政策，严格执行减税降费措施，制定出台支持返乡创业的政策措施，采取申请贴息、投资补助、专项引导资金等方式，引老乡、回故乡、建家乡、带客商，为转型发展注入新的活力。

五是打造地方品牌。要结合当地优势资源和特色产业的长远发展，做好园区特色产业发展规划，注重产业链上下游的相互衔接，使园区经济发挥出"1+1>2"的效果，避免低水平重复建设和同质化竞争。加大地方特色产业品牌建设支持力度，在户外广告、节会宣传、形象展示、产品展销、网络推广等方面予以优先安排，适当补助推广经费，提高品牌影响力和企业知名度。加强区域诚信建设和质量标准体系建设，实行最严格的产品质量管理和商誉诚信监管，全力打造桂阳商誉品牌，提升"桂阳制造"的知名度、美誉度与产业集聚能力。针对桂阳县辣制品产业、陶瓷产业产品散而杂、不成规模、缺乏品牌影响力、企业间缺乏合力、内卷严重等问题，面向行业标杆企业或上市企业招商引资，通过政府引导、企业主导，以龙头企业来整合同产业资源，引进现代企业管理理念，改变家族式、作坊式的管理模式。

（五）加强环境保护，促进低碳发展

遵循绿色的发展理念，加强生态环境保护，大力推进节能减排和清洁生产，走绿色发展道路。严格按照最新版产业指导目录，根据园区产业定位、"三线一单"、污染物排放等各项指标要求,实施最严格的环保准入制度,强化从源头防治污染和生态保护。鼓励铅锌、家居等生产企业采用先进适用技术,优化产品设计和生产工艺,降低单位产品能耗、水耗、物耗和废物排放,提高单位资源的产出水平。研究出台相关政策措施,完善低效企业退出机制,加大对低效企业、"僵尸企业"的清理力度,盘活存量,淘汰落后产能。完善环保检查、督察等管理机制和手段,坚持源头严防、过程严管、损害严惩、责任追究。

洪江区高新技术产业开发区发展研究

⊙ 肖洪嵩（中共怀化市洪江区工委党校）

党的二十大报告明确指出，推动战略性新兴产业融合集群发展，构建新一代信息技术、人工智能、生物技术、新能源、新材料、高端装备、绿色环保等一批新的增长引擎。高新技术产业园区是高新技术产业发展的重要创新基地，是促进技术进步和增强自主创新能力的重要载体，是带动区域经济结构调整和经济发展方式转变的强大引擎。洪江区高新技术产业开发区作为以精细化工新材料为主导产业的省级高新技术开发区，要争当培育新材料产业集群、打造具有核心竞争力的科技创新高地的排头兵，在推动高新技术产业园区高质量发展上努力闯出科技创新的新路子。

一、洪江区高新技术产业开发区发展的特征分析

洪江区高新技术产业开发区（以下简称"园区"）成立于2005年，位于怀化市洪江区东南部沅江下游，距离城区6千米。近年来，园区全面贯彻落实"三高四新"战略定位和使命任务，紧扣"五好"园区创建目标，聚焦精细化工及生物医药"一主一特"产业格局，坚持科技创新引领，加快构建园区循环经济体系，走出了一条极具特色的新型工业高质量发展之路。先后获批为湖南省级高新区、湖南省新型工业化产业示范基地、国家火炬特色产业基地、湖南省第一批化工园区、省级双创示范基地及省级绿色园区。

（一）产业集群初具规模

依托原洪江第一化工厂（现恒光科技）良好的基础化工产业基础，园区逐步形成了以基础化工材料生产为基础，光固化新材料、医药和农药等新型化工

中间体、新型功能涂层材料等化工新材料产品生产为主导，附带污水处理、物流等为配套的精细化工新材料产业体系，集聚了一批在国际同行业中具有较强竞争力的企业，产业集中度较高，产业链协作较好，产业集群效应明显。其中，洪江区恒光科技有限公司作为基础化工龙头企业，硫酸生产规模湖南省第一，氯酸钠生产规模全国第三、湖南省第一，其产品不仅可以满足洪江区企业的需求，还销往省内外，为基地精细化工发展提供了强有力的支撑；久日新材是我国光固化新材料的龙头企业，光引发剂生产技术在国际领先，产品占国内的市场份额达50%以上，生产的大分子光引发剂已经申请了国际专利，产品在国际市场的占有率达40%以上，产品远销美国、德国、英国、日本等国家；楷雅生物是我国医药中间体行业的知名企业，"五倍子深加工"技术处于全国领先水平，生产的甲酸甲酯、甲酸、没食子酸等产品在国内市场的占有率达50%以上，行业排名第一；恒一颜料生产的有机颜料产品销往国内外，与巴斯夫等世界知名企业建立了长期稳定的合作关系；金鑫新材料母公司已成功上市，LED光引发剂、食品级引发剂等产品销往全国及南非、欧美、日本、韩国等国家或地区。2021年11月18日，湖南恒光科技股份有限公司成功在深圳证券交易所A股正式上市，成为洪江区首家本土上市企业，为怀化市第二家上市企业，实现了本土企业上市"零的突破"。2022年8月26日，怀化国际陆港首趟公海联运跨境卡班暨洪江区高新区双氧水出口缅甸卡班首发，是怀化国际陆港实现"怀品出怀"战略任务以来，第一次通过公海联运跨境卡车班列运输方式，将园区国家级专精特新"小巨人"企业双阳高科生产的双氧水出口远销东盟市场，为怀化市精细化工产品出口东盟发挥示范带动作用，推动洪江区化工新材料等产品通过中老、中越铁路国际班列和公海联运跨境卡车班列走向更广阔的东盟市场，为洪江区高质量外向型经济发展注入强大动能。

（二）生态循环特色鲜明

园区强化规划引领，牢固树立"循环经济、绿色化工、创新引领、持续发展"理念，围绕建设绿色低碳循环发展示范区目标，坚持以绿色为方向、以产业为支撑、以项目为抓手、以科技为引领，着力构建绿色低碳循环产业体系。一是着力打造精细化工循环产业链。紧扣"补链、延链、强链",努力集聚精细化工新材料产业链上下游企业、人才、研发机构,奋力推进精细化工新材料基地建设,推动特色产业集群高质量发展。园区通过引进和培育恒光科技、久日新材等企业为核心努力打造大循环,通过综合输送管廊体系的建设,将恒光科技的产品(氯酸钠、双氧水等)、副产品(氢气、蒸气等)输送至久日、泰通等企业生产使用;恒光科技、双阳高科等企业充分利用久日新材、泰通新材的废水(酸性铝水等)生产三氯化铝、环己甲酸等产品再提供给久日新材使用,通过推进节能、节水、节地、节材,构建企业之间的循环经济产业链,最大限度地降低了物耗、水耗和能耗,提高了园区的资源产出率,降低了企业运营成本。二是大力推进企业内部微循环。恒光科技通过技术改造在全国首创了离子膜法生产氯碱工艺,采用氯碱和氯酸钠共用盐水系统,减少了离子膜系统的生产环节,节省了投资,减少能耗、水耗,节约了运行成本。园区建成了固废处理中心、在线监控系统、集中供热系统等园区基础设施,不断完善产业配套设施,最大限度地帮助企业降低了物耗、水耗和能耗。园区产业原料综合利用率达90%以上,产品相互利用达40%~50%,工业用水重复利用率提高到50%以上,工业固体废弃物综合利用率达到35%以上,初步形成了主导产品、废水、废渣和余热循环和综合利用的循环体系,走出了一条以生态循环经济为主导的新型工业化道路。

(三)创新驱动持续发力

园区积极发挥从高校、科研院所引进技术、人才的重要作用,大力争取企业与长三角、珠三角等区域国家级科研机构、重点高校联合设立重点实验室、工程(技术)研究中心、企业技术中心等技术创新平台,深入推进科技合作创新,不断提升产业技术创新能力,带动园区整体科研及技术水平的提升。目前,园区注册企业达到67家,规模工业企业34家,高新技术企业21家,深交所A股上市企业1家,国家级专精特新"小巨人"企业2家,省级"小巨人"企业13家,工信部"标杆企业"1家,省级产业化龙头企业2家,省级两型企业2家,省级智能制造示范企业1家。园区重点发展的化工新材料与生物医药产业链已被纳入湖南省20个工业新兴新优势产业链。园区现拥有省级研发机构2家，科技创新服务机构6家，众创空间和科技孵化器各1家，20余家企业与省内外高校开展产学研合作，搭建产学研基地9个。园区内企业现拥有授权专利382项，每万人拥有发明专利数达3.7件，科技成果登记数16项，技术合同成交金额达1.05亿元。2022年，双阳高科、旺达生物完成省级"小巨人"企业复核工作；双阳高科、久日新材已纳入企业上市"金芙蓉"跃升行动目标；湖南汇百益新材料有限公司、湖南云飞凤农业有限公司成功申报创新型企业，与湖南化工职业技术学院达成共建洪江现代化工产业学院合作。

二、洪江区高新技术产业开发区发展的主要困境

（一）科创机制有待完善

由于对新发展理念的学习研究不够深入全面，没有深刻认识创新驱动是推动园区和企业高质量发展的根本路径。政府和相关部门对于科技创新的重视有所不足，在加强顶层设计、优化整体布局、优化创新生态、集聚创新资源、提升自主创新能力、强化示范带动作用等方面缺乏前瞻性研究，在激励和引导园区、企业和科技创新工作者充分释放创新活力上办法不多、措施不力、投入不足；园区和企业由于日常生产、购销、经营、管理任务繁重，在看得见的经济利益的驱动下，受科技创新工作投入大、周期长、风险高等因素影响，园区和龙头企业在推动科技创新工作上积极性不高，中小企业轻创新、轻技术、轻研发的现象较为严重。政府、园区和企业普遍没有设立高规格的领导机构对科技创新工作进行集中统一领导，没有建立完善考核评价和激励约束机制，研发经费投入缺乏保障。

（二）研发活力有待激发

一是高层次优秀人才严重匮乏。近年来虽然持续加大对高素质人才的引进和培养，但总量偏低的矛盾仍然较为突出，具有领先技术的高技能人才、工程

技术人才和行业顶尖人才极度稀缺，由于不少企业缺乏有效的奖励激励和合理的利益分配机制，对各类人才的吸引力和凝聚力相对不足，"引不进、留不住、用不好"的问题依然存在。

二是研发平台缺乏高效利用。园区和企业虽然搭建了不少产学研平台，由于没有稳定的经费来源、缺少经常性项目、无法保持稳定的科研团队等原因，不少平台无法充分持续发挥应有的作用。

三是科研创新氛围不够浓厚。一方面，由于园区和企业对科研创新的重视和投入不足，没有形成良好的服务和提倡科研创新的园区和企业文化氛围；另一方面，由于园区不少企业没有党员或只有个别党员，不少党员都是流动党员，党员管理难度较大，导致基层党组织的凝聚力不够，创造力不足，战斗力不强，稳定性不佳，党员的先锋模范作用没有得到充分发挥等，给需要无私奉献、艰苦奋斗的科研创新工作带来了极为不利的影响。

（三）优势资源有待整合

随着"放管服"改革的深入推进，园区虽然逐步建立了研发、融资、培训等助力企业发展的公共服务平台，政府也通过建立微信群、QQ群等方式为政府部门、园区、企业搭建了交流沟通平台，由于发展理念有别，主营业务不一，服务受众不同，市场拓展各异，尽管园区大多数企业因产业链上下游关系的影响，关联性较强，彼此间合作联系较为紧密，在招商、筹资、建设、生产、营销、培训等方面依然存在各自为战的现象，研发平台、科研经费、成果转化、优秀人才、信息数据等资源得不到及时整合，无法充分发挥园区和企业的集聚效应、规模效应和辐射效应。

三、洪江区高新技术产业开发区发展的对策建议

（一）完善体制机制，夯实科研创新基础

认真学习、广泛宣传、积极践行习近平新时代中国特色社会主义思想，学

深悟透、细照笃行习近平总书记关于立足新发展阶段、贯彻新发展理念、构建新发展格局和促进高质量发展的系列重要论述精神，加强顶层设计，积极出台一批支持企业科技创新、转型升级等相关配套奖励政策，加强创新驱动，给园区和企业开展科技创新工作创造良好的政策环境。推动苏仙区、园区和企业尽快设立高规格的服务科技创新工作的领导和议事协调机构，安排专项经费，完善规章制度、组织领导、考核评价、资金保障等相关体系。紧密关注精细化工新材料领域各项政策，努力争取国家、省、市的项目布点和资金支持，积极引导银行信贷加大对精细化工新材料领域中一批产业关联大、技术含量高、辐射带动强的企业及项目的投入，积极推进银政、银企合作。积极争取其他金融机构对园区和企业发展科技创新的支持。引导和调动社会资金参与科技金融活动，关注科技成果转化和参股投资科技企业；鼓励各要素持有者、各种中介服务机构积极服务和参与科研创新[1]。

（二）聚力内培外引，激发科创内生动力

一是强化企业创新主体地位。重点支持园区龙头企业建设产业技术创新平台，大力协助龙头企业进行技术并购和扩张，鼓励龙头企业服务化转型，推动龙头企业做大做强。针对园区现有企业，遴选一批自主创新能力强、市场前景好的高成长型科技企业，建立高新技术企业培育库，根据产业、企业发展的不同阶段制定培育计划，进行跟踪对接、主动服务，在无偿资助、成果转化、融资担保等方面给予政策支持，着力将成长性强的后备企业培育成高新技术企业。加大对科技型小微企业在项目牵引、投资基金、平台支撑、财政补贴等方面的扶持，围绕产业链上下游配套，引进和培育发展一批"补短板"的科技型小微企业[2]。

二是搭建技术创新平台。重视发挥从高校、科研院所引进技术、人才的重要作用，积极争取企业与长三角、珠三角等区域及省内国家级科研机构、重点高校联合设立重点实验室、工程（技术）研究中心、企业技术中心等技术创新平台，深入推进科技合作创新。支持光固化新材料、新型化工中间体、新型功能涂层材料等重点领域龙头企业建立国家、省级产业技术创新战略联盟，以建立科技成果转化基地、技能人才培训基地、素质教育基地等合作模式，在人才培养、员工培训、技术服务等方面开展合作项目。设立产学研用合作资金，优先支持产学研用高水平项目和平台的建设，以及重点产业人才培训项目和赛事活动，积极引导企业与高校以市场为导向，加大研发投入，精准对接技术创新资源，更好支撑产业转型升级。

三是夯实基层党建根基。以提高企业核心竞争力为中心任务，在积极为企业做好服务的基础上，充分发挥党组织政治核心作用，以知识决策、融合发展、依法行事的理念指导企业党建工作，推动企业技术革新、管理变革；不断强化理论学习和思想教育，力促党员干部真正发挥先锋模范作用，积极开展"凝聚智慧、献策公司""岗位练兵、技能比武""安全生产大演练"等丰富多彩的主题活动，在园区、企业党员及员工中大力营造积极进取、服务科研创新的良好氛围。

（三）聚焦产业体系，构建协同发展格局

一是搭建产业技术创新联盟。充分发挥高新区、科工局等相关部门行业引领作用，鼓励园区内行业龙头企业，联合高校及科研机构，积极成立光固化新材料产业技术创新联盟、新型精细化工中间体产业技术创新联盟和新型功能涂料产业联盟，组织企业、大学和科研机构等围绕产业技术创新的关键问题，开展技术合作，突破产业发展的核心技术，形成重要的产业技术标准；建立公共技术平台，实现创新资源的有效分工与合理衔接，实行知识产权共享；实施技术转移，加速科技成果的商业化运用，提升产业整体竞争力；联合培养人才，加强人员的交流互动，为产业持续创新提供人才支撑[3]。

二是组建行业协会。依托恒光科技、久日新材、金鑫新材、梧雅生物、旺达科技、恒一颜料等龙头企业设立精细化工新材料行业协会，加强行业研究工作，研究国内外行业发展最新情况，为入会企业提供行业最新行业资讯、数据，做好企业服务工作。

三是健全科技服务体系。积极落实国家、湖南省、怀化市各项扶持政策，发挥财政资金杠杆作用，通过市场机制引导社会资金和金融资本支持园区和企业推进创新创业活动；综合运用政府购买服务、适当资助、业务奖励等方式，支持中小企业公共服务平台和服务机构建设，促进科技基础条件平台开放共享；加快完善研发、信息、金融、检验检测、培训等公共服务平台，构建专业化、全链条的创新创业服务体系，增强企业持续创新创业能力。

参考文献

[1] 国务院关于强化实施创新驱动发展战略进一步推进大众创业万众创新深入发展的意见[J].中华人民共和国国务院公报，2017（23）：11-17.

[2] 王彦庆.产业园区服务体系创新发展研究[J].学习与探索，2016（4）：97-100.

[3] 谷宝华，韩昊澄.促进高新技术企业迭代创新的意义及策略[J].经济研究导刊，2022（8）：25-27.

数字乡村赋能农业农村现代化路径探索

⊙ 吴　楠（中共湖南省委党校　湖南行政学院副教授）

乡村是人类早期的生活环境，也是人类与自然协同演化的文明产物。一直以来，乡村与城镇互济共进，组成人类活动的主要空间。近三百年，技术带来的加速工业化、城市化进程，形成了农业与工业、城市与乡村的二元分割，乡村功能微弱并退化，导致城乡价值割裂。百年来，工业对农业进行了大规模改造，农业生产方法有了本质改变，生产效率有了巨大提升，但农村农业弱质性依然存在，城乡之间仍然存在价值鸿沟，农村农业发展不平衡不充分形势依然严峻，需要国家政策倾斜和现代技术赋能来合力推进农业农村现代化。数字化改造经济社会运行可以达到精细管理、提升效率、实时预测等多元革新，已经成为现代化发展共识，在农业农村领域亦是如此。我国党和政府高度重视数字乡村建设，顺应发展趋势，提前布局。2018年，中央一号文件首次引入"数字乡村"概念。2019年，两办联合发布《数字乡村发展战略纲要》，将数字乡村建设列为乡村振兴的关键任务。2020年，数字乡村建设加速推进，年内相继出台《数字农业农村发展规划（2019—2025）》和《2020年数字乡村发展工作要点》，明确了发展方向和趋势。2021年，五部门联合发布《数字乡村建设指南1.0》，得到各地积极响应，根据实际情况制定相应措施。2022年至2023年，中央网信办等五部门持续印发《2022年数字乡村发展工作要点》和《2023年数字乡村发展工作要点》，在实施层面完善政策体系，逐步推进、整体协调的工作格局初具规模。2022年，我国农业数字渗透率为10.5%，而工业数字渗透率达24%，数字经济在推动农业农村现代化方面仍有巨大的提升空间。本文旨在阐述数字乡村建设对农业农村现代化的重大影响，并深入剖析当前数字乡村建设中面临的难题与障碍，针对问题有的放矢地提出了数字乡村助力农业农村现代化的主要实施途径。

一、数字乡村建设对实现农业农村现代化的重大意义

乡村振兴是脱贫攻坚的接续任务和升级版本，在践行新发展理念、构建新发展格局中起着重要作用。数字乡村是建设数字中国的重要内容，要实现乡村振兴，就要立足新时代真实农情，以数字乡村建设带动和提升农业农村现代化水平，借助数字化转型的力量，可以更高效地推动乡村生产、治理和生活的协同变革。数字乡村建设能够多维度全面提升"三农"工作，成为实现乡村振兴与经济发展总体目标协调一致的可靠途径。智慧农业的发展、乡村治理效能的提升以及农业现代化的转型，都必须依托数字体系的支撑，方能实现长效且稳健的发展。

（一）以高效能要素整合其他要素，系统性优化农村资源配置

马克思深刻地指出："社会劳动生产力，首先是科学的力量。"[1] 内生经济增长理论的核心观点之一便是技术更新在推动经济增长方面发挥着至关重要的作用。数字经济作为现代典型通用技术，应用空间非常广泛，几乎可以渗透到社会经济生活方方面面，以"蒲公英效益"将数据要素纳入生产全过程，在不同的领域提供技术支持与提升动力。在农村基础设施建设过程中，数字技术具有建立全流程协同机制的潜力，它能将信息技术与农业资源紧密连接，从而在各个环节提升运作效率，降低交易成本，实现资源配置效益的最大化。从销售渠道的变革来看，农产品数字销售渠道已经加速对传统农产品供应链的全方位革新，2022年，全国农产品网络零售额5313.8亿元，同比增长9.2%，增速较2021年提升6.4个百分点。有数字技术加持可以迅速拓展农产品的销售范围与消费群体，大数据也为农产品的生产、技术的更新提供了新路径。云计算的应用为农产品的产业链融合与销售供应链优化提供了可能，深度连接了市场主体，并健全了农业风险应对机制。综合来看，在数字技术的支持下，农业销售模式得以转型升级，实现了生产端与消费端的直接交易。此举减少了中间环节，降低了交易成本，从而提高了农产品的收益。

（二）以信息高速路为依托，增进区域协调发展

数字乡村建设有利于城乡协调发展的落实，以及我国乡村地区新发展格局的形成。数字乡村建设可以借助信息高速路将各类资源快速嵌入乡村发展各个领域，有助于于激发乡村地区在经济发展中的自主创新能力，激活各类要素，打造自有品牌，实现跨越化发展。同时，数字乡村有助于农业农村融入现代化经济体系，对生产环节、消费环节与分配环节进行现代化提升，将明显提升乡村经济效率。此外，数字乡村建设有利于完善我国市场体系，使得农村市场要素与城镇市场要素接轨，实现融合升级发展，极有可能发掘出统一大市场的巨大潜能。从分配角度看，数字乡村建设将优化农村居民收入分配结构、提升农村居民消费的质量与水平，可逐步打造出具备分配有序、分配合理、消费水平提升等特点的新时代乡村居民生活，推动实现中国式现代化与共同富裕。总之，数字乡村以数字技术、信息平台为工具，力求实现乡村产业发展、治理有序、文化传承等各方面统筹推进、协调发展。

（三）以人为本，加速助力农业农村现代化转型

农业农村现代化，究其根本在于人的现代化，在于农民的现代化。只有实现人的现代化发展，农业农村的现代化发展和乡村振兴才具有源源不断的内生动力[2]。数字技术给乡村的产业结构、社会结构、治理方式、组织结构等带来了颠覆性变革，同时也推动了农民思维方式、能力结构的现代化转型[3]。目前我国已经实现了"村村通宽带，县县通5G"，为农业、农村、农民提供了物理接入互联网的基本条件和硬件设施，具备了发展数字经济、享受数字生活的基础。我国农村地区的互联网普及率已经超过一半，农村网民规模也在快速增长，截至2022年年底，中国农村网民规模超过3亿人。越来越多的农民掌握了电脑、手机等信息化设备的运用，利用这些端口接受信息、发表意见、享受公共服务等。在对各类App的使用中，农民通过直播、视频等方式展现自己的生活、生产，成为网络红人，实现了流量变现。数字乡村建设能够迅速打开农人视野，让其和广阔的市场相联结，提升"三农"价值的同时，将逐步实现人的现代化。

二、当前数字乡村建设存在的主要难点和堵点

"数字经济+乡村发展"是数字乡村发展战略的核心内容,为乡村振兴提供了新的内生动力,从某种角度看,高新技术的应用是农村全面深化改革的系统性改造动力和技术铺垫。但与"数字城市"建设相比,数字乡村建设薄弱环节最主要体现在基础设施上,同时,数字平台赋能效果也有差距,农民虽然能够很快接受信息化带来的便利,但全面数字乡村建设涉及复杂的数字技术应用和管理思维,凸显了农村在数字人才方面的不足。当前,数字乡村建设存在的主要难点和堵点体现在以下三个方面。

(一)数字化基础设施低配,难成就高效率高质量农业产业

国土面积大、地形复杂成为我国信息化、数字化基础设施普及难度大的重要原因,尤其是偏远山区的农村地区,普及成本高,收益无法覆盖成本,很难成为市场化公司的主动行为。而数字乡村要与现代农业融合发展,首先需要具备的条件就是数字化基础设施建设。根据第51次《中国互联网络发展状况统计报告》,截至2022年12月,我国农村网民数量已达到3.08亿,占全体网民的28.9%。同时,农村地区的互联网普及率也已达到61.9%。而数字乡村建设不是信息技术的单点突进,需要网络和公路、电力、水利、冷链物流、生产加工等基础设施相结合,而这些基础设施的智能化和数字化在不同农村区域发展是不平衡不充分的。农业与信息技术的融合尚未广泛推广,农业核心技术与数字技术的结合也显得不足。在农业生产过程中,诸如农产品质量安全认证困难、溯源效果不佳、农药超标、禁用药物滥用以及过度开垦等问题依然存在。据《2022中国生态环境状况公报》显示,2022年,水稻、小麦、玉米三大粮食作物化肥利用率为41.3%,比2020年上升0.7个百分点,已经处于增长乏力阶段,而国外发达国家化肥有效利用率普遍为50%,部分高达70%。无法数字量化展现问题和通过数字技术来破解问题,核心技术与实际应用场景之间的紧密结合尚未实现,这在一定程度上限制了我国农业农村的生产经营效益,不利于高质量发展和二者的融合发展。

（二）数字化农业产业转型不易，难融合发展现代化农业产业体系

数字乡村建设的关键方向主要包括农村产业、农村生活及农村治理的数字化三个方面，其中"推进智慧农业发展，促进信息技术与农机农艺融合应用"是整个数字化的引领也是核心。充分利用数字技术，将其深度融合于现代农业产业和农业资源，不仅是数字乡村建设的核心议题，更是推动农业农村现代化的关键战略举措。然而，在我国大部分农村地区，产业发展仍然依赖于传统的农业生产方式，面对数字化信息技术的冲击，农村产业的转型之路充满挑战。首先，我国大部分农村农产品局限于小农户初加工产品，经济附加值低，产业资本进入后产能又不足，难实现现代工业所需要的规模化、标准化生产。据农业农村部市场与信息化司联合农业农村部信息中心2021年发布的《2021全国县域农业农村信息化发展水平评价报告》显示，我国县域农业农村信息化发展整体水平在2020年已达到37.9%，然而，农业生产信息化水平仅为22.5%，表明仍有很大的提升空间。此外，中国信息通信研究院发布的《中国数字经济发展白皮书（2021年）》表明，2020年农业数字经济占行业增加值的比重仅为8.9%，远低于工业（21.0%）和服务业（40.7%）。与此同时，农业数字经济渗透率同比增长0.7%，而工业和服务业同比分别增长1.6%、2.9%。比较明显地展现了当前我国农业产业数字化转型提速还不够快。其次，农村产业产品发展主要集中在供给端，未能摆脱小农经济模式，且第一、第二、第三产业之间的数字化融合程度较低，进而限制了数字乡村建设和现代农业融合发展的深度。主要表现在：第一产业后端延伸不够，第二产业两端对接不畅，第三产业发育不完善，配套设施落后，服务意识不到位，难以在数字技术的加持下升级为新业态、新模式。

（三）数字化能力素养欠缺，难构成推进现代化建设乡村人才主体

农村地区互联网普及率达61.9%表明目前农民个体接入互联网的物理障碍已经基本破除，城乡居民"数字鸿沟"主要体现在对数字技术，尤其是数字技术所附着数字终端的理解、使用和利用上。毕竟数字化的终端设备和软件不是目的，农户如何正确理解、熟练操作、有效利用这些软件和硬件，来创造新的

产品价值、产业价值、商品价值，从而实现增收，改善生活才是最终目的。目前来看，阻碍还是比较多：首先，城乡发展的不平衡是关键因素。在农村地区，基础设施、教育、医疗及就业环境等方面，与城市相比存在显著的差距。人才还处于流出农村状态，善于利用数字技术改善农村农业的专业人才严重缺乏。其次，农人数字化素养偏低，据中国社科院2021年发布的《乡村振兴战略背景下中国乡村数字素养调查分析报告》显示，有35.8%的农村居民将智能手机仅仅视为娱乐设备，32.9%的人不认为手机会对他们增收、创业起作用；而在量化评估中，农民群体的数字素养得分仅为18.6分，显著低于其他职业群体，仅相当于全体平均水平（43.6分）的40%左右[4]。而且由于平台算法等原因，农民对智能手机和数字平台的泛娱乐化使用还会触发"信息牢笼"，使农村居民始终接触不到真正有价值的、能够帮助增收、创业、改善生活条件的信息。此外，传统的乡村基层干部对原有固化的行政治理模式存在强依赖，将数字治理平台仅作为数字录入登记工具，没有利用数字技术对组织、决策、产业、战略进行系统化整理、适应性改造，导致数字化平台多数时候仍旧是形式主义存在。数字要素被固有管理模式拘泥于小范围之内，无法形成数据整理数据分析、数据共享的发展性数字生态。

三、数字乡村赋能农业农村现代化的实施路径

在2019年印发的《数字乡村发展战略纲要》中就指出：数字乡村"既是乡村振兴的战略方向，也是建设数字中国的重要内容"。可以这样认识，数字乡村建设是新时代我国农业农村现代化的核心组成部分和自然发展过程。要开启全面建设社会主义现代化国家的新征程，实现人与自然的和谐共生，构建新时代高质量发展的新格局，就必须优先推进数字乡村建设。基于我国的国情和农情，面对数字乡村建设在推进农业农村现代化中的种种难题，以下三个方面应该重点关注。

（一）融合数字技术与农业产业，加速农业产业现代化

利用互联网、大数据等现代信息技术对传统农业的生产、管理、经营改造

升级，是数字乡村的初级版本；而利用数字技术破解农业发展中时间和空间的制约，实现要素资源的数字化匹配，提升农业生产效率、优化农业产业化链路、提高乡村治理水平，是数字乡村建设升级版本。不论数字乡村建设要达到哪个水平，完善的数字化基础设施都是前提条件。当前整体来看，我国乡村数字基础设施建设的提升空间仍然较大。这使得数字化在融合发展过程中难以发挥其应有作用，同时也限制了应用场景设计的优质载体发展。在基础设施方面，农村的公路、电力、水利、网络及冷链物流等设施不仅需要巩固现有基础，还需加快数字化转型。这将有助于推动这些设施与现代农业在信息获取、生产、加工、销售及经营等环节实现一体化发展。在技术应用层面，应积极探索并大力推广各类信息基础设施在现代农业中的应用。通过运用新兴技术，如无人机和低地球轨道卫星，我们可以提升我国农村地区的无线宽带覆盖范围和质量，助力农业现代化进程。应用合理手段降低农村的网络运营成本；改变平台算法推动农业农村相关信息获取的便捷性、先进性和真实性。利用好原有农业专业技术站点，加强这些站点信息与数字化技术的对接，如气象、土壤墒情及智能水肥一体化控制等多个采集站，正加速实现数字化、信息化和智能化转型。借助云计算、物联网和大数据等技术，我们对农业环境、生产、市场和统计等数据进行预处理、存储、运算和分析，以生成对农业产业发展和农民参考的有用信息。在数字系统搭建层面，务必关注农村智慧电网、智能水利、智慧交通及智慧物流的建设，全面优化现代农业的生产经营管理。针对智能电网，要构建一套具备安全管理、能耗分析、隐患报警及短路过载保护功能的系统。而对于智能水利，我们需要构建一个能预测、预警、预演和制定预案的体系，以满足现代农业生产的需要。在智能交通和智慧物流方面，建立完善的乡村交通基础设施，配套乡村道路智能预警、预判、交通感知平台系统，进一步促进智慧物流建设，实现农产品线上线下深度融合。

（二）挖掘数字在乡村治理中的潜能，推进乡村治理现代化

数字乡村治理模式的可拓展性极强，政务领域、商业领域、安全领域应用

前景都很好。要理解数字、善用数字，认识数据要素的社会价值，建立起能够发挥数据要素潜能的机制。推进数据共享机制，统一数据收集、分析、处理的格式和技术，明确数据的归属、采集、管理责任，细化数据的共享清单和使用办法[5]。让数据在乡村社会治理中呈现说明、提示、警示、预测等典型意义，并能引导性地科学配置其他要素，优化公共服务中的数字的供给，借助数据共享带动治理资源的共享。

数字乡村治理要注重激发治理主体的活力，形成"人人懂数字，人人用数字"的社会治理氛围。善用平台，如短信、微信、朋友圈等提升涉农信息、惠农政策发布的及时性、有效性和精准性。政务治理方面，可以利用数字技术搭建既能畅通民意表达渠道，又能保护意见各方安全的平台，建造矛盾可释放、可缓解、易消除的良好社会疏导渠道。同时可利用短视频、直播等新媒体方法，让重要信息以村民喜闻乐见的形式有效传播。

数字乡村治理可复制性强，复制成本低，一套成熟的数字治理模式是可以通过增减模块的方式快速传播的。我国有许多乡村创新性地开展了数字治理探索，如浙江省德清县的"数字乡村一张图"、浙江省龙游县的"村情通"、上海郊区的"农民一点通"、湖南省浏阳市高坪镇的"智慧高坪"、湖南省益阳市资阳区长春镇紫薇村的"紫薇云"等，都极大地提高了乡村社会治理的活力和效率，在复制和学习中快速迭代，推进乡村治理现代化[6]。

（三）提高农民主体数字能力素养，实现人的现代化

数字乡村建设是多主体参与的系统性工程，不仅涉及务农主体、农业专业人才，还需要数字信息技术人才、政府管理人才等，要提升各方参与主体的数字化素养，发挥"人"的主动性和创造性，激发数字要素整合资源的内生动力。

第一，要加强对务农主体的数字能力培训。增进农民对数字基础设施、先进数字技术以及现代农业的认知理解[7]。采用做"示范模板"的方式，让农民亲身体验数字技术能给传统农业带来的巨大革新，并针对性开设农民数字素养培育创新中心，鼓励农民参与数字能力提升课堂，分享成功经验。对于中大型

专业农户、家庭农场经营者，可采取"政府＋公司＋农户"的方式，通过数字模拟和风险联保，迅速提升经营管理效率，使其能尽早融入并分享数字乡村建设所带来的丰厚收益。

第二，要重视提升基层政府管理人员的数字化素养。对口农业管理的基层工作人员，要以不断学习为基本要求，全方位提升信息技术素养、综合分析能力，从而能够客观掌握数字乡村建设和现代农业融合发展的真实动态，成为农业专业管理人才。基层政府管理人员应充分认识到，数字乡村建设对农业现代化的巨大推动力，同时，站在更高层次上，关注潜在的数字技术伦理问题，以更好地应对融合发展所带来的机遇与挑战。

第三，要促进农民素质培训与职业教育、高等教育的对接。农业类大学可针对性开设培育和提升数字素养的必修课和选修课，制定"三农"人才培养和配置专项规划，确保数字人才能够坚实基础数字乡村建设和现代农业的融合发展。不仅需要关注擅长运用信息技术的专业人才，还应重视具备数字化素养的综合性乡村人才培养。这类人才的培养过程需悄然渗透，如通过农业相关专业学生的社会实践活动，引导当地农民掌握数字化和信息化的农业技术及设备的同时，又能让农业专业学生真实务农，提升其对专业的直观认知，也能够为融合发展储备选拔人才，建立政产学研结合的农业人才孵化平台。

参考文献

[1] 卡尔·马克思，弗里德里希·恩格斯. 马克思恩格斯全集（第46卷）[M]. 北京：人民出版社，1972：217.

[2] 王晓毅，梁昕，杨蓉蓉. 从脱贫攻坚到乡村振兴：内生动力的视角 [J]. 学习与探索，2023（1）：29-36.

[3] 杨柳. 农业农村现代化背景下数字乡村建设的现实困境及优化路径 [J]. 陕西行政学院学报，2023，37（3）：125-128.

[4] 李晨赫. 社科院最新报告：乡村振兴亟待弥补"数字素养鸿沟"[N]. 中国青年报，2021-03-16（005）.

[5] 胡卫卫．申文静．技术赋能乡村数字治理的实践逻辑与运行机制：基于关中 H 村数字乡村建设的实证考察 [J]．湖南农业大学学报（社会科学版），2022（5）：61-61，75．

[6] 卞昌军．数智驱动乡村振兴 [M]．北京：电子工业出版社，2020：176．

[7] 沈费伟，杜芳．数字乡村治理的限度与优化策略———基于治理现代化视角的考察 [J]．南京农业大学学报（社会科学版），2022（4）：134-144．

全面推进乡村振兴战略背景下资规使命任务的调研与思考

⊙ 段 宁（长沙市自然资源和规划局党组书记、局长）

党的二十大报告把"全面推进乡村振兴"摆在"贯彻新发展理念、构建新发展格局、推动高质量发展"的突出位置，明确指出"全面建设社会主义现代化国家，最艰巨最繁重的任务仍然在农村"，并作出"坚持农业农村优先发展，坚持城乡融合发展，畅通城乡要素流动"等系列战略部署，为我们加快推进农业农村现代化指明了方向、提供了遵循。围绕全面贯彻落实党中央决策部署和省委工作要求，在深入调研的基础上全面梳理当前自然资源和规划领域服务乡村振兴的主要做法、存在问题，系统分析产生原因、认真研究解决对策，务求以在新时代新征程上，彰显资规系统服务大局的更强担当和作为。

一、资规系统服务乡村发展的主要工作开展情况

一是着力优化空间格局。以"三区三线"和"市—县—乡镇—村庄"四级规划为引领，按照"先农田、再生态、后城镇"顺序，长沙市划定耕地1973.38平方千米、永久基本农田1693.48平方千米，生态保护红线783.82平方千米，规划构建"一主、二园、三区、四心、五片、六特"为一体的农业空间总体格局，有序推进72个乡镇、801个村庄规划编制，其中城郊融合类村庄223个、集聚提升类村庄324个、农业发展类村庄150个、生态保护类村庄44个、特色保护类村庄60个，引导乡村空间组织、资源整合和分类差异化发展，奠定乡村振兴的国土空间基础。

二是着力加强耕地保护。出台全市"田长制"实施方案，建立五级田长体系，共配备7797名田长，形成"一级抓一级、层层抓落实"的"大耕保

格局。截至2022年年底，长沙市连续23年实现全市耕地占补平衡，耕地保护工作连续3年获省政府真抓实干督查激励。创新开展长沙机场改扩建工程优质耕地耕作层剥离再利用，打造全国典型案例。2023年，中组部、自然资源部关于严格耕地用途管制专题研究班在长沙举办，长沙耕地保护的经验做法在全国范围内推广学习。

三是着力保障用地需求。坚持农村基础设施、公共公益事业用地计划应保尽保，简化审批、增减挂钩、全域土地综合整治等重点工作纵深推进，有力盘活存量土地、释放资源效益。近5年来，长沙乡村公共类用地年均批准量超1000亩、乡村产业用地年均批准量超600亩，有效保障了农产品配套产业和农村休闲观光旅游等第一、第二、第三产业融合发展用地。

四是着力维护农民权益。扎实推进宅基地和集体建设用地房地一体调查确权登记工作，全市完成权籍调查89.37万宗，调查率100%；登记发证107.96万本。有序推进长沙六区征收集体土地地上附着物及青苗补偿标准调整、征收农用地区片综合地价更新调整工作，加快《长沙市征地补偿安置条例》《长沙市征地补偿实施办法》修订。稳妥推进集体建设用地入市，浏阳市经营性集体建设用地入市总量在全国排名第一，入市经验在新修订的《中华人民共和国土地管理法》和《中华人民共和国土地管理法实施条例》中予以采用。

五是着力织密安全防线。建立长沙市自然资源和规划领域安全底线"一张图"，上线运行长沙市地质灾害综合防治信息系统平台。2023年以来，排查地质灾害隐患点816个和切坡建房地质灾害风险户54 733户，累计建设地质灾害监测预警点250个，建设村级雨量监测站586个，未发生人员伤亡地质灾害。完成89个有证矿山和278个矿山安全隐患点成册登记，连续30个月实现非法采矿"零新增"。

六是着力推动绿色发展。完成生态修复专项规划、矿山地质环境保护规划、第四轮矿产资源总体规划编制。实施"净矿"出让，建成国家级、省级绿色矿山25家。完成历史遗留矿山6.68公顷及有责任主体矿山69公顷的修复。雨花区圭塘河流域水环境综合治理、湘江新区湘江欢乐城矿坑生态修复利用入选湖南省第二届国土空间生态修复十大范例。

二、当前资规系统在全面推进乡村振兴中所面临的主要问题

（一）耕地保护方面

首先，必须深刻认识抓好新时代耕地保护工作的重大意义。从政治上看，这是一项必须扛起的政治任务。习近平总书记作出了清理整治大棚房、乱占耕地建房和遏制耕地"非农化"、防止"非粮化"等一系列指示批示，为我们牢牢把握耕地保护这一"国之大者"提供了根本遵循。从责任上看，这是一项必须履行的重大职责。2022年中央一号文件明确耕地保护实行"党政同责、严格考核、一票否决、终身追责"。从法治上看，这是一条不可逾越的法律红线。根据《中华人民共和国刑法》《中华人民共和国土地管理法》《中华人民共和国土地管理法实施条例》，单位或者个人非法占用永久基本农田5亩以上或者永久基本农田以外的耕地10亩以上，即达到追究刑事责任的标准。

其次，必须清醒看到当前耕地保护领域存在的突出问题。经统计，二调至三调期间，全市耕地净流出119万亩。2023年开展湖南省"三湘护农"专项行动和耕地"非农化""非粮化"专项整治以来，省田长办共交办我市690个图斑，面积4352.82亩。目前已整改515个图斑、3142.94亩，剩余175个图斑、1209.88亩正在全力整改，耕地"非农化""非粮化"问题仍需加大力度整治。

最后，必须准确把握关于严守耕地保护红线的政策要求。概括起来就是"六个更严"。一是对耕地的界定更严。对于"临时种植药材、草皮、花卉、苗木等的耕地，临时种植果树、茶树和林木且耕作层未破坏的耕地及其他临时改变用途的耕地"，不再统计为耕地。二是对耕地的用途管制更严。永久基本农田要重点保障稻谷、小麦、玉米三大谷物的种植面积。一般耕地应主要用于粮食和棉、油、糖、蔬菜等农产品及饲草饲料生产。三是对耕地的占补平衡管理更严。非农业建设经批准占用耕地的，必须严格落实先补后占、占一补一、占优补优、占水田补水田。四是对耕地的进出平衡管理更严。年度转进耕地不得少于转出耕地。耕地进出平衡情况纳入耕地保护目标责任考核、自然资源真抓实干督查激励、"田长制"考核。五是耕地保护的责任体系更严。2022年

8月，湖南省委、省政府出台《关于全面推进田长制严格耕地保护的意见》（湘发〔2022〕15号），明确了各级田长责任和任务。六是耕地保护的追责问责更严。《湖南省耕地保护责任追究移送办法》在全国率先明确了10种情形将移送司法纪检监察机关追责。耕地保护和粮食安全责任制考核、真抓实督查激励考核等确立了5个"一票否决"情形。❶

（二）规划引领方面

省委书记沈晓明深刻指出，当前我省乡村规划工作抓得不够深、不够实，一些现在做的村庄规划还不如300多年前老祖宗做的，有些好的乡村规划却执行不到位、落实不下去。通过调研分析，这些问题在长沙市也不同程度存在，主要表现在。

首先，上级部署与基层落实之间存在差距。以往镇村规划编制多采取自上而下的"任务模式"，大多是市级资规部门统筹，县级资规部门委托，乡镇政府负责报项目，村级会议多流于形式，村支两委和村民参与度不高，技术单位驻村调研不够深入，存在"市级热、镇村冷""政府热、群众冷"现象，基层普遍"被动式"推进，责任压得不实、合力聚得不够。

其次，规划内容与发展实际之间存在差距。湖南省结合自身实际，将村庄类型分为5类❷，但各村庄在规划成果上普遍质量普遍不高，内容上往往千篇一律，特色化彰显不足，差异化引导不够。如城郊融合类村庄，没有很好地实现"生活基础设施城乡共享、产业城乡互补"的目标，没有很好地制定资源配置制度保障；集聚提升类村庄，没有很好地围绕"村庄做大做强，通过生活基础设施的配套建设，吸引人口、建设用地和投资的聚集"的思路进行规划。每个村庄都想得到全面发展，设施配置面面俱到，导致规划不切实际、不接地气、贪大求全，与客观实际不符，规划引领性、指导性较差。

最后，规划编制与规划执行之间存在差距。乡村地区开发体量小，受市场

---

❶ 对突破规划耕地保有量目标、对永久基本农田保护任务面积低于规划目标、对耕地占补平衡系统储备库为负值、对进出平衡耕地流向其他农用地没有得到补充、对违法用地问题严重突出的一票否决。

❷ 城郊融合类、集聚提升类、农业发展类、生态保护类、特色保护类。

波动和政策影响很大,不能简单地套用城市地区的规划思路,把规划期内所有建设需求都预想清楚,并予以精准落地和提出控制指标。国家、省市层面均鼓励探索规划"留白"机制,可预留不超过5%的建设用地机动指标作为留白指标,以应对村庄发展的不确定性。然而很少村庄真正应用了"留白"制度。如:有的村庄在预测每个自然村落人口增长的基础上,就直接"拍脑袋"确定了新增宅基地数量和具体位置;有的村庄在对未来经营性用地安排上,凭空确定具体经营项目。看似规划得"精准精细"实则将导致规划刚性有余、弹性不足,难以真正实施。

(三)安全发展方面

第一,地质灾害风险易发。一是隐患排查不全面。部分地区仅"盯住"已知隐患点进行单一防控,但从近年来发生的地质灾害来看,多数发灾点属于未被排查出来、未纳入隐患点管理。二是避险转移不规范。避险转移是避免人员伤亡最有效的手段。如2023年8月14日,浏阳市突降大雨,由于及时转移2户切坡建房户13口人,未造成人员伤亡,被应急管理部风险监测和综合减灾司作为典型案例并通报表扬。但普遍来看,基层在落实省委、省政府关于避险转移"十项措施"上仍有差距,灾害发生前对重点地质灾害点住户、切坡建房户转移不到位。三是预警响应不到位。地质灾害气象预警信息大多通过手机短信、微信群发、广播电视等途径发布,"631"预警响应最后1米还不畅通。如2021年4月6日、11日省应急管理厅、省自然资源厅分别对益阳等地发出了预警,但市、县、乡、村只是将预警信息"一转了之",因未跟踪采取避险转移措施,4月12日益阳市桃江县武潭镇崇山坪村发生1起滑坡地质灾害,造成1人死亡。

第二,农房安全风险巨大。一是问题基数大。长沙自建房安全整治中进入合法合规性问题整治库的待整治自建房总数约33万栋,整治任务繁重。二是整治难度高。长久以来,乡镇乡村地区规划缺位,村民无序无规建房现象较为普遍,历史手续不完善,补办手续存在法律法规和政策障碍。三是增量管控难。

村民依法依规意识较为薄弱，占用耕地建房问题屡禁不止，切坡临坡建房较多，部分自建房位于地质灾害隐患点周边，安全隐患大。

第三，矿产管控仍需加力。一是矿难事故的警惕性须进一步提高。矿难事故突发性强、危险性极大，如2023年2月22日发生的内蒙古阿拉善左旗煤矿坍塌事故，造成53人死亡、6人受伤，直接经济损失超20 000万元。长沙虽不是矿产资源大市，矿山安全生产总体形势较为平稳，但对矿山安全风险容不得丝毫麻痹大意。二是矿产安全监管责任须进一步压实。当前，长沙矿产资源管理机制还存在部分短板，多部门协调机制有待加强，各区县（市）落实属地监管责仍有差距，部分矿山未结合实际制定矿山安全综合整治方案，执法监管的警示威慑作用发挥还不充分。三是监测预警的及时性须进一步提升。矿山安全监控系统功能还不完善，智能检测水平有待提升，"人防＋物防＋技防"三防一体的防护体系还需不断巩固强化。

三、资规系统全面推进乡村振兴的发力方向和着力重点

面向未来，各地资规系统应自觉对标对表党中央、国务院决策部署和省、市工作要求，坚决扛牢责任、坚持问题导向，以严实举措推动各项工作任务高标准落地、高质量见效。

（一）聚焦"头等大事"，在牢牢端稳"中国饭碗"中彰显新担当

始终把"严守耕地红线"作为资规系统的"头等大事"，切实把最严格的耕地保护制度落实到长沙的每一寸土地，全力守护中华民族永续发展的根基。

一是严格实行"一票否决"。全面压实年度目标，确保守住全市一般耕地302.57万亩、永久基本农田254.61万亩的耕地保护目标任务。实行耕地保护党政同责、党政同考，进一步压实属地耕地保护的主体责任。定期向区县党委政府发送耕地流出提醒函，重点围绕耕地保有量、永久基本农田、耕地占补平衡、耕地进出平衡、违法占用耕地和永久基本农田等"一票否决"情形，强化耕地考核。

二是加快健全"一个机制"。以全面推行田长制为总抓手,发挥好市级田长制办公室牵头抓总、统筹协调作用,建立健全定期调度、定期研判、定期报告、定期通报机制。建立市、县、镇、村耕地进出平衡四级库,加强耕地保护底线目标变化情况动态监管。实施年度耕地保有量任务有偿转移调剂机制,按照"谁占用谁出钱、谁恢复补偿谁"的原则,建立耕地进出平衡专项基金,专项用于耕地恢复等工作。

三是大力推行"一码管田"。依托全市耕地保护"一张图",构建"一码追溯、动态监管"的智能监测系统,对每块耕地赋予唯一"耕地码",对各级田长赋以"田长码",实现每块耕地"图、属、数"一键查询,每块耕地状态全周期管理,每个田长辖区内耕地保有量及时把控。研发"一码管田"移动App,群众可随时拍进行反馈,工作人员可随时查进行核实,各级田长可随时巡进行管理,实现管理端、巡查端、公众端三端联动,让耕地保护管理成效看得见、责任压得实。

四是坚决做到"一严到底"。强化耕地用途管制和督察执法,对合法审批用地及时在相关系统进行数据录入和备案。着力整治农村乱占耕地建房问题,严防违建别墅、"大棚房"问题反弹。建立全生命周期执法监管系统,构建卫星遥感监测、远程视频监控、无人机航拍、人工巡查"四位一体"的新型监管体系,对违法占用耕地行为从严从重处罚。

(二)紧扣"首要任务",在全力推动城乡融合发展中探索新路径

牢牢把握高质量发展这个首要任务,坚持一切从服务乡村发展出发,做到"凡是有利于推进乡村振兴的项目计划,一律优先审批;凡是有利于推进乡村振兴的要素需求,一律优先保障"。

一是因地制宜编好规划。坚决贯彻省委书记沈晓明关于"村庄规划必须是能实施的规划、能落地的规划、解决问题的规划"等相关讲话指示精神,认真抓好"市—县—乡镇—村庄"四级规划战略策略、目标指标的逐级传导,以村庄规划为落脚点,科学引导乡村建设符合城市总体战略布局和空间格局。纠正重管理、轻服务的工作偏差,通过"规划工作坊"等方式充分发挥村民主体作用,引入

企业和农业社会化服务组织市场力量，切实消除规划内容与群众要求、市场需求的差距。科学把握村庄人口变化、发展规律，对不适合振兴的乡村，可少投入或不投入，做好"等"字文章；对在较长时期内仍将存续的村庄，做到规划该编制的编制到位、该调整的调整到位、暂无条件的实行通则管理，从规划源头上防止资源浪费。

二是因题施策强化保障。高度聚焦村民住房、设施配置、产业发展的空间落地问题，强化要素保障。在充分尊重农民意愿的前提下，引导村民集中居住，杜绝乱占耕地建房行为，避开地质灾害、洪涝灾害等危险区域、易发地段，改善农民居住条件。探索村庄规划连片编制，避免公共服务设施重复建设，推动区域规划共绘、平台共建、资源共享。用好"留白用地"和"留白指标"两个工具，为乡村产业落地留足弹性空间。推进全域土地综合整治，农村土地综合整治节余的建设用地指标，优先用于农村基础设施、污染治理、新产业新业态发展用地等乡村振兴项目建设。

三是因山就水塑造风貌。从村庄与山水相融入手，突出"顺地势、依山水、路蜿蜒"的基本原则，编好用好乡村风貌导则、管控要素清单，让村庄建筑成为山水的延续，让田园风貌与自然生态相映成趣。坚持以文化塑魂，对镇村历史文化资源进行普查，编好历史文化名镇、名村和传统村落保护规划，保护镇村传统肌理、历史环境要素、非物质文化遗产等，努力描绘新时代"水墨潇湘图"，推动乡村"绿水青山"加快转化为"金山银山"，让星城大地的广大村落在传承发展中，迸发更加旺盛的生机与活力。

（三）坚持安全第一，在全面构建新安全格局中展现新作为

牢固树立安全发展理念，始终把安全稳定作为"绝对没有丝毫退路的底线工作"牢牢抓在手上，挂好作战图、打好主动仗，加快推进建设平安乡村，助力夯实长沙安全稳定的基层基础。

一是深化自建房安全整治。持续加压推进自建房合法合规性整治，加强与住建、消防、城管部门联动，将整治销号进展等纳入对区县（市）真抓实干激励考核，按照拆除、整改、暂时保留等处置方式，分类分批、加力加速推进整

治销号。把推进"房地一体"登记颁证作为自建房安全整治化解存量、控住增量的重中之重，全面完成全市存量农村自建房确权颁证工作，从源头上遏制自建房安全隐患。

二是抓实地质灾害防治。落实县、乡、村、点、切坡建房户各级责任人责任，持续强化巡查排查、会商研判、监测预警、值班值守和避险转移。以村为单位完成应急演练，严格执行"四个一律"避险转移，确保地质灾害零伤亡。把切坡建房隐患管控作为地质灾害防治的关键，加快推进切坡建房专项调查和风险评价，建立切坡建房风险数据库，更新完善村级避险预案。再建423个地质灾害监测预警点，基本实现地质灾害监测预警全覆盖。

三是加强矿山安全监管。制定矿山领域安全监管责任清单，压实属地主体责任和部门监管责任。常态化开展隐患排查治理，对关闭矿山矿洞安装监控设备，对在生产矿山加强测量监督，确保第一时间发现、第一时间查处。紧盯无证采矿、持过期许可证采矿、超深越界采矿、违法用地等突出问题，督促企业限期整改到位。建立资规、林业、公检法跨部门跨领域联合监管执法协作机制，深化刑行衔接、联合惩戒，形成高压态势。

（四）践行"两山"理论，在加快推进"美丽中国"建设中作出新贡献

始终站在人与自然和谐共生的高度谋划发展，自觉把绿色发展的理念融入资规工作方方面面，坚决守护好美丽长沙的蓝天白云、绿水青山、良田沃土。

一是统筹节约集约利用。坚持盘活存量、用好增量，鼓励通过全域土地综合整治、复合利用等方式，促进农业规模经营、人口集中居住、产业聚集发展，盘活农村存量建设用地。持续深化农村集体经营性建设用地入市试点，统筹推进长沙4个乡镇全域土地整治试点，加快各试点项目的启动实施。

二是推进生态保护修复。压实区县（市）生产和新建矿山生态保护修复责任，严格落实每年度历史遗留矿山及有责任主体废弃矿山生态修复任务，严

密监管、严格验收、应验尽验。加强与市纪委、市环委会等部门联合，加大监督问责力度，确保按时保质保量完成修复工作。

三是加快绿色矿山建设。强化绿色矿山标准源头管控，细化绿色矿山验收标准，在采矿权出让合同中明确绿色矿山建设要求，提升企业绿色发展水平和市场竞争力。深入开展绿色矿山"再回头看"工作，加大督导检查力度，通过限期整改与移出名录等措施，巩固绿色矿山建设成果。

长沙县建设宜居宜业和美乡村的实践与思考

⊙ 全建业（中共长沙市委党校）

党的二十大报告提出要建设宜居宜业和美乡村，为全面推进乡村振兴指明了方向，提出了新要求。近年来，长沙县根据自身资源禀赋，在生态环境、产业发展、农旅融合、乡风文明等多方面共同发力，建设宜居宜业和美乡村，塑形铸魂，形成了"千万工程"的"星沙实践"，产生了高效高质推动乡村振兴的强大动能，绘就了乡村振兴的壮美画卷，为进一步建设宜居宜业和美乡村提供了启示与思考。

一、长沙县建设宜居宜业和美乡村的主要做法

近年来，长沙县把建设宜居宜业和美乡村列为"党建聚合力书记领航行动"的一项重大"书记工程"，从县级层面编制了《美丽宜居村庄建设总体规划（2021—2025年）》，将宜居宜业和美乡村建设与国土空间规划和村庄规划有机结合，各镇村因地制宜、科学制定"规划图"，部署"施工表"，组织群众，依靠群众逐步落实成为"实景图"。2021年以来，长沙县累计投资5.41亿元，打造省级乡村振兴示范村78个、省级美丽乡村6个、美丽宜居村庄318个。集中力量打造8个宜居宜业和美乡村示范片、2个水美湘村、30个和美乡村示范点。计划到2026年，新宁县将建成650个以上美丽宜居村庄、30个以上省级美丽乡村。

（一）生态为先促宜居，构建宜居宜业和美乡村新底色

1. 完善基础设施

长沙县整合涉农资金项目1.9亿元，统筹投入到和美乡村建设工作中，全

力打造示范精品亮点，扩面提质农村"七张网"建设，新改建农村公路160千米以上；巩固提升农村电力保障水平，力争供电可靠率达99.9%，夯实数字乡村基础，行政村千兆光纤通达率和5G网络覆盖率均达到95%以上。着力完善农村基础设施和公共服务建设，大力发展农村自来水入户工程，乡村水电路气信和物流等生活基础设施基本配套完备，农村住房建设质量稳步提高，生产生活便利化程度进一步提升。全民覆盖、普惠共享、城乡一体的基本公共服务体系逐步健全，切实了增强群众获得感、幸福感。

2. 改善人居环境

长沙县始终坚持把环境整治摆在村庄建设的突出位置，出台了《长沙县改善农村人居环境建设美丽乡村实施方案》和《长沙县农村人居环境常态化管理工作评比方案》文件等，全域推进村庄美化、水体净化、地面洁化、庭院序化，打造农村人居环境整治升级版。通过实行农村人居环境常态化管理月通报、季讲评、年总评考核机制，扎实推进农村人居环境整治提升。同时，还首创了农村生活垃圾治理"四蓝"（蓝桶、蓝屋、蓝车、蓝岛）体系并实现全覆盖。目前，新宁县147个村（社区）已全部完成农村生活垃圾分类减量村建设，农村生活垃圾无害化处理率和农村生活垃圾治理的行政村比例均达到100%，实现农村卫生厕所普及率达到100%，同时，加强了以设施维护、绿化养护、环境保护为重点的长效管护办法，乡村生态环境持续改善、村容村貌有了新颜，构建了一个良好的宜居环境。

3. 提升服务品质

长沙县以"城乡品质提档年"行动为抓手，构建了"部门联动、项目聚合、集中投入、各记其功"的众投共建模式，避免了项目铺排盲目性、随意性和重复性，提升乡村现代化服务水平。以贯穿县域南北的三条主干道为带，提质整合沿线产业，打造"美丽乡村"旅游示范片区。以市场需求为导向，以生态环境为基础，以文旅融合为支撑，促进城乡基础设施建设和公共配套设施建设统筹协调发展。有效保护传统文化和地域文化特色，建设"看得见山、望得见水、记得住乡愁"的生态宜居和美乡村。

（二）产业夯基促宜业，打造宜居宜业和美乡村新业态

1. 构建现代产业格局

长沙县积极加快产业结构优化升级，优化新宁县乡村产业布局，加快构建一镇一品、一镇一特的产业发展新格局，积极发展院士农业、都市农业，逐步形成"一区两廊四区"的产业发展体系。一区即打造长沙现代农业综合示范区。两廊即在S207省道沿线打造院士农业走廊，在东八路沿线打造都市现代农业走廊。四片即在春华镇打造现代农业生产示范片；在路口镇、青山铺镇打造种业科创片；在高桥镇打造农科文旅片；在开慧镇、金井镇打造生态循环农业片。

2. 发展高效都市农业

长沙县着力推进农业"六化"（引导经营规模化，加快服务社会化，推进全程机械化，推动产业融合化，加强管理智能化，增强发展绿色化），打造与都市消费端相匹配的高质高效农产品供应地、农业现代化国际化先行地、都市绿色生态屏障和休闲后花园。长沙县将丰富的农业资源转化为产业发展源源动能，打造形成了"一茶一花一民宿"（绿茶、花卉、小水果）的都市农业产业。"湘丰""金井"两大茶业集团相继获得国家级龙头企业称号，"长沙绿茶"获评国家农产品地理标志产品，茶产业挺进全国十强。加大了品牌强农力度，打造了安沙花卉名片，开慧、福临本土特色小水果品牌，青山铺北部葡萄产业走廊，加大了北部农产品精深加工园建设，预计2023年农产品加工业销售收入达260亿元。集聚黄花空运、粜梨农产品加工及黄兴蔬菜交易、农业会展优势，探索创建了年销售额近千亿级现代农产品加工物流集群。同时，通过大力发展院士农业，构建高效协同的农业科技创新平台，充分发挥了院士的影响力和品牌效应。目前，长沙县已有农业院士工作基地11，有效地推动了长沙县现代农业产业高质高效发展。到2022年年底，长沙县农民合作社达到1543家，家庭农场达到445家，全年培育规模种粮主体776家。

3. 推进文旅融合发展

长沙县通过打造文旅产业深度融合发展模式，构建了不同区域之间、不同

产业之间、不同经营主体之间的融合关系，因地制宜、因势利导，打造了一批农文旅融合发展的示范点、样板区和精品路线，形成了吃、住、行、娱、购、游全产业要素的文旅产业融合发展形态。例如，长沙县金井围绕有机茶这篇文章，以 5000 亩的现代化茶园为核心，在原来茶叶种植和加工的基础上，开展一系列的茶叶特色餐饮、茶叶采摘体验、茶叶科普教育、茶文化展示交流等活动，让游客在这里可以喝茶品茶赏茶，体验不同的茶产品和茶文化。这个区域就可以形成一个茶叶产业的全产业链，实现文旅产业的融合发展。2022 年，长沙县茶叶产量 4.2 万吨，加工干茶 8 万吨，茶叶相关产业综合产值达 48 亿元。2022 年长沙县农村集体经济收入达 1.46 亿元，101 个涉农的村（社区）集体经济收入过 50 万元。黄花镇银龙村黄狮组打造了沿河风光带、无动力游乐园、水上乐园、民宿、餐饮、露营、花海观光、果蔬采摘等为一体的综合性旅游园区，带动周边居民就业 70 余人，吸引返乡创业村民 27 人，2022 年村集体收入突破 200 万元。金洲村居民将 10 栋闲置民房改造为法治研学宿舍，促进产学研一条链，每年可增收 10 余万元；五福村大力发展"油菜经济""稻田经济"，形成相关产业链，带动附近居民增收超 600 万元。

4. 加大产业人才支撑

近年来，长沙县通过实行"1+1+N"人才政策体系，引进培育一批"知农村、懂农民、会农事"的乡村振兴人才，建成了以院士为第一梯队的超强大脑，以专家为第二梯队的超强驱动，以高层次人才为第三梯队的血液动脉，以农技专业人才、新型职业农民、乡村工匠等为第四梯队的骨干支架，驱动人才兴农，选派各级各类科技特派员 132 名以上，新增新型职业农民、乡村工匠认定 200 人以上，为乡村产业发展提供了有力的人才支撑。

（三）内涵提升促和美，塑造宜居宜业和美乡村新风貌

1. 以多元共治促进乡村和谐

长沙县着力构建党组织领导下的自治、法治、德治相结合的乡村治理体系。例如，春华山村探索形成了"五进农村、五会引领、五零共抓"的基层治理

"三五"模式，在村干部的带领下，春华山村积极发挥党员先锋模范作用，积极组织村民参与到乡村治理当中来，通过协商民主的形式带来了实质民主，有效解决基层"忧心事""烦心事"，实现了小事不出组，大事不出村的良好的治理格局。

2. 以文化铸魂培育文明乡风

长沙县有着丰富的红色资源，留下了毛泽东、刘少奇等领袖诸多革命足迹，涌现出了徐特立、熊瑾玎、李维汉、何德全、田汉、柳直荀、缪伯英、杨立三、杨开慧、陈康白、陈树湘、许光达等一大批革命先驱和仁人志士。长沙县充分发挥红色资源优势，打造红色文化旅游品牌的同时，坚持以红色文化培育良好乡风。如福临镇以断肠名志英雄陈树湘人物特色塑造了树湘文化品牌，构筑了独特的红色文化矩阵，培育了以"树湘公益"为龙头的红色志愿服务"暖心"乡镇，形成了良好乡风。同时，长沙县充分挖掘传统文化，促进乡风文明更加浓郁。例如，2023年，高桥镇以家风为引，将家风家训文化融入村庄产业规划之中，在金桥家风家训馆、紫竹书院周边打造金桥村村史走廊，创新乡村文化治理机制，激发乡村文化创造活力，将文化力量转化为推进乡村治理及文旅产业融合发展的不竭动力，在潜移默化中引领社会风尚、实现有效治理。目前，长沙县已经创建全国"最美家庭"4个，湖南省"最美家庭"3个、省级文明家庭1个、全国文明村镇7个、省级文明村镇6个，文明村镇整体占比接近70%，形成了"人心向善、稳定安宁"的和美乡村新风貌。

3. 以红色基因凝聚乡村力量

长沙县依托县级党校党性教育职能，打造了以"星沙红"为特色的教育培训平台，创新宣讲方式，用他们的革命精神和德性力量来激励吸引许多优秀人才回乡创业，投入到乡村振兴当中。例如，"厅官"变"村官"的开慧村第一书记朱有志，是原湖南省社会科学院院长，深受杨开慧烈士崇高精神品质的影响，立志好建设好烈士的家乡，2009年退休后婉拒民办本科高校年薪百万的聘请，主动请缨到开慧村，以"三个不要"和"一个不会"的原则（即不要薪酬、不要一亩地、不要解决一个农村户口，不会在开慧村谋取任何个人收入），全身心地投入到开慧村建设当中，为开慧村带来了巨大变化，使得村集体经济从零达到了如今的近百万。

二、长沙县建设宜居宜业和美乡村存在的问题

长沙县建设宜居宜业和美乡村的过程中形成了许多好的经验和方法，但仍然存在一些不足和问题，需要进一步探索解决。

（一）统筹引领还有待增强

1. 村庄规划需更切实际

目前，长沙县宜居宜业和美乡村与国土空间规划、村庄规划有了一定的有机结合，但是仍然存在部分集镇规划、村庄规划没有因地制宜，缺乏实际操作性等问题，再者村庄布局规划、村级建设规划、农村土地综合整治规划、历史文化村落保护利用规划等没有形成统一的规划体系，有机结合力度需要进一步加大。

2. 统筹推进需更加联动

部分乡村在建设宜居宜业和美乡村的过程中，是以点为主，各自为政，在连点成线、连线成片方面做得还不够，影响了村居的整体性规划，不利于推动文旅融合、产业深度发展。同时建设宜居宜业和美乡村涉及自然资源局、水利局、农业农村局等各个部门的项目，存在一定的铺排盲目性和重复性，需要部门之间进行统筹联动。

3. 资源整合需更加高效

建设宜居宜业和美乡村所涉及的资源，包括文旅资源、产业资源、项目资金、各种技术和优秀人才等，没有得到有效的整合与利用。当前乡村产业发展当中，一边是紧缺的土地资源，另一边却是"沉睡"的闲置资源，关键在于没有一个资源整合模式，也没有对接运营的一体化服务平台，在吸引社会资本参与，创新建、管、护模式等方面做的探索还不够多，市场化运作水平还不够高。

尤其是普遍反映乡村人口流失，缺乏人才严重影响了建设宜居宜业和美乡村。例如，建设宜居宜业和美乡村建设的过程中，200元一天请个临时工都难以请到。

（二）推进力度有待加大

1. 建设品质不够高

部分村庄重硬件投入轻软件提升，重建设投资，轻运营管理，简单按照要求硬性条件生搬硬套，不太切合实际，缺乏乡土韵味。一些地方因乡村基础设施建设的区域不均衡、结构不协调问题依然突出，难以满足宜居生活空间的建设要求。尤其是后期维护成本较大，缺少维护资金和维护机制，使得宜居宜业和美乡村品质有待提升。一些村在美丽宜居村庄建成验收的时候很漂亮，但一年之后，因为后续的维护保障资金不到位，就变得杂草丛生了。同时，与城市相比，乡村仍然存在办事不便捷、办事难等诸多问题，影响乡村人民的生活品质。

2. 产业支撑不够强

当前，大部分村庄建好了"面子"，但还没有做大产业这个"里子"，产业成本大收益不大，缺乏龙头带动，附加值粗放、深加工不够，科技转化乏力，新兴产业不强，第一、第二、第三产业融合深度不够，产业品牌效益不强等问题，致使建设宜居宜业和美乡村还是要依靠财政、村集体经济、群众自筹资金等来运营维护管理，自身造血功能还不强。

3. 文化铸魂不够深

从调研来看，长沙县一些优秀传统乡土文化没有得到很好的传承和发扬，特色传统村落文化保护力度不强，创新利用本地优秀传统文化资源，积极推动优秀传统文化融入乡村振兴的方法不多，文旅融合力度不够。公共文化服务设施建设不够，在培育文明乡风方面，人情攀比、铺张浪费等陈规陋习依然禁而不绝。

（三）群众主体有待强化

1. 主体性意识需增强

长沙县始终牢记"乡村振兴为农民而兴，乡村建设为农民而建"，充分尊重农民意愿、体现农民需求，同时也广泛地调动了农民群众的力量积极建设宜居宜业和美乡村，但是一部分群众仍然把自己置身于事外，事不关己、高高挂起，缺乏主人翁意识，主体性还需进一步增强。

2. 自为性能力需提升

有的农民群众参与建设宜居宜业和美乡村的过程当中，对于规划、建设、管护、经营等多个环节的主动参与意识不强，集体意识不强，村民理事会发挥作用不明显。例如，一些村建设美丽宜居村庄的时候，参与性很强很积极，后面因为维护保障不到位，没有主动作为能力，致使管护不到位，使得美丽宜居村庄成效不可持续。

3. 创造性作用需增强

建设宜居宜业和美乡村是一个创造性的工作，在建什么、如何建等方面，没有很好的建议与好点子，只是按照上级要求和指标来完成任务，主动意识不够，创造性意识不强。

（四）凝聚合力有待深化

1. 部门协同力度不够

建设宜居宜业和美乡村作为一项系统工程，政府各级部门都应该是参与者，但是从实际来看，除了职能部门以及对口帮扶的部门之外，其他各级部门对于建设宜居宜业和美乡村的支持力度不够。

2. 企业参与力度不高

当前因为乡村基础条件落后，面临建设用地、土地流转、项目建设、金融扶持等诸多困惑和问题，使得企业进行产业投资的风险较大，建设宜居宜业和美乡村的意愿不强，力度不大。

3. 社会支持力度不强

目前，长沙县建设宜居宜业和美乡村的过程中，有许多社会公益力量如乐和社工协会、一滴水公益、树湘公益等社会组织通过协同、连接和聚合多方参与推动乡村文明发展，成为乡村治理的重要力量。但是仍然存在社会组织、志愿者等社会力量参与有限，一些公众个人离开乡村之后，很少关注自己的家乡建设，没有积极利用各方面的资源来支持乡村建设，支持力度不够。

三、长沙县高质量建设宜居宜业和美乡村的对策思考

建设宜居宜业和美乡村是一项长期而艰巨的任务，也是一个非常庞大的系统工程，必须更高质量持续推动、稳扎稳打、久久为功。

（一）统筹引领：形成建设宜居宜业和美乡村的持续推力

一是强化规划引领推动。建设宜居宜业和美乡村，基础是规划。建设宜居宜业和美乡村的过程中，政府层面要坚持规划一盘棋，进一步从发展理念、政策支持、顶层规划、基础设施建设服务等方面强化指导，加大政策支持，加强城乡规划衔接，统筹布局城、镇、村基础设施和公共服务设施建设，推进城乡基础设施和公共服务的均等化，有效发挥政府的引领作用。二是加大协调引领推进。宜居宜业和美乡村要实现村与村之间、区域之间、产业之间的协调推进，以点成线、以线带面体现乡村的地域特色、村落特色、文化特色、生态特色、产业特色，将基础设施建设与田园风光、乡情乡愁、产业发展融为一体，实现各美其美、美美与共。三是坚持人才引领驱动。建设宜居宜业和美乡村的关键力量在于人才，各级政策要利用政策培育引导一批懂政策、爱农村的规划人才团队和产业人才团队回到乡村参与乡村建设、进行创业，推动产业发展。要制定对应的政策不断培养人才、吸引人才，尽可能留得住人才，实行人才下乡服务乡村机制。2022年，长沙县引进了24名博士，其中就明确了5名博士服务于乡村振兴，出谋献策，提升科技支撑，为建设宜居宜业和美乡村注入了人才新动能。

（二）因地制宜：挖掘建设宜居宜业和美乡村的巨大潜力

一是乡村建设找准切入点，让乡村更宜居。乡村有着丰富的生态资源，建设宜居宜业和美乡村要善于开发乡村生态资源，挖掘乡村生态价值，把"绿水青山就是金山银山"的理念变为生动实践，以良好的生态资源赋能乡村发展新机遇。通过持续推动人居环境整治，大力提升乡村基础设施建设，探索市场化供给机制，加大乡村公共服务的供给，实现乡村生活条件的基本现代化。

二是产业发展抓好契合点，让乡村更宜业。建设宜居宜业和美乡村只有产业兴旺了，才能为村民创造更多的就业机会，让村民在家门口实现就业，也才能吸引更多的人回到乡村。乡村产业要切合实际，哪个产业适合发展，哪个不适合发展，要结合实际根据当地的自然环境、气候条件、地域特色和生产习惯，对应市场需求，选准产业、找准模式，做好"土特产"文章，充分利用"数字化""网络化"构建多业态、现代化、本土化的"吃住行游购娱"的全产业链条，不断延长产业链、提升价值链，把具有本地特色的产业做大做强。

三是文化建设把握特色点，让乡村更和美。农村是我国传统文明的发源地，有着丰富的传统优秀文化资源，而每个村落又形成了不同的文化底蕴和文化特色。在建设宜居宜业和美乡村的过程中，"和"与"美"贯穿于始终，既要塑形更要铸魂，内外兼修，要针对当前乡村社会出现的新问题、新矛盾，加强文化建设和基层治理，深入挖掘本地红色文化，弘扬优秀传统文化，创新公共文化服务方式，完善现代基层治理体系，打造文明和谐的乡土社会秩序。

（三）组织群众：激发建设宜居宜业和美乡村的内生动力

一是尊重群众意愿。群众作为乡村振兴的主体。建设宜居宜业和美乡村如何建，怎么建要充分尊重群众意愿，体现农民需求，不能一竿子插到底。例如，春华山村在美丽宜居乡村建设规划过程中，结合实际召开民情恳谈会、民主议事会和群众评议会，充分引导乡亲们共商共议，充分听取村民意见，充分考虑他们的意见和建议。这样问需于民、问计于民，集合村民意见制定的规划，村民认同感强，参与性也高。

二是善于发动群众。建设宜居宜业和美乡村，广大农民既是受益者，更是参与者、建设者。要把群众的力量充分组织动员起来，破除等靠要的思想，农民能干的事情，就尽量交给他们干；一家一户干不了或者干不好的事情，就要组织力量共同想办法一起来商讨、思考。要引导农民把"村里事"当成"自己事"，让广大村民真正成为建设宜居宜业和美乡村的参与主体、执行主体、监督主体。

三是注重群众创造。如何把建设宜居宜业和美乡村作为惠民的好事情，推动办好办实，关键还是在于发挥群众主动性和创造力，充分激发农民群众的内生动力，用自己的勤劳智慧把自己的乡村建设成幸福的家园，绘就乡村振兴美好的画卷。

（四）多方支持：构建建设宜居宜业和美乡村的强大合力

一是加大部门联动。建设宜居宜业和美乡村是上下联动，各级各部门共同推进。全党上下各级各部门要从乡村振兴这个发展大局来考量，从自身职责来考虑，全力支持建设宜居宜业和美乡村，有政策出政策，有资金出资金，有技术出技术，有人员出人员，充分发挥部门的联动作用。例如，长沙县委党校作为全国党员教育示范基地，近五年来成功举办了全国集中连片书记示范班、全国党员教育培训示范基地业务工作研讨班等，培训学员5万多人，积极利用自身培训职能优势，深入挖掘长沙县红色资源与乡村振兴资源，打造形成了以"星沙红"为主题的党性教育和以"星沙绿"为主题的乡村振兴培训示范精品路线，有力地推动了一批宜居宜业和美乡村示范点如金洲村、印山村、银龙村等改质升级。

二是推动企业协同。企业是推动乡村产业兴旺的主体力量，对于建设宜居宜业和美乡村具有重要的推动作用。一方面企业要增强社会责任感，主动对接市场，积极投资乡村产业，参与乡村建设；另一方面政府要认真落实纾困惠企的各项政策，构建良好的营商环境，大力发展电子商务，加强涉农信息平台建设，推进农产品现代物流体系建设等方式健全市场支撑体系、信息服务体系，推动村企联建，凝聚企业力量，赋能乡村建设，发展乡村产业。

三是促进社会参与。建设宜居宜业和美乡村需要社会组织、公民个人等社会力量参与，汇聚资金、技术、智力等资源，汇聚起参与乡村振兴的推动力量。社会公众要积极参与乡村志愿服务，通过开展送书下乡、送医下乡、送课下乡等方式开展各种志愿服务活动，帮助村民解决一些教育、医疗方面的实际问题，加大思想文化宣传，提高村民思想认识。同时，要引入社会工作专业人才、发展志愿者队伍等方式，不断丰富乡村社会服务的内容和形式，提高乡村社会服务的水平和质量。从而通过全党全社会的共同努力，带动亿万农民脚踏实地加油干，让农民有活干、有钱赚、有保障，以团结奋斗绘就乡村振兴的壮美画卷。

蓝山县农村集体经济高质量发展的实践与思考

⊙ 王爱民（中共蓝山县委党校）

党的二十大报告强调，"高质量发展是全面建设社会主义现代化国家的首要任务"，"全面建设社会主义现代化国家，最艰巨最繁重的任务仍然在农村"。旨在表明推动农村集体经济高质量发展，是新征程上实现农业农村现代化的根本途径，对于提高农民收入、增强农民自主创业能力、促进乡村经济转型升级、推进乡村第一、第二、第三产业融合发展等方面，具有十分重要的现实意义。笔者通过深入调研，了解和分析花蓝山县农村集体经济发展的现状与困境，寻求发展壮大农村集体经济，促进乡村全面振兴的有效路径。

一、蓝山县农村集体经济发展的基本情况

（一）立足党建引领，铸强集体经济发展引擎

1. 筑牢农村基层堡垒，增强发展后劲

坚持抓党建促乡村振兴，以高质量党建引领农村集体经济高质量发展。出台《蓝山县乡镇党员干部履行党建责任管理办法》《蓝山县"党建富民强村"示范创建3年规划》《蓝山县村级干部发展集体经济激励办法》等政策保障机制。着力增强党组织政治功能和组织功能，坚持抓乡镇促乡村，不断提高乡镇基层党组织领导农村经济建设能力。持续深化村党组织"五化"建设，选拔300余名农村致富能手、退伍军人、返乡农民工等"新乡贤"充实村干部队伍和乡村振兴驻村工作队，为农村集体经济高质量发展提供坚强的政治领导、组织保障、人才支撑。

2. 强化全程教育培训，提升村干部素质

依托县乡两级党校、农民夜校、网络农校，定期举办农村党组织书记专题培训，不断增强农村带头人的发展经济意识和致富视野，着力提升发展集体经济的能力本领。为了激活"头雁效应"，新宁县80%以上的村启动了"能人兴村"计划。例如，毛俊村在支部书记廖仁旺的带领下，通过创新发展，村级集体收入每年保持在300余万元以上发展规模，集体资产超过2000万元，成为省内外闻名的经济强村。

3. 发挥第一书记作用，推进驻村帮扶

以增强村集体经济"造血"功能为目标，推动人、财、物等生产要素向31个集体经济发展薄弱村聚集。注重发挥驻村第一书记和乡村振兴驻村工作队的积极作用，通过健全帮扶机制帮助驻点村建强班子、理清发展思路、选准产业项目、整合资源资产，着力发展富民兴村产业。例如，派驻犁头瑶族乡犁头村第一书记雷政林依托当地生态资源优势，带领村集体种植粽叶300多亩，不但为80位村民提供了就业岗位，每年还为村级集体增加收入30多万元。

（二）突出政策导向，注入集体经济发展活力

1. 强化政策支持，拓展发展平台

出台《蓝山县新型农村集体经济发展五年行动计划（2022—2026）》，加大农村集体经济发展政策扶持力度，提高村集体自我发展与保障能力。按照国土空间规划总体布局，将新宁县14个乡镇、213个行政村（农村社区）总体分为城郊融合类、农业发展类、生态保护类、特色保护类、集聚提升类5种发展类型，分门别类调整产业布局，同时充分释放国家惠农支农强农政策红利，助力农村集体经济发展。例如，新圩镇上清涵村借助乡村振兴贷优惠政策，贷款100万元，开垦荒山种植山苍子800余亩，预计5年后将实现农村集体经济年收入100万元以上。

2. 强化示范引领，做强合作经济

通过中央和地方财政、社会资本渠道融资 2000 万元，因地制宜落实"一村一策"，积极推进以村集体资产入股为主要形式的"三变改革"。培育农民合作社 845 个、种植养殖专业合作社 425 个、农业生产社会化服务组织 1206 个，新宁县实现股权量化经营性资产 23 317.71 万元。例如，荆竹瑶族乡江源村以"支部领办＋村民入股"方式，依托经济专业合作社"瑶家食品加工厂"，大力发展股份制合作经济。通过加工腊肉、笋干、药材等瑶乡特色产品，每年为村集体分红 5 万元。

3. 注重借力发展，壮大文旅产业

完善体制机制，鼓励和支持乡镇和村一级依托民俗文化、红色资源、田园风光和自然景观资源，发展"乡村文生旅经济实体"，开发农家乐、渔家乐、度假村和采摘园、农耕体验、生态体验，以及休闲农庄、健康养老、乡村民宿等乡村旅游项目，促进农民致富和集体增收。例如，浆洞瑶族乡茶源坪村利用毗邻"省级旅游度假区"云冰山优势，大力发展文化生态旅游经济，先后投入资金新建休闲农庄，发展农家乐，每年增加村集体经济收入 8 万元左右。

（三）聚集特色产业，增强集体经济发展实力

1. 搭建共享平台，做强集体经济

积极支持农村集体经济组织主动对接群众需求焦点，构建"利益共享、风险共担"联结机制，打造"农民受益、集体增收、地方发展"模式。目前，新宁县发展"农户＋合作社＋企业"农村经济组织 132 家，它们利用各自资源优势实现了农户、村集体、企业抱团发展。例如，所城镇舜河村以土地流转为抓手，成立"舜水河土地股份合作社"，按照"农户＋合作社＋企业"的模式，将 300 多户村民的 800 余亩荒地和水毁农田流转给合作社办产业，村民每年享受分红。村里通过收取服务管理费，为集体增加收入 50 万元。

2. 优化金融服务，探索飞地经济

鼓励银行机构推广"乡村振兴贷""裕农共享贷"等专属信贷产品，引导村

集体经营项目向县城周边、特色小镇、优势农业区和农产品加工区，以及各类工业、农业园区积聚，鼓励支持农村各类经营主体打破地域界限发展"飞地经济"。例如，塔峰镇六七甲村在政府牵头下，依托"乡村振兴贷"，贷款80万元与周边20个经济薄弱村合作。龙村通过引进广东澳益农业发展有限公司，发展桂花鱼等水产养殖项目，带动其他行政村共同发展，各个村每年可获得总投入8%的集体经济收入。

3. 立足生态优势，发展林下经济

依托山地类型多样、生态资源丰富、林地面积宽广的县情，大力发展林下经济，推动农村集体经济做大做强。例如，荆竹瑶族乡江源村投资260万元，创办"江源道地药业种植合作社"，采取"公司+基地+农户"的模式，动员全体村民以劳动力或土地入股。通过免费为贫困村提供种苗和技术，并按保底价回收药材，进而带动新宁县43个贫困村开展药材种植，增加集体经济收入。又如，湘江源瑶族乡桐村通过"合作社+农户"模式，积极发展粽子叶、生姜、中草药药材等绿色产业，通过电商平台直播带货，仅此一项就为村级每年增收6万多元。

二、蓝山县农村集体经济高质量发展的多重困境

（一）内生动力不足

1. 乡镇缺活力

发展农村集体经济需要乡镇和村级两股力量共同发挥作用。事实佐证，在压力型基层治理体制下，乡镇在抓农村经济发展上力不从心。在问卷调查中，26.5%的乡镇干部认为"发展机制不优"是影响新型农村集体经济发展的主要因素之一。因为除了县委、县政府的若干综合考核外，县级的其他部门都有权向乡镇下派考核任务，甚至滥用"一票否决"，从而造成乡镇对引领农村集体经济发展重视度不高、认识上不足、领导力不够，村一级在集体经济发展中"单打独斗"现象比较突出。

2. 村级缺动力

村一级虽然是基层群众的自治组织，但在现行管理机制上，乡镇安排到村的行政事务和中心任务越来越多，村委会的工作标准、工作形式、工作重点要与乡镇保持同步。同时，农村动力不足、可用资源不多、增收渠道不畅与发展机制不优，使得大部分村干部在发展集体经济中责任感不强、积极性不高、能动性不足。在新型集体经济发展制约因素调查中，有31.5%的受访对象选择了"动力不足"。此外，部分农村干部受文化层次、思想眼界、传统观念等因素影响，在发展集体经济上存在认识上的偏差和本领恐慌。有的认为发展农村集体经济存在很大风险，经营成功了收益是集体的，经营失败了责任是自己的。既让群众埋怨，还会丢掉选票，甚至背负债务，因而裹足不前。

3. 干群缺合力

就村干部而言，村级事务繁琐、各项工作要求高、工资待遇有限，或心有余而力不足，捆住了发展集体经济的手脚；或发展村集体经济精力和动力不足。有的地方不少村民不知道什么是集体经济，也不知道村里集体经济状况。大多人认为集体经济与自己关系不大，即便村里有产业的，也仅仅认为是为自己在家门口打工提供了方便而已，因而对发展集体经济参与度不高，缺乏热情。

（二）资源整合不够

1. 人才分流，发展后劲弱

当前，蓝山县有18万人口常年在广东、海南、云南等地谋发展，农村青壮年劳动力流失严重。同时，懂经营、会管理、能带富的村干部不多，农业专业技术人员更是缺乏。此外，大多数农村集体经济组织管理人员由村干部兼任，发展集体经济的精力有限。下派挂职干部素质参差不齐。因为人才短缺，有的地方出现了项目发展"断链"等潜在问题，甚至存在"人走产业散"的风险，农村集体经济可持续增长面临新困境。

2. 资产分化，经济基础薄

由于土地、水田、山林等资源分配到户，导致村集体缺乏集体资产。有些村的农村集体资源几乎为零，成为发展集体经济的最大短板和瓶颈。同时，由于历史遗留问题的影响，有的农村闲置土地、房产、山林无法确权，导致资源无法盘活，造成资源浪费。此外，土地流转中的碎片化现象仍然存在，无形之中增加了农业经营成本。

3. 市场分散，产品销路少

蓝山县的农产品市场多为小型分散的乡镇农贸市场，千家万户的农产品通常以农村集市贸易为销售渠道，许多好东西卖不出好价钱。农产品规模小而散的生产经营格局，使之不能有效对接商场超市、批发市场、加工企业，从而制约了农产品的产业化发展。例如，蓝山县的"楠市面条"深受当地及省内外消费者喜爱，但30余家面店均为家庭作坊式生产，多年来一直形成不了市场规模。此外，集体农产品走电商的路子虽然便捷，但产品标准问题难以解决，无法保证品质的农产品在电商平台上就打不开销路，影响了农业产业化发展和集体经济收入。

（三）造血功能不强

1. 集体经济增收渠道狭窄

从村级集体收入构成来源上看，属于农村集体经济组织自身创办项目获益的比例不高。大多数村缺乏稳定的资产性和资源性经营收入，主要靠短期性的财政转移支付、项目扶持资金、集体资产处置和其他补助性资金增加收入，集体资金收益率比较低。

2. 投资项目产生效益缓慢

大多数村级农业产业化比例偏低，不少村级的集体经济增收主要以土地租赁、风力发电和入股企业分红等为主要渠道。同时，由于农业项目投入周期长、风险高、收入低，导致产业基础相对薄弱。例如，荆竹、犁头、湘江源等少数民族山区普遍具有发展中草药材、林果产业、生态茶叶等林业集体经济的良好生态条件，但大多面临投入产出周期长、见效慢、市场风险大等难题，导致产业难以做大做强。

3. 各类产业主打品牌稀少

部分乡镇和村虽然发展了一批果蔬、茶叶、油茶和中药，以及生猪、牛羊、禽类等其他特种养殖产业，但本土农产品地理标志品牌不强，且单打独斗多、抱团发展少、品牌效益低，缺乏市场竞争力，产业示范带动不强。例如，文生旅产业也只有湘江源、云冰山、蓝山谷、百叠岭等少量在省内外叫得响的品牌，对农村集体经济发展的"虹吸效应"有限。

（四）体制机制不优

1. 政策机制有短板

一方面，由于村级集体缺乏发展产业项目的启动资金，金融贴息贷款"风险自担、成果共享"的政策限制导致村级发展集体经济的热情消退；另一方面，发展农村集体经济需要办理项目用地、安全生产、销售许可等一系列审批手续，因为营商环境的不良影响，不少地方都经历过"发展难，审批更难"的境遇。例如，浆洞瑶族乡茶源坪村的自然水质优良，经省内权威机构鉴定，很适合开发矿泉水产品。但在新建水厂中遇到了批地难、办手续难、办证照难等问题，导致项目停滞两年之久。

2. 激励约束有弱项

不少乡镇没有将发展集体经济纳入经济社会发展规划，缺少发展农村集体经济的奖惩机制，导致动力不足。例如，对发展农村集体经济成效显著的集体和个人缺乏有效激励举措；对村级负债多或集体经济建设不力的村支"两委"和个人缺少鞭策措施。

3. 监管机制有漏洞

由于管理制度不健全，部分村干部打着为村里办事的幌子公款吃喝玩乐，在群众中造成负面影响。少数村干部为了捞取个人好处，在集体资产或者资源的拍卖、租赁的过程中暗箱操作、损公肥私，造成集体资金流失。贪污挪用村级公款行为也时有发生。

三、蓝山县农村集体经济高质量发展的对策建议

（一）建强基层组织，增强引领功能

1. 提升村党组织领导发展的能力本领

调查中，61.5%的受访者认为"强化基层党建"是实现农村集体经济高质量发展的关键因素。要坚持和加强党对农村经济建设的全面领导，引领新型农村集体经济正确发展方向。一方面，要打造农村基层党建"升级版"。选优配强村党组织书记，全面推进农村党组织"五化"建设，持续整顿软弱涣散村级党组织。健全党领导的村级组织体系，把村级自治组织、集体经济组织、农民合作组织、各种社会组织等紧紧团结在党组织的周围，有效实现"支部有作为、党员起作用、群众得实惠、集体增收入"的发展目标。另一方面，要打造农村党员干部能力本领"加长版"。以村党组织书记、新型农业经营主体带头人、家庭农场经营者为重点，把发展农村集体经济纳入"新时代基层干部乡村振兴主题培训行动计划"体系，依托田间"随耕学堂"、农技"云端课堂"、政策"巡回讲堂"，锻造一支真正懂农业、爱农村、爱农民的专业干部队伍，推动新型农村集体经济高质量发展。

2. 强化党组织书记担当发展的使命任务

把发展农村集体经济成效纳入党组织书记"抓党建促乡村振兴"考核机制，激励他们争做发展新型农村集体经济的组织者、先行者、推动者。一方面，要压实工作责任。持续优化带头人队伍，派强用好驻村第一书记和工作队，积极探索支部建在农业产业链上、支部领办农村产业合作社办法。大力推行村党组织书记通过法定程序担任农村集体经济组织、合作经济组织负责人，发挥农村党员在经济建设中的先锋模范作用，赋能集体经济发展。另一方面，要强化督

促考核。将发展新型农村集体经济纳入乡村振兴重点督查内容，把发展成效作为党组织书记提级晋档、进编提拔、激励奖惩的重要依据，形成一级抓一级、层层抓落实的工作机制，推动新型农村集体经济不断发展壮大。

3. 激发乡土人才服务发展的创业热情

一要培优职业农民。完善新型职业农民培育制度体系，依托湖南开放大学、涉农高校、农职院校等高校和农科机构，实施好"农民大学生培养计划"和"新型职业农民培训计划"，培养更多有文化、懂技术、善经营、能致富的新型职业农民。二要用活乡土人才。训强用好种养大户、农民经纪人、土专家等乡土人才，壮大基层农业技术人才队伍。培育一批"田秀才""土专家""乡创客"，支持和鼓励他们推动更多优质项目、特色产业、致富门路落地农村，带动村集体和农民共赢共富。三要引强专技人才。完善柔性灵活的人才激励机制，多渠道引进大学毕业生到乡、能人回乡、农民工返乡、企业家入乡，为乡村全面振兴和新型农村集体经济高质量发展提供强大人才支撑。

（二）加大扶持力度，培育新型经济

1. 培育主体，做大聚合经济

以"三农"资源为依托，鼓励龙头企业、农民合作社、家庭农场、小农户等组建农业产业化联合体，让村级集体有更多机会参与和分享新业态经济效益。一方面，要推进家庭农场高质量发展。深入实施家庭农场培育计划，广泛开展示范家庭农场创建活动。通过建立健全指导服务机制，完善政策支持体系，采取为家庭农场提供市场拓展、金融保险对接、财务管理、政策咨询、交流培育等服务方式，做大做强家庭农场经济，拓展农村集体经济收入渠道。另一方面，要通过社会力量赋能农民合作社高质量发展。在推进农产品多元化开发、多层次利用、多环节促进中大力发展新型农村混合经济，实现农户和村集体经济增收增值。例如，可引导新宁县现有的13个粤港澳大湾区"菜篮子"蔬菜基地，在生产时鲜有机蔬果的基础上，大力发展预制菜肴、方便食品、休闲食品等方便、快捷、健康农产品加工。

2. 融合资源，做细业态经济

一要丰富融合业态。完善农产品仓储、加工、包装、预冷、营销一体化机制，以功能拓展带动业态融合，实现由卖"原生态"农产品向出卖高附加值产品转型，推动产品增值、产业增效、农民和集体增收。同时，丰富乡村经济业态，促进农业与休闲、康养、文化、养老等产业深度融合，让村级集体在全产业链中增加经济收入。二要拓展融合载体。激活农村的经济价值、生态价值、社会价值和文化价值，通过主体跨界融合、要素跨界融合、业态跨界融合和利益跨界共享，促进农村第一、第二、第三产业融合发展，带动农业旅游观光、餐饮休闲度假、绿色农产品供应和生态立体养殖、农耕文化体验、科普素养教育深度融合，促进农民和村级集体多环节增收。三要完善融合机制。在农村广泛整合各类资源要素，引导融合主体通过订单生产、股份合作、产销联动、利润返还等多种方式，做大做强农业产业。同时，探索集体经济强村按照"区位相邻、资源相似、产业相连、利益相容"等原则组建跨村新型集体经济组织，带动周边其他相对较弱的行政村共同发展集体经济。

3. 立足优势，做强旅游经济

蓝山县是国家水利风景区、湖南母亲河湘江源头。自然景观和舜文化、瑶文化、岭南文化、红色文化等人文底蕴交相辉映，极具全域旅游价值。一要"借船出海"。支持和鼓励一批乡镇村利用地缘相近、交通相连、人文相通等资源要素优化集体经济布局，依托传统村落、优秀农耕文化、传统手工艺等农业非物质文化借力发展，促进文生旅产业经营主体与农村集体经济互利互惠。二要"借鸡生蛋"。依托花果庄园农业开发公司、百叠岭生态观光茶园、禹公岩生态农业有限公司等龙头企业，充分挖掘乡村旅游多元价值，通过发展农耕体验、文化休闲、生态观光、森林养生、民俗体验等新业态，注入村级经济活力。三要"借梯攀高"。依托国家4A级景区云冰山、3A级旅游景区蓝山谷、湘江源风景区和红军长征公园，打造一批资源独特、业态丰富、创新活跃的休闲旅游重点乡镇和红色美丽乡村，因地制宜发展"农家乐""星级农庄""庭院旅店"等旅游经济，增加村集体特色产业收入。

4. 对接需求，做精服务经济

支持农村集体经济组建联合企业、合作社和劳务公司等，承接农资供应、土地托管、代耕代种等农业生产服务；帮助和指导农村集体经济组织依法组建具备一定资质能力的工程施工队、农业服务队、运输公司、劳务公司等生产经营组织，依托市场化劳务经济壮大农村集体经济；依托农村电子商务公共服务中心积极拓展农超对接、企业产销、直采直配等服务；积极发展文化、餐饮、娱乐等服务业，多渠道增加村集体服务性收入。

（三）夯实产业基础，提升发展质量

1. 立足县情，培强果蔬经济

在关于"新型农村集体经济发展建议"中，选择"培育新型经济、夯实产业基础"者分别占到了73.5%、57.0%。可依托雷家岭蔬菜合作社、正鑫花生合作社、三峰茶业等龙头企业，带动毛俊至雷家岭蔬菜示范片、所城—大桥蔬菜示范片、花果—岭脚水果示范片良性发展，打造"生鲜电商＋冷链宅配""中央厨房＋食材宅配"等新业态，做精做优湾港澳大湾区外销有机茶和生态果蔬品牌。

2. 盘活资产，培植物业经济

激活闲置办公用房、学校、旧厂房等村集体资产，以租赁经营和托管经营等方式实现闲置集体资产保值增值。鼓励有条件的村以购买或共建商铺、厂房仓库、广告设施等物业方式获得稳定收入；探索通过行政划拨、政府购买等方式，帮助地理位置偏远、资源匮乏、就地发展困难的少数民族行政村以异地置业等办法增加集体收入。支持和鼓励经济弱村利用乡村振兴下拨资金与经济强村共建物业项目，实现个人和集体双方或者多方共享收益。

3. 挖掘潜力，培育产业经济

一要延长农业产业链。立足本地资源，按照宜农则农、宜工则工、宜商则商、宜游则游原则，积极打造"一乡一业""一村一品"特色乡村。支持农民、返乡人员组建创业创新团队，培养一批家庭农场、手工作坊、村集体经济合作社，重点围绕粮食、蔬菜、水果等优势产业发展特色种养、休闲农业、农村电商业等高附加值产业，增加村集体经济收入。二要做优食品加工。以"粮头食尾""农头工尾"为抓手，建设一批集标准原料基地、集约加工转化、区域主导产业、紧密利益联结于一体的农业产业强乡、强镇、强村，通过发展农产品精深加工，做大做强农村集体经济。三要抓好农业招商。充分发挥乡镇商会和蓝山驻外地流动党组织的牵线搭桥作用，借助新宁县446家商会会员企业，广泛开展农业招商和"企业联村"帮扶活动，带动村级特色产业发展，促进村集体增收。

4. 突出特色，培优品牌经济

一要做大做优做强农业产业化。构建农业品牌体系，建立品牌标准，做精农产品区域公用品牌、地理标志、原产地商标、农产品品牌四大品牌。重点围绕生猪、禽类、水产和优质水果、特色茶叶、优质蔬菜、道地中药材等，培育一批"大而优""小而美"的"农"字号产业品牌。二要丰富地方特色品牌内涵。积极促进农业品牌与本地农业非物质文化遗产、民间技艺、乡风民俗、美丽乡村建设等业态深度融合，充分挖掘和丰富品牌内涵，增强品牌文化底蕴，树立品牌自信，讲好品牌故事，培育具有本土特色的农业品牌文化。开展好品牌宣传推介活动，利用会展、电商、融媒体等平台促进品牌营销，增强蓝山农业品牌的知名度、美誉度和影响力。形成"打造一个品牌、带活一个产业、富裕一方经济"的连锁效应。三要培育差异化竞争优势品牌。择优选取社会主体与农民合作社有序开展合作。通过构建特色鲜明、优势互补的农业品牌体系，帮助经营主体解决产品销售、品牌培育、融资贷款等问题，依托产业素质和品牌溢价能力，向市场要资源，为集体增收入。

（四）健全长效机制，推动持续发展

1. 深化政策改革

一要稳步推进农村改革。稳慎开展农村集体经营性建设用地入市试点，充分利用农村集体自身资源条件、经营能力，探索资源发包、物业出租、居间服务、资产参股等新型农村集体经济发展模式；通过"三权分置"改革，引导农村闲置宅基地和闲置农房合理配置利用；探索自愿有偿退出机制，鼓励村民依法自愿有偿转让个人资产，通过公平合理的增值收益分配机制，推动资产变资源、资金变股金、农民变股东，增强集体经济高质量发展活力。二要深化金融强农战略。强化政策和要素供给，扩大银行、保险和担保机构"银农合作"广度和深度，发展保证保险贷款产品，完善农村信贷担保体系。加大对农村集体经济组织从事现代农业产业园、农业科技园、农业创业园建设和开发的政策性保险支持力度，为农村集体经济组织生产和销售提供全程资金支持、政策咨询和风险管控。三要畅通要素流动体制。着眼"双循环"新发展格局，加快构建城乡发展一体化新格局，形成城乡要素顺畅流动、产业优势互补、市场有效对接，加快形成工农互促、城乡互补、全面融合、共同繁荣的新型工农城乡关系。此外，在深化新型农村集体经济与其他所有制经济外部联合的基础上，加强新型农村集体经济内部劳力、土地、资金和技术、管理等各种要素的内部联合。

2. 优化发展机制

一要激发农民主体作用。培养和提升农民对集体经济发展的认同感，增强他们的参与意识和主体作用。积极鼓励农民将自己的资源、资产、资金、技术等入股到农村集体经济组织中，通过股份合作制经营，实现农民个体与村级集体共同富裕。让广大农民真正成为新型农村集体经济的支持者、参与者、受益者。二要激励干部担当作为。科学构建绩效考核评估激励体系，将村干部年终绩效考核与村集体经济发展效益挂钩，充分调动村干部发展村集体经济的积极性；将村集体经济发展成效作为晋职晋级、评先评优、表彰奖励的重要依据。三要激发人才创新创业。培育农村创业创新导师和乡村企业家队伍，改善农村创业创新生态。探索建立新型农村集体经济经理人薪酬管理制度，通过优化薪酬结构和内部分配，调动全员参与新型农村集体经济发展的积极性、主动性、创造性。

3. 强化资产管理

一要落实民主理财制度。健全农村集体资产监管体系，规避集体经营风险，坚决遏止新增债务；充分保障集体成员的知情权、参与权、监督权；严格执行资金开支审批制度和"村账乡代管"制度，持续推进村"民主理财小组"按月理财办法，深化村级财务"三年一轮审"制度。二要健全日常监管制度。持续推进"村社分账"管理改革，规范农村集体经济组织财务行为。依法规范集体资产发包、租赁等经济合同，纠正违规发包、长期低价发包、逾期未收回等行为，清理不规范合同。规范农村集体经济收入的入账和会计核算管理，严格执行财务收支预决算、财务公开、审计监督、收益分配、债务监管等制度。三要加强经济审计监督。推动基层乡镇纪检监察组织和村务监督委员会有效衔接，实现纪检监察工作向行政村一级延伸和覆盖，严肃查处村干部经济犯罪行为。依托乡镇财政所和村级集体"三资"监督管理中心，加强日常审计和专项审计，严格村级债务管理，杜绝新增非经营性村级负债。以集体土地、资产和其他各类资源性资产为重点，定期对集体所有的"三资"等进行核查，实行台账式动态管理，强化村级自我规制，从根本上确保村级集体"钱袋子"安全。

隆回县农村集体经济发展调查与思考

⊙ 肖　菲（中共隆回县委党校）

县域经济是国民经济发展的重要载体，县域经济发展中，农村集体经济发展具有举足轻重的作用，它能促进城乡融合发展，能提升人民群众的获得感、幸福感。2021年9月以来，隆回县以村级建筑劳务公司承建农村中小型项目为突破口，创造性地提出"一二三四"工作法：县域内每个村组建一个建筑劳务服务有限责任公司（以下简称"村公司"），设立村集体经济合作社和全资国有企业隆利公司两大股东，把握好规范管理、合理分配、防范风险三个关键点，聚焦建筑施工、劳务输出、服务创收、其他经营四大板块创收，探索出一条发展壮大农村集体经济的新路径。

一、隆回县农村集体经济的基本情况

隆回是人口大县、农业大县，经济欠发达县。一直以来，隆回县农村集体经济基础薄弱，多数村位于偏远山区，产业发展带动能力不强，农村集体经济增收渠道狭窄，陷入"束手无策""无从下手"的困境。2021年9月，省委、省政府印发《关于进一步加快发展壮大农村集体经济的意见》，提出允许村集体承建农村中小型项目。隆回县借政策东风，整合资源要素，采取先行试点、逐步扩大、全面铺开的方式，在新宁县572个村（社区）各成立一家村集体经济组织下属的村公司，开展村集体承建农村中小型项目探索实践，农村集体经济总收入从2021年3217.86万元增长至2022年8962.12万元，实现农村集体经济跨越式发展（见图1）。

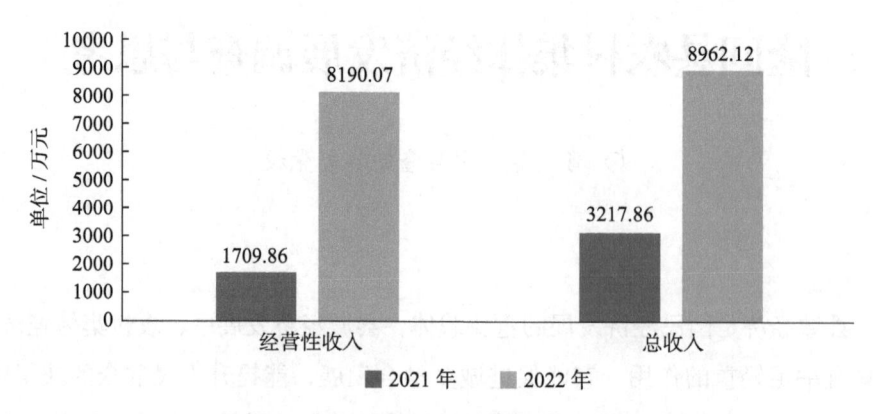

图 1　新宁县 2021 年和 2022 年农村集体经济收入情况

2022 年，隆回县统筹整合资金 4.47 亿元用于农业农村发展，其中可由村公司实施的项目投资额近 2 亿元，共有 366 个村公司承建了 1098 个农村中小型工程建设项目。其中乡村振兴类项目 689 个，行业部门及后盾帮扶单位类项目 344 个，其他类项目 65 个。近三年来，该县整合资金分别为 2021 年 4.41 亿元、2022 年 4.47 亿元、2023 年 4.06 亿元，安排的资金量基本持平（见图 2）。这些资金项目由该县不同的村公司承建，产生的利润具体到村公司会有差别，但相对新宁县来说产生的利润总量与往年基本持平。从新宁县层面上来看，村公司可承建的项目能够实现可持续发展。

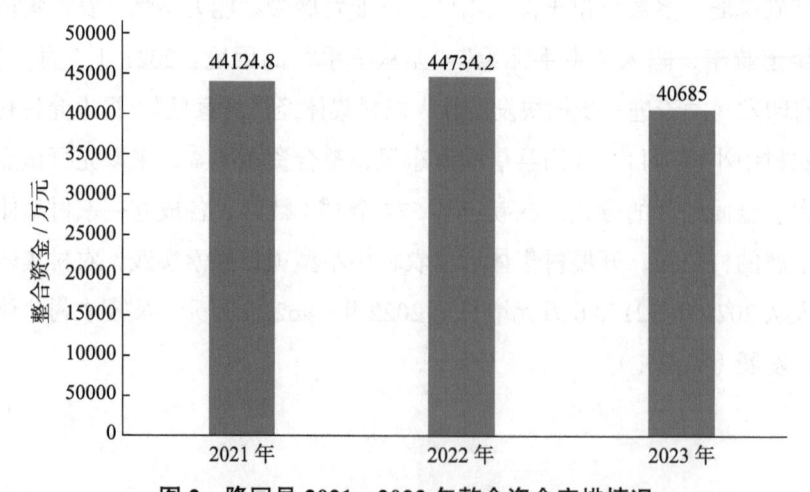

图 2　隆回县 2021—2023 年整合资金安排情况

二、隆回县农村集体经济发展的主要做法

（一）"县统筹+镇组织+村运作"，健全公司架构

一是创新一个平台。新宁县572个村（社区）均成立一家村公司，认缴注册资本50万元，作为农村集体经济组织下属的具有独立法人资格的有限责任公司。村集体经济合作社持股90%，隆利公司持股10%。二是健全管理体系。实行"政府主管、村委直管、自主经营、独立核算、自负盈亏"经营管理模式，村公司由各村（社区）主任担任执行董事兼总经理，村（社区）纪检委员担任监事，村（社区）其他固补干部担任副总经理，隆利公司安排1名专人担任副总经理兼财务总监。三是明晰职责分工。各村（社区）按照"四议两公开"申报项目需求，经镇审核、县审定进入项目库，县统筹出台项目实施方案，将项目资金下发到各乡镇。乡镇政府作为项目业主，对200万元以下的项目采取邀请招标的方式进行招标，隆利公司按程序参与投标，中标后由隆利公司与村公司签订劳务用工合作协议，村公司负责项目的具体实施。隆利公司负责对施工人员开展培训，对村公司进行技术指导和监督管理。

（二）"责任+权力+利益"，防范运行风险

下发《隆回县进一步推进农村集体经济健康快速发展的意见》等7个规范性文件，严格落实"四个直接、三个不允许"，即直接用工用劳、直接采购材料、直接租用机械、直接组织实施；不允许工程分包转包、不允许擅自到其他村揽接项目、没有县乡批准不允许贷款。一是防范新增债务风险。严把入口。规定村公司根据承揽项目实施需要仅可在公司开户银行为项目建设进行贷款，且贷款金额不能超过50万元，项目竣工后验收结算后应立即归还贷款。严格审批。严格按照《中华人民共和国公司法》规定，村公司项目贷款须经股东隆利公司同意，乡镇（街道）街道经济发展办全程动态跟踪监督，多重管理化解举债风险。严实责任。各乡镇（街道）出台农村集体经济考核方案，严格债权

管理，积极防范化解村（社区）债务。目前没有村公司因为承建项目导致新增债务的情况。二是防范项目转包风险。完善村公司项目管理。实行"一项目一档案"，项目合同的签订必须经隆利公司区域副总经理签字把关，项目的所有材料都由村公司根据隆利公司发布的价格安排专人采购，做到资金、管理、核算、责任到项目。严格督导考核。各乡镇（街道）成立项目组，对"四个直接、三个不允许"落实情况和工程质量、进度、资金支付、竣工验收、是否转包等实施全过程监督，防止私人老板分包转包等廉洁问题。三是防范工程质量风险。严格依法经营。按照"谁主管、谁负责"的原则，由各项目行业主管部门打包委托专业设计院精准设计预算，并报县财评中心备案评审，设计预算经村（社区）"四议两公开"通过后予以实施。严格施工过程设计和造价管理，严禁擅自变更设计和增加工程造价。建立安全、质量监督机制，收支情况定期公开，项目申报与项目造价预算实行"四议两公开"，严防工程质量、安全风险。加强业务指导。县隆利公司派遣区域副总经理参与项目全过程管理，从材料、用工、机械源头方面严格把控，同时发布相关指导价控制工程质量风险。强化主体责任。由业主单位、区域副总经理、村务监督委员会共同对工程质量、安全进行实时有效监督，通过巡查、旁站、抽查等方式发现问题及时改正。充分发挥党员、小组长、村（居）民代表作用，引导参与工程管理、质量监督。四是防范工程安全风险。严格用工安全。村公司制定具体的项目安全防范方案，为务工人员配备安全防范装备，施工区域设置明显安全警示标志标牌。乡镇（街道）切实履行安全生产属地管理责任，强化安全监管，加强对建设项目的安全隐患排查。充分保障项目参建人员的合法权益，为所有参与施工的人员购买工伤保险，对满60周岁的超龄务工人员购买团体意外险、意外伤害险等商业保险。

（三）"产业+就业+事业"，实现多元创收

一是发展特色产业。通过集中流转土地、开发山塘水库山林、发展乡村旅游、承办文娱活动和红白喜事，做活特色产业发展文章。如花门街道太平洲村流转土地540亩，引进湖南佰利康现代农业发展有限公司经营，每年保底

分红 8 万元，带动村民每年增收近 100 万元。二是引导村民就业。发挥劳动力充足的优势，打好劳务输出牌，依靠获取县内工业园区、帮扶车间稳岗就业奖补和县外劳务输出服务费，实现"村民能就业、公司能增收"的双赢目标。2022 年，新宁县累计劳务输送 1.17 万人次，创收 352 万元。三是做好公共事业。同等条件下村公司按程序优先承建投资 200 万元以下的农村中小型项目，承揽村民建房业务，可获得总造价 10%~30% 的利润。

三、隆回县农村集体经济发展的成效

村公司承建农村中小型项目的探索促进了集体经济发展，使农村集体"无钱办事"的问题得到了有效解决，进一步增强了农村自我保障和服务群众能力。主要有四个方面的明显成效。

（一）增加了村集体经济收入

坚持精准施策、四大板块增收，一是大力推进建筑施工创收，鼓励村级建筑劳务服务公司在本村组建专业建筑队伍，探索承包农村房屋建设业务，既能满足村民建设房屋需求，确保安全生产，又能使集体经济增收；二是加强劳务输出创收，加大就业务工信息摸排力度，树立村级劳务服务公司品牌；三是大力推动各项服务创收，倡导移风易俗，参与农村红白喜事，收取服务成本；四是拓宽其他经营渠道创收，加大招商引资力度，开发利用现有荒山、荒地、荒水、林地等资源，兴建厂房，发展旅游、水产养殖等产业，在开发经营中增加集体经济收入。村公司通过以建筑施工为起点、劳务输出为支点、服务创收为亮点、其他经营为重点，因地制宜、因势利导，农村集体经济增长明显。截至 2022 年年底，新宁县农村集体经济收入 8962 万元，是 2021 年全年收入的 2.76 倍，所有村超过 5 万元，149 个集体经济薄弱村全面清零，其中 10 万元以上的村 382 个、100 万元以上的村 3 个（见表 1）。其中村公司四大板块共收入 8207 万元，建筑施工板块收入 1528.3 万元，占比约 19%；劳务输出板块收入 352.7 万元，占比约 4%；服务创收板块收入 2197 万元，占比约 27%；其他经营板块收入 4128.9

万元，占比约50%（见图3）。成为农村集体经济收入的一个重要增长点。在建筑施工板块起点的带动下，村公司赚取"第一桶金"，并通过挖掘资源、利用资产、引进资本、发展产业，四大板块同向发力，重点抓好其他经营创收，其他经营板块仍占经营性收入较大比例。

表1 2020—2022年新宁县农村集体经济收入情况

单位：个

年度	村总数	5万元以下的村数	5万~10万元的村数	10万~20万元的村数	20万~50万元的村数	50万~100万元的村数	100万元以上的村数
2020年	572	202	317	42	10	1	0
2021年	572	149	386	34	3	0	0
2022年	572	0	190	291	78	10	3

注：5万元以上均含起始值。

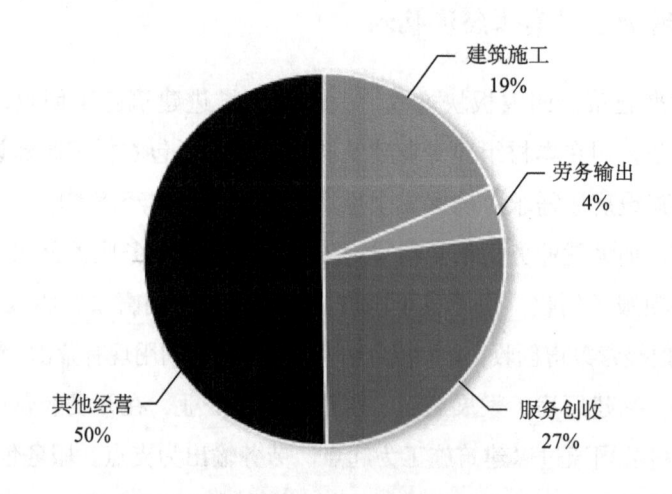

图3 2022年村公司各板块经营收入情况

2022年，新宁县共签订施工项目合同1098个，目前已完成入账利润1528.30万元，项目完工后预计可产生村级集体收入2400余万元，村平均收益4.98万元（见表2）。

表2 2022年新宁县村公司承建项目情况

总项目数/个	项目合同总金额/万元	完成项目数量/个	完成项目总金额/万元	项目利润/万元	项目利润率/%	已完成入账利润/万元
1098	19 157.00	1035	18 050.00	2023.00	18.98	1528.31

（二）帮助了村民就业增收

瞄准"四大板块"帮扶助力农民增收，让群众成为发展壮大集体经济的推动者、实践者、受益者。着力激发村集体劳务服务的主动性，有效解决劳动力与市场的对接难题，提升了农民尤其是脱贫人口和监测对象就业和收入的稳定性。2022年，新宁县村公司共吸纳村级劳务用工102 288个工日，发放人工费2659.49万元。其中脱贫户、监测户务工人数4703人，人工费1595.70万元，占总用工人数的60%；一般户40 915工日，人工费1063.79万元（见图4）。同时通过建立稳岗就业信息管理平台，加强对外劳务协作，有效破解了农村务工难问题，让广大农村劳动力就地就近就业增收。

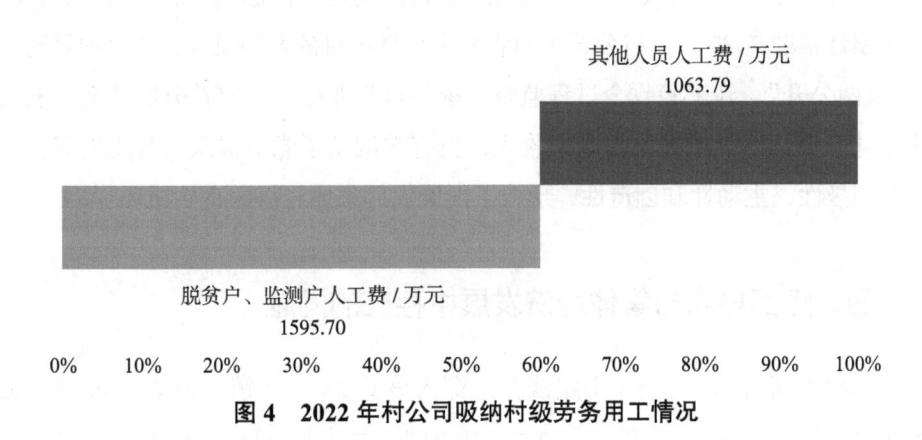

图4 2022年村公司吸纳村级劳务用工情况

（三）保障了项目工程质量

通过加强业务指导、强化主体责任、发挥各方作用、全过程监督等健全质量监督机制，确保项目工作质量。项目验收严格按照项目设计图纸、工程量清单、施工合同等进行验收，验收时必须进行实地测量，对工程质量严格把关，并签字以示负责。具体程序为：村公司自验→村初验→乡镇验收→行业主管部门抽验→公示公告。目前，该县村公司实施的项目无论是质量、效应，还是群众满意度，都达到了预期效果。如滩头镇村公司承建的水渠项目，在隆利公司区域副总经理的精心指导和监督小组的日常监督下，无论是外观美感还是内在质量都堪称行业典范。新宁县各村公司承建项目以来没有发生一起施工安全事故、没有一个山塘水库等项目因质量问题进行维修。

（四）带动了党员群众参与

农村集体经济涉及广大党员群众的切身利益，离不开党员群众的参与和支持。村公司净收益的20%用于奖励对农村集体经济作出突出贡献的农村集体经济组织的在职员工（含兼任集体经济组织职务的村"两委"成员），最高不超过县公务员人均绩效考核奖金，激发工作热情；剩下净收益的80%用于扩大再生产或储蓄、20%用于公益事业。2022年，新宁县村集体经济收益中有6150万元用于村里再发展与再投资，768万元用于帮扶脱贫户、监测户等各类困难群体，全年累计帮助7687人。村公司承建农村中小型项目的发展模式，通过项目落地"四议两公开"、施工验收全过程监督、家门口就业务工、收益分配共商、发展成果共享等，不仅给村民带来了收入，更有效调动了党员群众参与发展集体经济的积极性、主动性和创造性，形成了发展农村集体经济的良性循环[1]。

四、隆回县农村集体经济发展中存在的问题

本次调研共召开了83个座谈会，深入该县25个乡镇（街道）50村（社区），座谈、走访听取了861人的意见和反映，发放调查问卷861份，其中乡镇（街道）干部243名、驻村（联村）工作队员70名、村干部102名、党员（小组长、村居民代表）188名、群众258名（见图5）。调研发现隆回县农村集体经济发展存在以下主要问题。

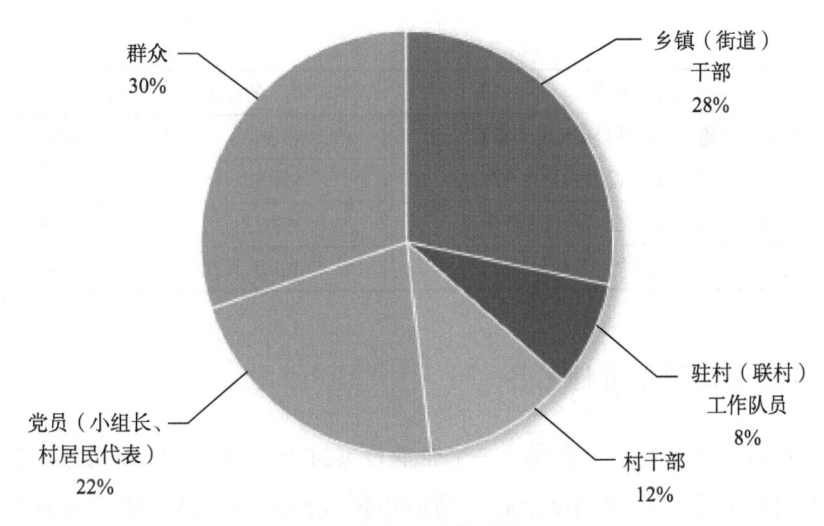

图 5　调查问卷样本情况

（一）思想观念不够解放

部分农村干部受文化层次、思想眼界、工作经历等因素影响，还不能很好地适应当前农村改革形势和乡村振兴需要，对于成立村公司这一新生事物认识不足，存在等、靠、要思想和畏难情绪。少数干部信心不够，对发展农村集体经济的重要性认识不深，认为发展村集体经济存在风险，担心因自身能力不足、管理不好、经营不善或其他因素导致公司亏本，而被群众诟病、上级追责，工作积极性不高。村公司承建农村中小型项目一定程度上对原有的利益格局造成冲击，挤占了小微建筑公司市场份额，部分镇村干部在推动工作落地时有所顾虑。根据调研问卷统计，有 34 人认为村干部在管理工程项目施工过程中责任心不强，占比 3.9%（见表 3）。

表 3　调查问卷满意度情况

调查事项	选"是"的占比	选"否"的占比
村干部在管理工程项目施工过程中是否负责任	96.1%	3.9%
村干部是否直接管理工程项目建设	94.2%	5.8%
是否有人对村公司实施工程项目进行监督	95.8%	4.2%

续表

调查事项	选"是"的占比	选"否"的占比
村公司实施的工程项目质量是否满意	93.5%	6.5%
村集体经济收益分配方式是否合理	91.1%	8.9%
是否有私人老板从村公司承包工程项目	6.7%	93.3%
村干部在工程实施中是否有贪污问题	4.2%	95.8%

（二）企业管理有待完善

村公司本质上是一个企业，一个企业发展过程中遇到的问题村公司都会遇到。如何按照现代企业制度运行，适应市场经济发展，还需要不断地完善和改进[2]。调研中发现，有些村公司政企未分开，运营不顺畅，监管跟进不及时。

隆回县从2023年开始针对不同类型的项目，编制村公司承建项目的施工合同模板，统一合同格式，但调研中发现前期签订的一些项目合同存在不规范的问题。尽管在新宁县范围内与5家专业第三方财务公司进行合作，分片区进行有偿服务，但仍存在财务报表编制、税务申报不及时的问题，如麻塘山乡兴屋场村项目工程采购水泥、河沙碎石等建材未取得增值税进项发票，导致无法入账；大水田乡香溪村公司财务核算不规范。

（三）廉政风险仍然存在

部分村公司账目与村委会账目未分设，部分项目预算不精准，存在人为因素导致的差异化利润空间，有些项目由于资金拨付不及时，利润缴纳滞后，容易产生廉政风险。如大水田乡龙腾村公司利用虚假合同套取财政资金，村支部书记被立案调查。调研问卷中，有58人认为有私人老板从村公司承包工程项目，占比6.7%；36人认为村干部在发展壮大农村集体经济工作中存在廉洁问题，占比4.2%。

（四）人才短缺较为严重

调研中，大家普遍反映村公司运营过程中缺少懂专业、会做事的人才。部分乡镇（街道）、职能部门对村公司的指导和服务存在不专业的情况。隆利公司区域副总经理力量不足，10个区域副总经理要负责新宁县572个村公司的指导。管理层的管理能力、实践能力有差距，尤其是管理人才、技术人才、财务人才、能工巧匠等非常稀缺。尽管该县拟对上述人才开展系统培训，力争每个村都能培育1~2名职业经理人，熟悉项目工程和财务管理，但人才短缺的情况压力依然很大。

五、隆回县农村集体经济发展的对策建议

（一）坚持党建引领，凝聚思想共识

全面激活各方面要素，持续增强村公司发展活力和实力。一是坚持"五抓"。牢固树立抓农村集体经济就是抓经济发展，就是抓乡村振兴，就是抓民生福祉，就是抓共同富裕，就是抓基层党建的思想。充分整合资金、土地、项目等资源，撬动更多力量投入到发展壮大农村集体经济中来。二是协作共管。坚持党委政府统一领导，农业农村工作相关部门具体推动、加强指导，财政部门给予资金支持和工作保障，人社部门加强就业服务、劳务协作和技能培训，交通、水利、乡村振兴等部门在项目建设方面加强指导，其他相关部门按照各自职责协调配合[3]。三是推行"四挂钩"。将农村集体经济发展与年度绩效考核挂钩、与乡村振兴考核挂钩、与基层党建述职挂钩、与干部管理使用挂钩，对发展壮大村集体经济成绩突出、贡献较大的村和个人，在评先评优，提拔使用干部时予以优先考虑，形成村村想发展、谋发展、抓发展的浓厚氛围。

（二）完善企业体系，推动健康发展

坚持和完善现代企业制度，实行政企分开，进一步强化市场行为，注重处理好三点关系。一是处理好开放与放开的关系。在法律法规允许的范围内，探索抱团发展、集团化发展，走规模化运作的路子，增强抗市场风险的能力，实现优势互补、资源共享、强强联合。二是处理好积极发展与安全稳定的关系。

坚持把稳定和安全放在第一位，加大对农村集体经济发展的监督，将"三个关键"落到实处，加强施工安全监管，防范廉政风险。进一步健全集体资产管理制度，严格村级集体资金的使用范围和审批程序，实现集体经济又好又快健康发展。三是处理好经济效益与社会效益的关系。千方百计"做大蛋糕"的同时，既要保证公正合理"分好蛋糕"，均衡考虑一般村和脱贫村等的项目分配，避免形成马太效应[4]；更要做到严格规范"管好蛋糕"，注重社会效益，带动群众增收。

（三）强化项目管理，防范廉政风险

把从严从实的要求贯彻项目管理全过程，及时发现解决可能出现的苗头性、倾向性、隐蔽性廉政风险点。一是加强项目预算管理。提高预算人员对预算管理重要性的认识，核实核准工程量，掌握市场行情，科学开展工程项目预算，有效控制建设工程造价，减少浪费和工程量。在保证质量的前提下，可择优选取供应商公司进行集采、配送，统一管理，降低成本。进一步完善项目进场施工组织，出台具体的项目施工方案，列出相应施工清单明细，做好材料采购、设备需求、劳务作业人员安排计划。二是健全竣工验收制度。落实分级验收制度，严格按照合同约定的建设内容、工程质量、验收结算、质保金等条款执行。进一步具体细化验收标准、内容、程序等细化操作规程，区域副总经理对工程质量全过程监督管理、对工程量结算清单严格把关，切实做到工程量变更有批复、质量把控有标准、竣工结算有依据。三是规范财务记账管理。村公司项目收入到账后，及时进行税务汇算清缴及利润分配，结余部分上解至村公司实际出资人村经济合作社，村经济合作社按照章程保留合作社成员分红和发展基金后，剩余部分再上缴至村委会。出台更加精细具体的账务操作手册，包括税票取得、申报流程、财报编制、专柜管理等，避免财务、涉法涉诉风险。由县农经站牵头，组织第三方财务代理公司分区域、分乡镇、分村落，对村公司账务管理工作进行系统培训。每个乡镇可配备1名区域副总经理，直接管理村公司财务。进一步规范档案管理，上浮一级至乡镇管理，确保经得起历史检验。

（四）加强人才培育，激励担当作为

强化农村集体经济发展人才支撑，激发广大干部发展壮大农村集体经济的内生动力。一是加大专项考录力度。大胆选用思想解放、事业心强、懂经营善管理的"能人"，发挥其在地方发展中带富致富能力。进一步畅通村干部的上升通道，使其政治上有希望，生活上有保障，全身心地投入基层发展。二是加大专业培训力度。与高校合作开展产业、财务、法律、电商、建筑等专项培训，提高村公司管理人员、农村实用人才培训质量，组织镇村干部到先进地区考察学习，开拓发展思路。三是进一步健全激励机制和容错纠错机制。鼓励探索村公司之外的其他新型农村集体经济发展路径，对工作摸索和创新中的失误与错误，按照"三个区分开来"原则，旗帜鲜明为那些敢于担当、踏实做事、不谋私利的县乡村干部撑腰鼓劲[5]。

总之，隆回县对集体经济发展高度重视、高位推动、高瞻谋划。为确保农村集体经济"安全、稳定、可持续发展"，2023年5月，湖南省委组织部推动以"优先股"入股国有企业获取稳定收益发展农村集体经济。隆回县作为全省3个试点之一，正在逐步探索当中，将一步一个脚印走好乡村振兴"共富路"。

📖 参考文献

[1] 彭海红. 中国农村集体经济改革与发展研究 [M]. 武汉：华中科技大学出版社，2021：221-265.

[2] 张恒辉. 公司化经营对农村集体经济收入的影响——以临安区为例 [D]. 杭州：浙江农林大学，2020.

[3] 赵丹. 发展壮大农村集体经济的调查与思考——基于辽宁省营口市的实证考察 [J]. 乡村振兴，2021（2）：59-65.

[4] 夏柱智. 农村集体经济发展与乡村振兴的重点 [J]. 南京农业大学学报，2021（3）：22-30.

[5] 余丽娟. 新型农村集体经济：内涵特征、实践路径、发展限度——基于天津、山东、湖北三地的实地调查 [J]. 农村经济，2021（6）：17-24.

"三农"短视频赋能乡村振兴的逻辑机理与优化路径

⊙ 王立娜（中共长沙市委党校）

数字中国建设的不断推进和移动互联网技术的迭代发展催生了短视频时代的到来。据第51次《中国互联网络发展状况统计报告》显示，截至2022年12月，我国网络短视频用户规模为10.12亿，占网民整体的94.8%[1]。以乡村为本体、以农民为主体的反映农村生产生活的"三农"短视频作为其中的中坚力量，在重塑"三农"形象、传播乡土文化、吸引"流量"助农等方面发挥着积极作用[2]，成为助力乡村振兴的新动能。然而，"三农"短视频在助力乡村振兴的实践过程中也面临着优质内容生产难、农产品上行难、多元主体协同难等多重挑战。以往针对"三农"短视频赋能乡村振兴的研究多集中于直接效应、现象解读、对策分析等方面，忽视了内在系统性逻辑机理的构建，导致对"三农"短视频的研究缺乏与乡村振兴战略研究的纵深关联性。文章以此为研究切入点，通过系统分析"三农"短视频赋能乡村振兴的逻辑机理，深入剖析其现实困境并尝试提出进一步的优化路径，以期为促进"三农"短视频赋能乡村振兴提供理论参考。

一、"三农"短视频赋能乡村振兴的逻辑机理

从城乡传播视角来看，"三农"短视频赋能乡村振兴的可能性在于"三农"短视频依循"呈现—连接—整合"的传播逻辑对城乡传播的解构与重构[3]，即农村居民通过呈现"涉农"内容，与传播平台、城乡网民、社会等建立密切连接，由此广泛参与到城乡传播中，为乡村振兴注入强大的传播驱动力；随着传播结构的转型与农村基层媒介实践的深入，城乡间的信息交换、文化互动、物质往来、

要素流动等将日益频繁,由此城乡资源要素被有效整合,为乡村振兴汇聚广泛的基层组织力。

(一)从呈现到连接:短视频为乡村振兴注入强大的传播驱动力

1. 更新"三农"形象

长期以来,在城市本位的价值语系中,乡村成为"他者的想象",农民成为"沉默的另一半"。人们对于"三农"的认知往往被部分媒介产品所标签化:如小说、电影中的乡村往往是"脏乱差""偏远贫穷落后"的形象,新闻、话剧小品中的农民往往是"小农思想浓厚""穿着过时、邋遢土气""弱势群体"的形象,农业生产依旧沿袭着"男耕女织""面朝黄土背朝天"等传统劳作方式。而借由"三农"短视频,农民成为乡村叙事的主体,他们以农村、农民、农业为创作元素,通过真实呈现乡村的日常生活、风土人情、美食习俗、文化古迹、农业技术、农特产品等,打破了传统媒体的权威话语体系,让沉默的乡村"更多地被看见"[4],传播更新了"三农"的形象。例如,"李子柒"的短视频呈现了传统乡村文化的魅力与底蕴;"麦小登"在短视频中展现了穿着得体、思想前卫、励志乐观的农民形象;"云南小花"通过短视频记录冰糖橙采摘、包装与发货的全过程构建了"互联网+"的农业新业态。

2. 重构集体记忆

莫里斯·哈布瓦赫指出:"当今社会的人总存在于童年和青年时代的生活远远比现今的生活美好得多的幻想之中,所以,当今社会需要能赋予过去生活以美好和神圣魅力的记忆。"[5]对于那些有乡村生活经历的网络受众来说,乡村是充满童年回忆、引发乡愁、寄托情感、激发归属感的集体场域,而对于那些没有乡村生活经历的网络受众来说,乡村是抽离快节奏与强压力城市生活方式的"理想国"。由此,经由"三农"短视频所呈现的乡村虚拟媒介空间,人们的集体记忆被唤醒和重构,创作者和受众间建立起"共情"联结。这种"共情"联结会因"三农"短视频所呈现的真实、生动的场景而得到进一步的强化,在此过程中,网络受众深感身临其境,产生虚拟的在场感和参与感，由此促成短视频评论区的进一步交流互动和情感认同，进而形成粉丝追随效应。

（二）从连接到整合：短视频为乡村振兴汇聚广泛的基层组织力

1. 推动乡村产业发展

"三农"短视频对乡村振兴的赋能不仅仅体现在话语权的重构问题上，更表现为对整个乡村乃至城乡间的传播生态与结构的触动。通过"三农"短视频的广泛传播和评论区的频繁互动，乡村传播开启了以农村网红为节点的再中心化进程，其间所形成的城乡间的信息流通和文化互动又为城乡间的物质往来和经济流通提供了现实可能。实质上，农村网红基于乡村资源在"三农"短视频中所呈现的乡村生产生活的实际场景内蕴着乡村的供给，而网络受众则可以从这些供给中看到自身的需求。在此意义上，"三农"短视频为农特产品上行搭建了连接点：短视频内容传播—社交化流量汇聚—粉丝追随效应—粉丝经济[2]，农产品通过"短视频+直播"等形式得以畅销。而农产品畅销反过来又增强了短视频内容的公众聚集效应，从而进一步推动面向乡村振兴的教育培训、农业生产流程、文化传承、网红经济、物流仓储、文化旅游、影视演艺等周边衍生产业的发展，由此带动了乡村产业的连接发展。

2. 带动多方主体参与

当前，伴随"三农"短视频的兴起和发展，在广袤的乡村大地上已经孵化出了一批自媒体和带货网红，他们借助"短视频+直播电商""短视频+科教""短视频+文旅"等方式打造个人IP，再将用户转化为流量和潜在消费者，不仅促进了农产品销售，还带动了地方种养殖业、农产品生产加工业、乡村旅游业等品牌化发展，实现了周边群众共同致富与地方全面发展。例如，"蜀中桃子姐"凭借专业的运营团队，建构了勤劳质朴、积极向上的乡村劳作空间，为受众呈现了高质量的短视频内容。团队在拥有流量积累后，积极寻求合作转型：通过招揽更多专业人才，扩大运营团队；通过利用个人IP联合品牌方研发特色农产品，实现"蜀中桃子姐"形象与产品的深度捆绑；通过产业连接发展，实现农特产品畅销、带动农民就业增收、催生返乡创业的"雁阵效应",为乡村振兴汇聚了源源不断的力量。

二、"三农"短视频赋能乡村振兴的现实困境

按照"呈现—连接—整合"的逻辑机理,这些困境主要表现为内容生产质量待提升、农产品上行受制约、主体协同合力未生成。

(一)呈现层面:内容质量待提升

1. 内容同质化

当前,由于短视频创作者的增多和"三农"题材的限制,"三农"短视频内容的同质化现象明显。一方面,大部分"三农"短视频创作者倾向于从乡村生产生活的共性出发来选取内容素材,如美食制作、农业劳作、日常交往等,对于短视频内容缺乏差异化定位。另一方面,部分"三农"短视频创作者因专业水平受限和创意枯竭,其创作存在蹭热度、跟风模仿效应。当某一类型的短视频引起受众兴趣和关注时,雷同的内容题材和创作风格便会反复出现。这种缺乏创新的短视频容易让受众审美疲劳甚至丧失观看兴趣,大大降低短视频的传播力。

2. 内容片面化

基于心理迎合、利益驱动等因素,当前部分"三农"短视频内容被过度渲染和包装,呈现出片面化趋向。在这些短视频中,乡村并非是真实完整的,而是创作者基于特定主题而主观建构的"拟态环境"。它们多半迎合了城市人对乡村的想象,在复原乡村的淳朴、热闹与原生态方面有余,在反映农村现实困境问题方面不足。例如,"李子柒"短视频中所建构的"诗和远方",仅展示了乡村生产生活温馨美好的那一面,而老龄化、空心化、农活的繁重等乡村的公共事务和现实问题都是被遮蔽的。这些问题恰恰是推进乡村振兴战略的逻辑起点,理应给予重点关注却被主观遮蔽,背离了乡村振兴的战略目标。

3. 内容短视化

一般而言,"三农"短视频创作者在获得一定流量之后,多半会开始承接商业推广或开启直播带货。他们通常会通过在短视频中植入广告或专门为产品拍摄短视频来实现流量变现。然而,这种流量变现会驱动短视频创作者创作更多商业化的视频内容,由此挤压原本为了唤起受众"集体记忆"的内容空间。在此过程中,创作者与粉丝建立的情感联结也逐渐被透支。因此,把内容过度商业化实质上是内容创作理念短视化的反映,不利于"三农"短视频经济价值的持续转化。

(二)连接层面:农产品上行受制约

1. 农产品质量不高

一是"有产无量"。多数地方农产品生产呈现出小而散的特征,产品标准化和质量认证不足,产业没有形成规模,当面对来自线上渠道的大量消费需求时容易出现货源不足问题,难以迅速高效与需求方顺利对接,增加了供应端和消费端的沟通协调成本。二是"有品不优"。当前多数农产品质量参差不齐、品牌意识薄弱、品牌认知度低,再加之农产品本身的脆弱性,在生产、采摘、挑拣、存储、包装、运输等过程中均可能受到一定程度的损坏,容易造成消费者预期和实际的心理落差,产生信任危机。

2. 直播带货不规范

农产品直播电商在快速发展的同时,也暴露出一些值得引起高度重视的不规范性问题:网络流量等数据造假、虚假广告、夸大宣传、过度营销、出现低俗话语和暴力色情内容、产品质量难保障及消费者投诉维权难等。这些问题侵犯了消费者的合法权益,降低了消费者对农产品带货主播的信任度与直播爱心助农的关注度,让消费者对经由直播平台销售的农产品产生了芥蒂心理,不利于农产品的可持续营销。

3. 基础配套不完善

一是网络基础设施薄弱。当前部分农村地区仍然存在网络覆盖率和普及率较低、网络信号差和网络信号不稳定等问题，不利于农产品的网络销售。二是物流服务体系落后。部分乡村特别是欠发达地区乡村的产品储存、包装、物流等服务水平相对较低，使部分生鲜农产品到达消费者手中时出现腐烂、磕碰等问题，严重影响消费者购物体验和农产品电商信誉，大大增加产品售后成本。

（三）整合层面：主体协同合力未生成

1. 传播主体自身能力不足

由于短视频平台的"低门槛"特性，当前"三农"短视频创作者以普通农民为主，头部"三农"短视频创作主体相对较少。相较于后者，农民受教育程度有限，媒介素养较低，缺乏视频拍摄、内容创作、产品选择、直播过程管理，以及后期数据分析、社群推广、粉丝管理等方面的经验和能力，对于推动短视频制作、运营及复合发展显得心有余而力不足，无法充分发挥短视频的传播优势。另外，农村自媒体人才培养机制不健全、专业直播电商带头人的缺乏、农民参与培训的弱积极性形成了"三农"短视频发展中"内生人才"能力较弱的现状，而这又进一步加剧了在乡村振兴中开拓"短视频+"新业态的专业人才不足的问题，进而影响乡村振兴的推进质效。

2. 传播主体社会支撑不足

从"短视频+"业态的多样性、乡村振兴的长期性和复杂性来看，"三农"短视频赋能乡村振兴实质上是多元主体协同共建美好乡村的实践过程。基于此，作为数字经济在乡村的草根实践，农村网红经济应是一个多元主体协同参与的新经济模式，自媒体下的农民、返乡创业者等是参与乡村振兴的核心力量，政府、短视频平台、行业协会组织、直播电商、农民合作社、电信服务商等是支撑农村网红经济在基层创新发展的动力之源，他们是解决乡村经济发展中长期存在的"小、散、弱"问题的中坚力量。然而，在具体实践中，这些参与主体并未有效组织起来形成乡村振兴合力;"三农"短视频网红薄弱且分散,他们多"单兵作战",团队化建设滞后[3],难以有效整合当地人力与产品资源;在获得各级政府、行业协会的引导扶持、与网络平台、地方企业、官方媒体、社会组织等的合作共赢方面均十分受限。

三、"三农"短视频赋能乡村振兴的优化路径

(一)内容模式创新:反同质、反遮蔽、反短视

1. 突出乡村特色,丰富内容主题

"十里不同风,百里不同俗"是创新"三农"短视频内容的重要题材和创作元素。创作者可通过深耕当地的优秀传统文化,挖掘人文特色,来明确"三农"短视频的拍摄主题和风格定位,以实现传播的深刻性、广泛性和有效性。"贵州苗家姑娘""甜野男孩"丁真等短视频主播之所以能成功爆红并带动家乡的经济发展,就在于他们以家乡的风土人情、美食特产、独特民族文化展演等为拍摄主题,突出了地方民族特色。

2. 重视公共议题,还原乡村原貌

真实的乡村不只有"诗和远方""箪食瓢饮",还涉及了产业、教育、养老、环境治理、文化传承、民主政治等众多公共议题,这些议题虽然内容略显严肃,但与农民的实际生产生活息息相关,更显社会价值,应该成为"三农"短视频内容拓展的重要方向。短视频创作者要坚守振兴乡村的初心,增强服务乡村的意识,从"娱乐至死"的猎奇、"世外桃源"的单纯美好中跳脱出来,改变在环境整治、乡村治理、民生保障等问题上的遮蔽行为,最大限度地还原乡村的现实生活,并积极做好舆论引导,努力提供解决问题的新思路。

3. 加强情感联结,增强用户黏性

从已有的众多短视频中可以窥见,以温情、感动为主题内容的短视频获得的观众点赞率和留言数往往都很高。这是因为基于情感传播的短视频更容易让

观众产生共鸣。"三农"短视频创作者要认识到乡村生活背后隐藏的情感元素，着重凸显短视频中人物之间的情感交流。通过呈现家庭成员间的友爱互动、邻里间的互帮互助等生活中看似简单且细微的温情内容来加强与用户的情感联结，由此获得粉丝，进而实现后期流量变现。与此同时，创作者还要重视对现有粉丝的维护，通过积极听取粉丝对短视频内容的评价，适时调整商业性内容的比例和呈现方式，来增强粉丝黏性。

（二）产业互连共建：优质量、促规范、强配套

1. 提升产品质量，夯实供应端

一是注重网络口碑建设。结合现有农业资源和消费市场结构，重点提高农民生产的组织化程度，推进农产品生产、加工、包装、仓储、运输等环节的标准化建设，加强农产品质量检测与溯源体系建设，不断提升农产品质量和售后保障的网络口碑建设。二是注重区域品牌建设。农产品品种繁多，要在庞大的电商市场上脱颖而出，就必须将本地具有比较优势的产品打造成有影响力的区域品牌，通过构建"市级多品类＋区域单品类"协同发展的农产品公用品牌体系，不断提升农产品的品牌认知度、美誉度、信任度和影响力。

2. 强化平台监管，规范销售端

在农产品推广过程中，平台要加强对主播资质、产品质量、物流通道、后续服务跟进的把关和监管，建立健全信用评价机制和违规处罚准则并严格落实各项制度。针对直播过程中出现的虚假宣传、诱导消费者购买、产品品质低等现象进行警示、限流约束并督促其整改；针对问题性质严重、多次出现问题且屡教不改的主播，予以封号并纳入直播带货"黑名单"，不允许其以更换账号或更换平台等形式再度开播。

3. 完善基础配套，优化流通端

一是深入推进数字乡村建设，持续深化"村村通宽带"项目建设，切实降低乡村网络使用成本，促进网络消费市场进一步下沉，助力农民更多享受互联

网技术红利。二是依托物流园区，完善县、乡、村三级现代物流体系建设，通过引进物流企业、政府购买第三方服务等方式，进一步健全乡村物流网络体系，尤其要加大对具有"易腐烂、易压损、成本高"等特性的生鲜农产品的资金、技术等投入，完善升级冷链与仓储等设施，有效畅通农产品上行"最后一公里"。

（三）资源整合共享：知识赋能、组织赋能

1. 培育乡村人才队伍，夯实主体支撑

一方面，重点围绕农村青年积极"筑巢引凤"。以农产品销售新链条搭建为契机发展各类创业孵化基地，在政策上对农村青年群体予以倾斜；精选一批技术专家、企业家、电商达人等不同领域的杰出代表组成"创业导师团队"，为农村青年创新创业提供指导服务。另一方面，健全乡村自媒体人才培养机制。着力打造致力于乡村振兴事业的自媒体带头人，发挥以点带面的辐射效应；依托既有平台和基地，建设乡村振兴人才专项培训机构，创设与自媒体相关的培训课堂和学习营地，形成"点单式"线上线下相结合的培训模式。在部分人力资源薄弱且人才回流不佳的乡村，着力构建自媒体人才的内生性培育机制，鼓励有意愿参与短视频制作的留守农民学习自媒体知识。

2. 壮大主体联盟力量，发挥集合效应

一是建立健全农村自媒体行业组织，将"各自为战"的乡村自媒体人予以组织化，通过定期举办研讨、论坛、媒体赛事等特色活动，加强农村网红的经验交流与技术探讨，形成业务互鉴、互促共进、资源共享的良好格局，同时，积极倡导乡村自媒体人签订行业自律公约，推动"三农"短视频品牌化、科学化、正规化发展。二是持续推进县级融媒体建设，积极发挥主流媒体的强大传播力和资源聚合力，助力"三农"短视频发展并更好赋能乡村振兴。三是健全相关法律法规，推动网络平台主动承担责任，以提供技术支持、监督管理、流量供应和资金补贴等方式助力"三农"短视频高质量发展。如抖音平台推出了"抖

音乡村计划"❶。四是鼓励"第一书记"等"关键少数"在"三农"短视频中出镜，发挥其通过短视频参与助力乡村振兴的示范带动作用。

📖 参考文献

[1] 中国互联网络信息中心. 第 51 次中国互联网络发展状况统计报告 [EB/OL].（2023-03-02）[2023-07-31]. https：//cnnic. cn/n4/2023/0302/c199-10755.html.

[2] 李孟真. 乡村振兴视域下农村"美好生活"短视频叙事的价值功能与路径创新——以乡村网红"麦小登"为例 [J]. 信阳师范学院学报（哲学社会科学版），2022，42（5）：94-99.

[3] 韩春秒. 城乡传播视角下农村网红经济助力乡村振兴研究 [J]. 经济论坛，2023，37（5）：108-116.

[4] 刘文帅. "土味文化"传播研究——基于讲好乡村中国故事的视角 [J]. 社会科学研究，2021，43（6）：186-196.

[5] 莫里斯·哈布瓦赫. 论集体记忆 [M]. 毕然，郭金华，译. 上海：上海人民出版社，2002.

---

❶ "抖音乡村计划"于 2021 年推出，包括"乡村守护人""乡村英才计划""山货上头条""山里 DOU 是好风光""2022 年美好丰收季"等公益项目，主要聚焦人、货、景，通过创作者激励、数字化人才培训、电商助农、文旅宣传等方式助力乡村全方位发展。

加强县域产业园区高质量发展的对策研究

——以永州市锂资源产业为例

⊙ 覃佐东（湖南科技学院化学与生物工程学院院长、教授、博士生导师）

产业兴，县域强。2023年中央一号文件提出，"培育壮大县域富民产业，完善县乡村产业空间布局，提升县城产业承载和配套服务功能"，"实施'一县一业'强县富民工程"。推动县域经济高质量发展必须找准产业资源，发挥科技引领作用，做大做强地方特色产业，走好符合自身实际的产业发展新路径，支撑县域经济又快又好发展。围绕全面贯彻落实党中央决策部署和省委工作要求，通过深入调研，全面梳理当前国内外的主要做法、存在问题，系统分析产生原因、认真研究解决对策，力求在新时代新征程上，彰显产业高质量发展助力产业园区高标准建设服务大局的更强担当和作为。

一、永州市县域产业园区高质量发展面临的困境

县域经济作为国民经济的基本单元，既是区域发展的基石，也是高质量发展的支撑，在整个国民经济发展中有着非常重要的地位和作用。通过实地调研、数据分析，发现永州市县域产业发展中仍存在一些不容忽视的问题，亟待重视和解决。

一是开拓创新意识不够，干事创业氛围不浓。面对艰巨繁重的改革发展任务，有的部门求稳思想严重，市场意识、竞争意识、创新意识不强，用政策、抓机遇、谋发展的氛围不浓。部分党员干部缺乏发展的紧迫感、危机感、责任感，思想观念、能力素质、工作作风还不能适应新的发展需要，缺乏敢闯敢试、敢拼敢干的劲头，奋发有为、干事创业的氛围还不够浓厚。

二是发展动能培育不足，经济发展水平偏低。一些县区项目谋划论证不充分、不到位，缺乏支撑县域经济高质量发展的大项目、好项目，招引的项目规模小、数量少、产业链不完整，产业深加工类项目寥寥无几，大多为房地产类项目，整体竞争力较弱。受资金、机制、人才等因素制约，部分县区工业体量不大、集聚程度不高，规上企业数量少，基础设施不够完善的问题比较突出。

三是经济结构不合理，特色产业量小质弱。受政策、机制、市场、地缘等诸多因素制约，大部分县区三产结构不合理，农业大、工业小、三产弱的问题十分突出。

二、永州市县域产业园区发展的现状与做法

永州市现有1家国家级经开区、10家省级工业园区。园区作为改革创新的示范区、现代产业的集聚区、转型发展的先行区，是永州做大做强五大千亿元产业的主阵地、主战场。近年来，永州市牢固树立"工业强市、工业兴市"理念，高度重视园区产业差异化布局、集聚化发展，树立"向南向海向外，引商引客引才"鲜明导向，以创建"五好"园区为抓手，差异化承接产业转移，狠抓招商引资和项目建设，进一步发挥了园区主战场、主阵地、主引擎作用，着力推动园区发展质量变革、效率变革、动力变革。2022年，全市"五好"园区创建提质增效，主要经济指标排全省前列，全市园区规模工业企业增加值增速9.4%，排同类市州第1位。在湖南首创"政企交流主题日"活动，打造"一件事一次办"园区版的做法全省推介。

一是坚持产业集群发展。积极引导各县市区依托本地资源优势和产业基础，优化产业布局，政府专项债资金60%以上用于园区产业发展，特色产业集群发展成效逐步凸显。道县聚力打造"数字智造小镇"，依托紫金锂业积极配套锂矿上下游企业，成功与吉利汽车签订了框架协议，与宁德时代正积极进行洽谈。江华县致力打造"马达之城"，电机集群年产马达超3亿只，产值52亿元，电机产品在智能家用电器、按摩器材微型电机领域产值占湖南的90%，国内市场份额占比约60%。

二是产业平台加快建设。组建工作专班，健全调度工作机制，加强部门协作、解难题，强化要素保障问题，湖南稀土新材料产业园、道县锂矿储能材料产业园、零陵锰系新材料产业园、祁阳电镀产业园等产业平台加快建设。湖南稀土产业园，湖南省政府与中国稀土集团签订战略合作协议，决定在永州建设湖南唯一的稀土新材料产业园，首次实现了央企与全市产业园区合作的建设布局，打造独居石综合利用、稀土冶炼分离、稀土加工应用、综合回收处置的全产业链基地，建设湖南"离子型稀土+独居石综合利用"双轮驱动产业集群。围绕锂矿资源开发利用，世界500强紫金矿业计划年开采锂矿1000万吨，目前已建成年产30万吨生产线。新田县产业园吸引信继善等7家锂电池生产企业入驻，锂电池产业链加码扩产。

三、永州市锂资源产业的深度调研与分析

围绕永州市锂资源产业链发展情况，调研团队围绕包括研发情况、企业经营情况及其在产业链所处地位、五大清单（技术需求清单、优势技术清单、薄弱环节清单、缺失环节清单、政策需求清单）开展了具体调研和分析，为永州市锂资源产业发展提供了相关参考数据与产业分析。

（一）上游：全球锂矿端供给格局

近两年全球锂矿产量提速。新能源行业的快速发展拉动锂电池需求迅猛上涨，近年来全球锂矿增产明显。根据美国地质勘探局数据，2016—2022年，除2019年锂价下跌、2020年新型冠状病毒感染暴发阻碍矿端生产外，其他年份矿山锂产量均保持正增长，即由2016年的22.8万吨碳酸锂当量（Lithium Carbonate Equivalent，LCE）增至2022年的78.0万吨LCE，年均复合增长率为22.8%。

澳大利亚、智利和中国是全球锂资源前三大产量国。凭借着优质的锂矿资源、不断优化的开采技术、相对便利的配套设施，澳大利亚、智利和中国不仅

是锂矿储量大国，也是产量大国。根据美国地质勘探局数据，2022年三国矿山锂产量分别为36.6万吨LCE、23.4万吨LCE和11.4万吨LCE，分别同比增长10.3%、37.8%和35.7%。

（二）中游：全球锂资源供给格局

锂盐是从锂矿石（锂辉石、锂云母）和盐湖锂中提炼出的核心产品，锂盐包括氢氧化锂、碳酸锂和氯化锂等，其中氢氧化锂和碳酸锂是制造锂电池的重要锂盐，是目前需求量最大的锂盐初级产品。

全球70%以上的锂盐产能集中在我国。我国不仅是全球最大的锂盐需求市场，也是全球最大的生产地。由于全球锂资源主要集中在南美和澳大利亚，当前我国锂盐产业形成"海外资源+国内加工"的模式。从微观层面看，国内锂头部企业（如赣锋锂业、天齐锂业等）使用澳洲锂精矿生产，而国外头部企业或在我国设立工厂或寻找国内企业代工。

（三）下游：全球锂资源需求格局

全球锂资源需求快速增长，80%以上的锂资源用于锂电池生产，且比例有继续扩大趋势。近年来新能源汽车行业"井喷式"增长，锂电池需求量激增。根据预测数据，未来锂资源需求的增长点依然在锂电池，到2025年全球锂资源需求总量将达到182.5万吨LCE，是2022年的2.6倍，其中锂电池需求占比高达92.3%，较2022年提高10个百分点。

（四）锂电池产业的上下游联动

锂电池产业链上游存在原料矿产与电池材料两个部分。原料矿产主要以锂矿为主，提取矿产后加工制作成电池材料。电池材料主要分为正极、负极、隔膜、电解液、其他材料五个部分。中游主要是锂电池的生产与组装。下游为应用端（如数码、动力、储能）。

（五）锂电池产业链的经营情况及其分析

针对永州市锂资源产业链的薄弱和缺失环节，总体来讲，上游原材料（包括关键材料）厂家数量欠缺，无锂电生产设备的企业，中游企业（如电池生产商）规模偏小，同时电池隔膜生产企业和电解液生产商永州市仅有一家，无下游应用终端企业。综上，永州市在锂电池产业链的布局，还有待进一步完善。

（六）企业政策需要分析

目前企业的政策需要主要集中在资金和人才，其中贷款、融资困难使得企业难以扩大生产，从而降低生产成本；人才引进政策的缺失限制了企业自主技术的发展，使得企业缺乏核心竞争力。

四、县域产业园区高质量发展的对策及发展建议

园区兴，则产业兴；产业兴，则县域强。以永州市锂资源产业为例，在石油资源稀缺与环境问题的双重压力下，清洁可再生能源的出现显得格外迫切与重要，而锂电池凭借自身诸多优势，如寿命长、安全、对环境造成的危害较少等脱颖而出。锂资源产业为主的园区高质量发展对策及其建议对县域未来具有引领意义。

一是健全产业链，推动县域经济增长。以延链、补链、强链为抓手，推动锂资源产业链式发展是县域经济高质量发展的又一路径。根据县域产业发展特色，推进产业融合发展，延展产业链上下游，加速构建特色产业集群，破解县域产业链短之困。按照"上游招下游、下游引上游、补齐产业链"思路，梳理县域主导产业链、供应链的薄弱环节，明晰招引重点，创新招商模式，搭建"互联网+招商"新平台，提升县域招商引资能力，补齐产业链短板，破解县域产业链关键节点短缺之困。

二是坚持科技领先，带动绿色发展。科技创新是现代锂资源产业园持续发

展的基础和前提，现代锂资源产业园区作为科技示范基地，天生是现代锂能源研发科技集中应用、展示之地。科技创新人才是关键，加强柔性引才，探索人才"市引县用""县引企用"，加大订单式培训力度，提升县域专业技术人才自给率。利用智慧科研管理系统、AI智能等大数据与云端技术，打造了"智能化加工、数字化生产"新概念，构建了管理科学化、生产数字化等的生产管理体系。科学技术对于县域经济发展及社会发展的重要作用不言而喻，进一步提升县城地区以及乡村地区科学技术的研发能力以及经济发展能力尤为重要。

三是培育品牌效应，成就知名县域。好的品牌信誉是保证更是竞争力，是获得溢出价值的重要保证。现代新能源产业园打造优质的锂资源产品品牌，促进相关企业发展，带动相关行业水平的整体提升。把锂资源产业作为先进制造业中的重中之重并进行重点打造，高标准编制锂资源产业发展规划，成立锂资源产业发展联盟，打造人才服务团，组建永州市绿色能源投资发展集团。建造如吉利欣旺达混动电池、保力新能源锂电池产业园、金彭电动车、博雷顿新能源装载车等的一批项目，动力电池、储能电池及配套生产基地项目加强建设。形成正极材料、负极材料、隔膜材料、电解液、导电浆、电芯、PACK组装、储能、充电设备、终端应用、拆解回收等比较完整的全产业链条，凸显品牌效应，打造绿色安全新能源典范城市。

关于苏仙区庭院经济发展的调查与思考

⊙ 刘海燕　周丽萍（中共郴州市苏仙区委党校）

《中共中央　国务院关于做好2023年全面推进乡村振兴重点工作的意见》提出，"鼓励脱贫地区有条件的农户发展庭院经济"。庭院经济是以家庭为阵地、庭院为载体，充分利用居民的庭院空间和闲置资源，围绕"庭""院"做文章，开展农产品种养殖、生产加工、休闲服务等经济活动。庭院经济因其与家庭生产生活紧密联系，具有投资少、灵活性强、多元化、见效快等特点。发展庭院经济可以丰富产业类型，盘活家庭闲置资源，有效抵御市场风险，提高农村就业率和土地利用效率，促进农民增收致富，推动乡村经济发展。2023年，苏仙区被认定为湖南省高质量庭院经济试点县，在大力推动庭院经济发展，鼓励引导群众利用庭院发展特色产业做出了积极探索。为此，在调研苏仙区6个庭院经济试点村及省级乡村振兴示范带西河沿线村的基础上，对庭院经济的特点、发展现状、存在问题等方面进行深入分析，旨在全面分析庭院经济对乡村振兴发展的现实意义和发展路径。

一、苏仙区庭院经济发展的主要成效

调研发现，庭院经济示范带动955户农户参与，累计种植蔬果3200亩、养殖家禽家畜9000只、鱼塘水面1400亩，主要做法如下。

（一）立足"三个强化"，统筹协调推进

一是强化组织领导。成立了苏仙区庭院经济发展试点工作领导小组，由区委副书记任组长，区政府分管领导任副组长，区农业农村局、区乡村振兴局、区商务局、区文旅局等区直单位相关负责人及各镇党委书记为成员，各试

点镇村分别组建庭院经济发展工作专班，加强工作力量推进。二是强化工作机制。制定《2023年苏仙区高质量发展庭院经济试点实施方案》，经过考察筛选，确定了有一定发展基础、较大提升潜力和农户参与度高的6个村作为试点村。同时，把全区未消除风险的158户监测户、254户脱贫户纳入示范创建户。三是强化资金保障。2023年安排财政奖补资金330万元，对庭院经济试点参与农户根据产业规模给予2000~5000元奖补；对全区158户未消除风险监测户发展庭院经济给予2000元/户奖补，对带动脱贫户、监测户发展庭院经济的经济组织，效果明显的大户或经营主体给予部分产业基础设施建设项目资金扶持。

（二）着力"三个结合"，培树多元主体

一是发展庭院经济与资源效益相结合。在加强耕地保护和用途管制的基础上，充分利用一切能够利用的闲置资源、碎片化土地，培育基础牢、口碑好、效益高，竞争力强特色产业。如飞天山镇高椅岭村、清江村依托当地旅游资源，支持农户利用庭院发展特色民宿、家庭旅馆、休闲农庄等，发展民宿餐饮35家；许家洞镇温泉村、兰王庙村依托葡萄种植、奈李种植产业，支持农户利用庭院发展水果种植、小型采摘园等，种植葡萄奈李1200亩；栖凤渡镇村头村、瓦灶村依托莲藕种植、鱼粉加工产业、西河示范带乡村旅游，支持农户利用庭院发展休闲农庄、鱼粉加工作坊、特色种植等。现已种植莲藕300多亩，发展手工切粉作坊23家、鱼粉店4家、民宿餐饮12家。

二是发展庭院经济与和美乡村建设相结合。以农户住房周围的垃圾池、杂草地、污水沟为重点，进行统一整治美化，让农村环境变美，除确定的6个庭院经济试点村外，将西河乡村振兴示范带沿线村全部纳入农村人居环境整治重点村。采取因地制宜、因户设计的方案，在充分征求农户意愿的前提下，积极引导农户变庭院为特色果园、生态菜园、中草药园、绿色栏舍、家庭作坊、文旅小店、服务网点、电商网店,将农户庭院"方寸地"建成农村家庭的"增收园""后花园""观赏园"。

三是发展庭院经济与乡村治理相结合。村级召开群众动员会，鼓励群众自愿发展庭院经济，运用多种渠道宣传庭院经济发展的重要意义、扶持政策和发展中的好经验、好做法，激发了村民参与的积极性和创造性。在试点村推行"崇德向善积分银行"，把庭院经济发展情况纳入积分银行内容，与"村规民约""红黑榜""文明家庭评选""积分兑换"等互为抓手，以"小庭院"激活乡村治理"大活力"。

（三）抓好"三个环节"，确保有效增收

一是抓早培训指导环节。组织相关区直部门和种养专家等多次在试点村召开现场培训会，对庭院经济发展要求进行详细培训和解读，并邀请了葡萄种植专家、相关养殖专家、乡村旅游专家等进行授课。同时，制定"庭院经济创建示范户"公示牌，派出镇村农技员或行业部门专家指导员对示范户庭院经济发展规划、产业技术、市场销售等方面给予指导。

二是抓牢项目验收环节。对参与创建庭院经济示范农户，根据农户自评分、村民小组和村委会考评分，经区级验收合格的按政策给予奖补。验收严格按照庭院美、产业美、家风美的"三美"标准进行。庭院美，即庭院突出绿色主题，无乱搭乱建，物品堆放整齐有序，房前屋后居室清洁干净卫生。产业美，即产业发展有特色、有技术、有效益，产业发展与庭院结合利用有效果。家风美，即要求庭院经济参与户做到家庭和睦，尊老爱幼，遵纪守法，勤劳致富。

三是抓实产业增收环节。根据各村产业发展实际，鼓励农户优先选择兼具实用性、经济性、观赏性的林（瓜）果品种。同时，充分发挥后盾单位、龙头企业、合作社、能人大户等作用，实现多元化产销对接，提高庭院经济产品市场竞争力和市场占有份额，争取发展庭经济的参与户，当年生产经营性净收入人均达2200元以上。

二、苏仙区庭院经济发展中存在的问题

(一) 整体水平不高,系统推进乏力

参与庭院经济的主要劳动力来自于家庭成员,家庭成员劳动力素质决定了庭院经济的发展水平。当前农村多为老弱妇童留守乡村,只能从事一些简单的农业生产。当前从事庭院经济的农户大部分文化水平低、人员老化、科技力量薄弱、人才队伍断层,对接产销市场不足,千家万户的庭院生产还未形成有效合力,导致庭院经济的规模化水平不高、组织化程度低。另外,庭院经济类型多,涉及面广,依靠普通农户单一力量很难精细操作管理,而有关部门除农业、文旅、乡村振兴局等出台了一些支持政策,其他职能部门参与不多。加之缺乏统筹,系统推进力度较小,难以给经营者提供符合农情的系统规划和统一指导,再加上农户自身的局限性,注重短期效益,生产随意性大,缺乏大局观和规划性,对未来的发展缺乏长远规划,"一乡一品""一村一特"还未真正形成,在横向和纵向上都弱化了庭院经济发展的广度和深度。如栖凤渡镇瓦灶村依托鱼粉传承基地探索学生研学,其主要客源来自于其他县市区,本地教育部门缺乏有效指导和推动。

(二) 示范引领作用弱,市场竞争能力差

目前苏仙区一半以上的庭院经济规模都在 100 平方米以下,经济年收入目前在 1000 元以下,经营效益占总收入比重不高,集约化和专业化效果差,无法维持家庭开支,还未成为家庭收入来源的主渠道,群众发展庭院经济的意愿不强,大多数还处于粗放式的自给自足状态,没有形成特色产业规模,产品的数量和质量无法满足市场需求,抵御市场的风险能力较弱,缺乏市场竞争力。比如,试点的 6 个村,除飞天山镇清江村能利用当地特色旅游资源,带动农户发展民宿、餐饮 42 户从而建立合作社外,其他各村由于受到诸多因素的限制,比如资源、交通、资金等,基本处于各自为政、零散经营状态,效益有限。同时,个体庭院户缺乏竞争能力和实力,产品同质化严重,缺少宣传"走不出去",对

市场不具有敏锐性，市场开拓能力受到很大限制，如许家洞镇的一大特色产品是葡萄，是全市最早大规模种植葡萄的村，许家洞片区几乎家家户户种植葡萄。目前，葡萄由于品种更新缓慢，采摘时间短，储存技术滞后，产品深加工空白，导致市场竞争力日渐不足。目前苏仙区 50% 以上庭院经济均为蔬菜瓜果，只能应季销售，且缺乏稳定销售渠道，商品附加值低。

（三）扶持领域不全面，服务体系有欠缺

发展庭院经济需要政策、资金、技术等各方支持，但从走访的情况来看，大多数农户表示发展庭院经济的服务体系还不完善，单靠农户自身力量薄弱。体制机制方面，中央提出发展庭院经济，但如何落实党中央决策部署，地方政府的具体举措还不完善，对乡镇、村组工作开展造成被动。资金方面，尽管区财政给与一定的奖补资金，但对于家庭不富裕的家庭发展庭院经济，资金缺口较大。资源方面，不少乡村出现空心化现象，不少村庄整体出现向外围迁移的情况，导致不少村庄内部大量宅基地闲置或者废弃，公共基础设施缺失或者良久失修，发展庭院经济的精细化、现代化难以持续。社会组织方面，有的村、组缺少企业带动，无大型企业或农民合作社，产品的质量和营销都存在巨大压力，特色品牌不响亮，特别容易出现滞销现象。例如，水果、蔬菜等大宗农产品基本停留在卖原料的水平，农产品加工转化率低，基本没有产业链。人才方面，乡村技术人才和乡村规划人才紧缺，发展庭院经济特别需要一支懂熟悉市场经济规则、有专业经营管理能力的农村人才队伍。这些制约因素都限制了庭院经济发展的空间和效益。

三、苏仙区庭院经济发展的对策建议

（一）科学合理规划，准确定位发展路径

开发建设，规划先行。发展庭院经济要立足地域资源优势，加快制定符合本地实际情况的庭院经济产业发展规划，明确庭院经济的总体思路、总体目标、

建设步骤、建设重点、主要任务和保障措施，要根据各家各户的经济基础、人力资源、庭院空间等进行准确定位，探索"量身定做"适合个体的发展模式。在庭院空间规划上，要结合乡村振兴示范带建设、和美乡村面貌整治等，将农户的庭院、房前屋后空地资源等全部纳入统一规划，避免杂乱荒弃、闲置，把"菜园"打造为"特色园""创意园""休闲园"，努力实现既能提高生活水平又能改善人居环境，也能体现现代乡村崭新的精神面貌。在发展定位上可以从以下四方面着手。一是示范建设模式多元化。利用苏仙区位交通优势发展都市农业，推荐种植特色健康有机果蔬，如良田黄桃、坳上蔬菜等。二是示范建设三产融合化。依托农家院、小作坊、乡村旅游等休闲文旅，因地制宜推动第一、第二、第三产业融合发展，充分发展观光园、采摘园、体验园等新型业态，如栖凤渡鱼粉、许家洞镇葡萄等。三是示范建设经营组织化。由龙头企业、农民合作社、家庭农场等新型经营主体牵头，鼓励有意愿的农户形成联合体，形成规模效应，如五盖山富硒米、良田禾花鱼等。四是示范建设产品绿色和品牌化。鼓励发展干菜加工、果蔬深加工等行业，支持示范村建设分拣、清洗、分级、包装等设施，做强鱼粉、食用菌、高山菊、葡萄、米茶、禾花鱼、生猪等农业产业品牌，启动实施农业生产品种培优、品质提升、品牌打造和标准化生产提升行动，引导加快培育区域公用品牌、企业品牌和产品品牌。

（二）突出示范引领，发挥产业联动优势

突出示范引领，引导和支持农户多角度、多方面利用庭院，将种植、养殖、休闲、服务、加工等单项类型有机结合。在做强 6 个试点村的基础上，每个乡镇培育 1~2 个示范村，通过发挥典型的辐射作用，鼓励农户充分利用庭院空地资源，促进庭院经济丰富多彩。要提供优质服务，引进一批龙头企业。在立足自身优势的基础上，明确主攻方向和目标，制定优惠政策，利用优势庭院资源积极打造招商引资环境，在项目审批、建设、管理过程中，创造条件，真诚服务，引进一大批规模效益好、科技水平高的农业龙头企业入住乡村。要打造发展平台，培育一批典型示范。选出一批典型示范户，建立"一户带多户"的分配帮扶机制，通过示范引领推动参与热情，激发各家各户发展庭院经济的积极性。创造良好环境，庭院经营者负责提供土地资源，合作社、企业等负责联合有合作意向的农户，围绕种植规划、订单签订、电商带动、产品销售等提供全程服务，促进庭院产品销路畅通，多渠道促民增收，为巩固拓展脱贫攻坚成果同乡村振兴有效衔接提供有力支撑。

（三）创新生产要素，提升庭院经济质效

庭院经济的生产要素包括劳动对象、劳动力、土地和自然资源、设施设备、生产技术等多方面。发展庭院经济重要的是，立足比较优势，创新生产要素，提升市场竞争力，要围绕提升农产品品质，可探索形成以小农户为主体的标准化生产模式；围绕延伸产业链，推动第一、第二、第三产业融合，将农业生产、农产品加工业、农产品市场服务业深度融合，提升庭院生产要素水平和附加值。一方面，要坚持"人有我优"，打造品牌农业。苏仙区的庭院经济主要以种植、养殖为主，要积极主动对接粤港澳、郴州主城区，启动实施农业生产品种培优、品质提升、品牌打造和标准化生产提升行动，充分利用农业组织力量，培育扶持产业龙头，组建农业行业协会，打造绿色无公害产业生产基地，对农产品申报"两品一标"认证、创建名优特精农产品给予引导和支持。例如，五盖山镇栗木水村合作社因地制宜，引进农产品公司投资800万元，连片种植红薯，建设红薯深加工厂，并采用"公司＋农户"的模式，向农户提供生产资料、资金、技术的支持，以高于市场价的价格保底收购农户的农产品，给本村村民带来可观收入。另一方面，要坚持"三产融合"，打造多彩庭院。以三大产业为基础，不断拓展庭院功能，推进庭院与旅游、教育、文化、电商、健康养生等产业深度融合，将庭院经济与观光农业、农事体验与生态休闲、自然景观与农耕文化有机结合起来，实现"庭院＋公园"开发模式，形成产业特色。做强西河沿线兰王庙村、岗脚古村、庄门村、瓦灶村、村头村、河头村等重要节点村，打造以规模化农产品加工、特色服务业、旅游观光业融合发展的复合型西河庭院产业链，振兴西河庭院产业带。

（四）完善体制机制，营造良好发展环境

一是政府涉农资金抓"整合"。切实把中央、省级、市级层面的发展庭院经济专项转移支付项目进行清理、整合、规范，进一步激发农民和新型农业经营主体投资庭院经济的激情，提振信心。

二是普惠金融支持抓"撬动"。出台金融服务发展庭院经济措施，实行涉农贷款增量奖励政策，对发展庭院经济业务达到一定比例的金融机构实行鼓励性考核，推动农村金融机构回归本源，把发展普惠金融重点放到乡村。鼓励创新农村金融产品和服务，深化与银行等金融机构合作，制定"合作试点清单"。通过担保、贴息、以奖代补等方式，发挥财政、金融的杠杆作用，促进金融和社会资本更多地投向庭院经济发展。

三是社会资本投入抓"规范"。社会资本是发展庭院经济的重要支撑力量，在发掘庭院价值上更有能力。要积极引导和支持新型农业经营主体与农户建立以股份合作、资产收益、劳务合作、联合发展等为主要形式的利益联结机制，积极探索"新型经营主体＋农民合作社＋农户""龙头企业＋基地＋农户"等农业产业化合作模式，发挥农民合作社、龙头企业、专业服务公司等多种经营性服务组织的作用，形成以农户家庭经营为基础、合作与联合为纽带、社会化服务为支撑的现代庭院经济经营体系。

四是科技人才下沉破"瓶颈"。积极引导专家服务农村、人才扎根农村、乡贤建设农村，实施大学生、在外能人、机关退休干部、企业家回归工程，让更多的"土专家""田秀才"到农村利用闲置的庭院资源创业，带领技艺传承、带强产业发展、带动群众致富。搭建"产学研"平台，采取农户与企业、新型经营主体、种植大户结对的形式开展科技培训等服务，大力培育新型现代化职业农民，加强本土农业实用人才队伍建设。

宜章乡村有效治理的龙村调查与思考

⊙ 张利芳（中共宜章县委党校）

党的二十大报告强调："健全共建共治共享的社会治理制度，提升社会治理效能。"这一重要论述对健全乡村治理制度，提升乡村治理效能提出了更高的要求。乡村治理是否有效，关乎乡村能否实现全面振兴，能否实现乡村治理体系和治理能力现代化。善治是乡村治理有效的体现，也是乡村振兴的基础。党的十八大以来，宜章县龙村瑶族村为破解乡村治理难题，极力创新乡村治理体系，蹚出一条从黑到绿、从乱到治、从穷到富的乡村善治之道，短短几年时间从省级贫困村蜕变成全国示范村，获得全国乡村治理示范村、全国妇联系统先进集体、央视《走村直播看脱贫》最佳人气奖等60多项荣誉，这些荣誉蕴藏着龙村的乡村善治"密码"，对乡村有效治理提供了经验借鉴。

一、面临困局，挖"病根"

（一）挖人心涣散"病根"

龙村瑶族村是2016年由原龙村、水楼下村、荷叶塘村三村合并而成。水楼下村是软弱涣散村、贫困村，荷叶塘村则是信访问题村。三村合并后，辖区总面积约25 000亩，共有63个自然村，36个村民小组，6000多人口，是宜章县最大的瑶汉混居村，村组居住分散、村情民意复杂、人文习惯各异，发展极不平衡，三村合村不合心。

（二）挖极度贫困村"病根"

以前村内煤矿资源丰富。"要想富、深挖洞"成为20世纪90年代初龙村人的致富经，全村超过八成的村民参与煤炭生意，大大小小的非法煤窑达200多家。2000年后，国家强力整治关闭非法小煤窑。煤不让挖了，挖煤留下的后遗症可不少：山林植被破坏、水土流失、农田水利设施严重毁损，大部分村民又眼高手低，嫌外出打工与之前在煤矿务工收入差距过大，宁愿在家坐吃山空；而村集体又没有激活产业发展活力，导致全村越来越贫困，2014年评为省级贫困村。

（三）挖重点维稳"病根"

全村因争煤、争田、争地等曾经常发生口角甚至大打出手，打架流血事件和偷盗抢劫时有发生，村里总是吵吵闹闹，民风极差，治安相当混乱。村内基础条件也差，出行难、饮水难、住房难等问题突出，群众为此经常上访，特别是居住在采煤沉陷区的荷叶塘村，经常整村上访，成为新宁县重点维稳村。

二、勇于破局，探出路

2017年以来，新一届龙村班子抢抓国家实施精准扶贫和乡村振兴等政策发展机遇，加快转变发展思路，极力探索乡村善治之道，创造了"1+1+1>3"的蝶变效应。

（一）打好党建引领战，建强乡村善治的战斗堡垒

办好中国的事情，关键在党。加强和改进乡村治理的关键同样在党，村级党组织是否坚强有力，直接决定一个村能否实现有效治理。因此，龙村首先打响了党建引领战，全力建强乡村善治的战斗堡垒。

1. 选准"领头雁"

习近平总书记强调：办好农村的事，要靠好的带头人。2017年，在村党支部换届选举"两推一选"中，在原龙村工作二十几年的邝素珍高票当选村党支部书记，她不仅是一位群众口碑好的女干部，更是一位当地有名的致富能手，

选她当村党支部书记，更顺应党心、民心。"要做好基层群众工作，最有效的方法是与村民心贴心，让他们感受到党和政府是在真正地帮助他们。"邝素珍深以为然并带头付诸行动。她挨家挨户跟群众拉家常、问冷暖，为困难群众捐助10多万元，写下30多本民情日记，她用脚步丈量了一个村支书的责任与担当。有人说：当村支书难、当女村支书更难，当一个优秀的女村支书更是难上加难。当村支书任务重、压力大，经常加班加点，舍小家为大家。有一天下午，她因工作劳累过度，体力不支，不得不到医院看病输液，刚拔完针头，就又匆匆赶回村里处理一个村民阻工闹事问题，一直忙到晚上12点多才拖着沉重的身子回家，她家住6楼，当时上楼的感觉特别费劲，头晕脑涨、有气无力，好不容易走到家门口又发现没带钥匙，爱人在外跑生意又不在家，于是她坐在家门口地板上迷迷糊糊就睡着了，她真的太累了，以至于外面下着瓢泼大雨也没有听到。直到第二天凌晨4点多钟，被村民打来的一个求助电话惊醒，村民说他家房子被洪水淹了，她赶紧爬起来，又匆匆赶到村里组织村民抢险救灾，工作那么累，有些群众还不理解，当时真想干脆辞职算了，但一想到习近平总书记说过的一句话，幸福都是靠奋斗出来的，于是就又满怀热情投入到工作当中！自古忠孝两难全。2018年她的母亲脑梗严重，住院1个月，家人怕影响她的工作，直到母亲出院才告诉她，当她得知的那一瞬间，泪水就像泉水一样直往外涌。邝素珍回想担任村支书以来的点点滴滴，确实有太多辛酸和苦累，但只要看到村里发生的巨大变化，村民的日子越过越红火，就觉得自己再苦再累也都值。

2. 建强党支部

俗话说："村看村户看户，群众看干部，干部看党支部。"在选准村里"领头雁"后，村里又把讲政治、有文化、"双带"能力强、群众信得过的能人选进班子，实现班子换"新血"，为党建发展注入新活力。如何发挥党建引领作用，尽快消除"合村不合心"的阵痛期呢？村党支部从争创"五化"支部着手，改建了2700平方米的村级组织综合服务中心，在全市率先启动了以党群连心站为龙头的"五站合一"民心工程，为村民办事提供一站式办结服务。严格落实

"三会一课"制度，常态化开展党性教育活动，让广大党员干部增强"四个意识"、坚定"四个自信"、做到"两个维护"。党员是党的战斗力的基础，党支部还组建了一支40多人的党员志愿服务队，常年活跃在夜间巡逻、应急处置、森林防火、疫情防控等乡村治理一线，是村民口中评说的"110救援队"。

（二）打好产业发展战，筑牢乡村善治的物质支撑

龙村因势利导，通过迅速转向产业转型发展战，为乡村善治提供了强大的物质支撑，助推了脱贫攻坚与乡村振兴的有效衔接。

1."借题发挥"，把政策红利变成"真金条"

政策是产业发展的驱动力。如何把政策变成落地项目、变成"真金条"呢？支村两委千方百计用足用活用好一系列政策红利，积极对接相关部门争取政策项目资金6000多万元，加快助推了乡村产业振兴发展。如在新宁县土地增减挂钩复垦复绿项目，就争取到政策资金1200万元。

2."借鸡下蛋"，把废矿土地变成"摇钱树"

过去，因村里开采煤矿，造成大片土地破坏、荒废。如何将这些土地变废为宝呢？龙村做活土地流转文章，引导农户把零散土地统一流转到村委会集中管理经营，大力推进产业转型和农业产业发展。推行稻油轮作，引进一家种业公司流转荒田700亩种植夏季水稻，村委会则在流转田冬闲时再种上油菜，每年不仅带动40余人就业增收，还为村集体经济增收8万多元。同时，对大片废弃矿山用地进行复垦复绿，用于建设高标准农田示范基地和扩大脐橙、油茶、奈李、藏香猪等种植养殖业，村集体主导流转土地一万多亩，采取"支部＋合作社＋基地＋农户＋市场"的经营模式，发展成立16家种养合作社及5户种养大户，形成特色水果、经济林、养殖三大主导产业，带动600余人就业增收。此外，大力推动农旅融合发展，着力引进实力外商赋能龙村高质量发展。

3."借网吸金"，把电子商务变成"快富车"

近年来，龙村的脐橙、油茶等种植规模、产量、品质都上来了，如何解

决产品销路问题呢？支村两委把目光转向了"电商进村"工程，依托村便民服务大厅，设立了瑶铺源电商小店，帮助合作社、农户通过电商平台和直播带货平台线下线上销售特色农产品。可以看出，龙村的带货效应"钱"景可观。仅2022年，龙村线上销售额就达540多万元，为村集体经济创收5.5万元，带动120余人就业增长。

（三）打好民生保障战，激发乡村善治的巨大活力

村里的产业兴了，村民的腰包鼓了，但环境脏乱差，出行难、饮水难、住房难等现实问题，依然困扰着村民。习近平总书记指出，完善公共服务体系，不断满足人民日益增长的美好生活需要，不断促进社会公平正义，形成有效的治理，使人民获得感、幸福感、安全感更加充实。支村两委为解决村民的"烦心事"，又轰轰烈烈打响了民生保障战，激发了乡村善治的巨大活力。

1. 整治"脏乱差"

过去，全村垃圾乱倒、河塘腥臭、旱厕成堆，到处臭气熏天。为整治"脏乱差"问题，支村两委主动作为，积极申报全市洁净乡村、"美丽屋场"试点示范项目建设，采取项目争一点、村集体出一点、群众筹一点的方式筹集资金，大力推进人居环境集中整治，拆旱厕建公厕、拆空心房建小游园、治臭水河变清水河……同时，通过打造文化墙、文化遗迹展示等亮点来提升魅力，为村民营造"留得住乡情，记得住乡愁"的美丽乡村。如今的龙村瑶族村，已由过去的"臭熏熏"变成现在的"香饽饽"，前来这里打卡的游客络绎不绝。

2. 打通"连心路"

过去，出行难是村民一大难事。原水楼下村、荷叶塘村、瑶族村地处偏远，群众生活困难，到处是泥巴路、断头路，晴天一身灰，雨天一身泥，一不小心就会掉进泥坑里。支村两委通过积极争资立项，发动党员群众筹资投劳，优先对贫困村组道路进行改扩建水泥硬化。如今，一条条崭新的"连心路"通村进组入户，切实打通了村民出行的"最后一公里"。

3. 喝上"方便水"

过去，饮水问题也是个老大难，全村人口多、用水量大，村组居住分散，"断头水"比较多，大部分村民都是挑水喝。支村两委翻山越岭找水源，深入村组看实情，在 2019 年年底完成饮水改造工程，家家户户喝上了方便、干净的自来水。

4. 建好"安居房"

村民的住房问题也一直记挂在支村两委心头，通过积极争取多方建房政策资金，有效解决了村民住房难的问题，还重点打造了整齐划一、功能齐全、具有少数民族气息的民族新村，集中安置居住在山上的瑶族村民，促进民族团结。过去，住在高寒山区的 9 组瑶民何跃真，一家五口人住的是用泥做的危旧抖墙屋，盖的是茅草和树皮，因外面采煤，家里晴天灰蒙蒙、雨天"水帘洞"，遇到刮风下雨打雷天，全家就躲到这 20 多米远的煤窑洞里。有一天晚上，狂风大作，暴雨倾盆，他们家的屋顶被风卷走，幸好孩子们都在学校住宿。何跃真是一个假肢残疾人，他和他老婆相互搀扶，冒着狂风大雨艰难地一步一步挪向煤洞避险，两人都淋得像个落汤鸡。这一晚，夫妇俩通宵未眠，心想自家要是有一栋坚固的房子那该多好啊。如今，他们家已经实现了幸福的"安居梦"。

（四）打好三治融合战，夯实乡村善治的社会基础

村民的一些烦心事解决好了，但村风民风较差，治理模式单一、低效问题依然存在。习近平总书记指出：健全自治、法治、德治相结合的乡村治理体系，也是实现乡村善治的有效途径。龙村充分尊重人民群众主体地位，打响"三治"融合战，打造了人人有责、人人尽责的乡村治理共同体，有效提升了乡村善治水平。

1. 以自治激发治理活力

自治是开展法治和德治的基础。如何打好乡村治理的自治基础，激发治理活力呢？龙村大力推进"网格化＋户积分"治理模式，以小积分撬动大治理，户积分满 60 分以上的可到村积分小铺兑换礼品，大力营造了"要我积分"变

"我要积分"的浓厚氛围。过去经常有人因很小的事情都打投诉电话，现在自愿参加公益事业的人越来越多了，矛盾纠纷也少了。如村民李某某，他冒着严寒下河清理河道垃圾，这一项就给他加了 20 分户积分，他还说："组里能解决的事情，绝不麻烦村里"，可以看出，龙村通过"网格化＋户积分"管理，真正做到了村与民共治，实现了矛盾纠纷"小事不出格，大事不出村"。习近平总书记曾指出：妇女是推动社会发展的伟大力量。过去，村里留守的妇女较多，经常无所事事。为充分发挥妇女"半边天"作用，龙村把村妇联"湘妹子能量家园"项目作为深入推进"网格化＋户积分"管理的一个创举，将村妇联执委干部落实到 8 大网格内，负责联系管理网格内村民，引导村民参与各项村级事务，在矛盾化解、帮贫扶困、家校服务等现场，时常能看到妇女们的身影，尽显巾帼担当，还获得全国妇联系统先进集体，全省湘妹子能量家园示范村。

2. 以法治推进现代治理

法治是保障乡村社会公平正义、秩序有序的"硬治理"。过去，由于村民法治意识淡薄，村里治安混乱，倒石堵路、强揽工程、无理闹访等现象普遍存在。如一个地痞想非法强揽村里的所有建设工程，于是他跑到村支书邝素珍的办公室进行言语威胁。邝素珍为了维护广大村民的利益，毫不惧怕，拒不答应，并以此事作为创建平安乡村的强大推力，深入开展扫黑除恶专项整治斗争，把各种不安定因素消灭在萌芽状态，村民的安全感大大提升。同时，设立法律援助工作站，聘请律师担任法律顾问，并加强司法部门的联系，常态化开展"送法到村入户"活动，村干部、党员带头学法用法守法，引导村民依法维权，营造了信法不信访的良好法治氛围。近年来，全村无刑事、治安案件，实现了零上访、零事故。

3. 以德治涵养文明新风

德治是社会舆论与自觉修养相结合的"软治理"。龙村修订了"全市最美"《村规民约》，村干部带头执行，刹住了红白喜事大操大办等陈规陋习，并以成立村级好人协会作为大力推进移风易俗的重要抓手，好人之风在全村漫延，在矛盾调处、疫情防控、乡村振兴等方面都发挥了重要作用。如在 2020 年新型冠状病毒感染之初，全村人给武汉捐钱、献血，并向社会捐送 50 多吨油菜，那段时间，龙村人每天天刚亮就起来采摘油菜，特别让人感动的是，村里一位 80 多岁的老党员每天坚持带头参加油菜采摘。从一群好人到一村好人，龙村人用大爱传递着好人火炬，涌现了全国最美乡村教师赵春容，全国巾帼建功标兵邝素珍等"时代楷模"。龙村也是一个红色革命村，在这里留下了村医李克庄"一门四烈士"等感人的英雄故事。为了传承龙村优秀传统文化，建成全市首个新时代农村讲习所，集中陈列村里的红色文化、好人文化、瑶乡农耕文化、村史发展等内容，切实让人在参观学习中汲取文化的营养、信仰的力量，就连广东省政协也不远千里前来调研参观。

如今的龙村瑶族村产业兴了、村民富了、环境美了、民风也淳了，全村年人均收入从 2014 年的 2600 元增加到 2022 年的 31 000 元，村集体经济收入从 2014 年的 12 万元增加到 2022 年的 113.9 万元，构建了一幅宜居宜业和美乡村善治画卷。

三、开创新局，奔振兴

龙村瑶族村通过乡村善治探索，积累了一些实践经验，为创新乡村治理体系、走好乡村善治之路、助推乡村振兴等提供了启示。

（一）坚持以基层党建为抓手，发挥组织优势

乡村善治必须要求基层善政。党的二十大报告强调："坚持大抓基层的鲜明导向，抓党建促乡村振兴，推进以党建引领基层治理，持续整顿软弱涣散基层党组织，把基层党组织建设成为有效实现党的领导的坚强战斗堡垒。"这一论述表明：坚持党的领导是提高我国乡村治理水平，实现乡村治理体系和治理能力现代化的最大保障。龙村瑶族村实践证明：坚持以基层党建为抓手，发挥组织优势，是推进乡村善治的首要保障。过去原水楼下村因为村级党组织软弱涣散，导致基础不牢，地动山摇，就连村里召开党员会议也没几个人参加。而新

龙村班子能在短短几年把一个省级贫困村发展成全国示范村，最根本是抓住了基层党组织这个关键，在县、镇党委、政府的关心指导下，顺利完成2017年和2021年村党支部委员会、村民委员会换届选举，配齐配强了一支高素质的农村干部队伍，确保党的各项政策在基层落地生根，充分发挥出党组织的战斗堡垒作用，由此获得全省先进基层党组织荣誉。

（二）坚持以惠民利民为宗旨，满足群众需求

人民是党执政兴国的最大底气。党的二十大报告指出，必须坚持在发展中保障和改善民生，采取更多惠民生、暖民心举措，着力解决好人民群众急难愁盼问题，健全基本公共服务体系，提高公共服务水平，增强均衡性和可及性，扎实推进共同富裕。这一论述也表明：推进乡村善治工作也必须始终把牢惠民生这个出发点。龙村瑶族村实践证明：只有坚持以惠民利民为宗旨，满足群众现实需求，才能引来乡村善治的源头活水。过去，水楼下村、荷叶塘村干群关系矛盾尖锐，其问题根源就在于村干部没有着力解决好人民群众的急难愁盼问题。国务院总理李强在答记者问中强调，政府工作就是要贴近老百姓的实际感受，要真正做到民有所盼、政有所为。而新龙村班子就真正做到了"民有所盼、政有所为"。他们一上任就扑下身子入村走访调研，问需于民、问计于民，首先就从群众最急最盼的现实问题干起，优先为贫困村组、贫困村民解决出行难、饮水难、住房难、就业难等突出问题，优先为特困群众垫付建房、看病、上学等缺口资金，时刻让群众感受到党和政府关心关怀的"温度"，从而提高村民主动参与乡村治理的"热度"，切实为助推乡村振兴，迈向共同富裕奠定民生基础。

（三）坚持以改革创新为引擎，释放发展活力

改革创新是社会发展的根本动力，是新时代新征程上最迫切的要求。习近平总书记在学习贯彻党的二十大精神研讨班开班式上强调，推进中国式现代化是一个探索性事业，还有许多未知领域，需要我们在实践中去大胆探索，通过改革创新来推动事业发展，决不能刻舟求剑、守株待兔。这一重要论述也鲜明折

射出改革创新在乡村治理现代化建设中的重要作用。龙村瑶族村实践证明：只有坚持以改革创新为引擎，释放发展活力，才能有效破解乡村善治难题。过去的龙村班子面对诸多的乡村发展难题，很难打开局面，就是因为缺少改革创新精神，死守老路。而新龙村班子坚持问题导向，坚持系统思维，越是在发展的瓶颈关口，越表现出改革创新、破颈闯关的勇气和魄力，敢打硬仗、敢啃硬骨，大胆探索出一条从黑到绿、从乱到治、从穷到富的乡村善治之道。如通过同不法行为作坚决斗争，既维护了广大村民的共同利益，又树立了支村两委的领导权威；通过产业转型发展，既盘活了土地资源，又激发了村民致富增收的内生动力；通过把村妇联"湘妹子能量家园"赋能"网格化＋户积分"管理，既发挥了妇女半边天作用，又涵养了良好的家风民风村风。

（四）坚持以产业振兴为根本，增强"造血功能"

产业振兴，是解决农村一切问题的前提。2023年3月5日，习近平总书记在参加十四届全国人大一次会议江苏代表团审议时指出：要把产业振兴作为乡村振兴的重中之重，积极延伸和拓展农业产业链，培育发展农村新产业新业态，不断拓宽农民增收致富渠道。龙村瑶族村实践证明：只有坚持以产业振兴为根本，增强"造血功能"，才能为乡村善治打造强力支撑。过去，龙村因煤而富、因煤而贫，村内产业单一，煤炭资源枯竭后，全村发展陷入"一潭死水"。而新龙村班子通过产业转型发展，大大拓宽了村民和村集体致富增收渠道。为进一步巩固拓展脱贫攻坚成果同乡村振兴有效衔接，龙村按照"支部建在产业链上，党员、能人聚在产业链上，农民富在产业链上"的工作思路，采取支部带企业、企业带产业、党员带群众的方式，促进产业发展、村民致富，这将为乡村善治汇聚起更多的发展能量，加快助推乡村振兴、共同富裕。

通道侗族自治县乡村治理体系中的村规民约研究

⊙ 吴练斌（中共通道侗族自治县委党校）

党的二十大报告提出要完善社会治理体系，加强基层社会治理，加快建设法治社会。通道侗族自治县作为一个传统农业县，乡村治理是其基层治理的重中之重，而村规民约是乡村治理体系建设的重要内容。调研发现，与其他县域相比，通道侗族自治县因特殊的地理、历史、民族、文化等因素其村规民约具有特殊性。因此，研究通道侗族自治县村规民约，对于加强通道侗族自治县乡村治理体系建设，助推乡村振兴，实现治理体系的治理能力现代化都具有重要意义。

一、通道侗族自治县村规民约的发展历程

通道侗族自治县位于湘桂黔三省（区）交界处，是湖南省最早成立的少数民族自治县。侗族人口占总人口的78%。通道侗族自治县处于全国侗族文化的腹心地带，侗族传统文化保存相对完好。重峦叠嶂，交通不便，历史上封建统治势力鞭长莫及。在长期的封闭状态中，为了维护治安，稳定生产生活和对外联防自卫，侗族传统社会形成一种地域组织——款组织。款组织约束款民行为、管理内部事务的规范称为款约。款约的内容包括六面阴规、六面阳规和六面威规等，涉及社会生活的方方面面，是侗族传统社会的习惯法，成为侗族传统社会管理村寨的主要依据。民国以来，国家政治强势进入侗族地区，侗族款组织瓦解，款约法逐渐退出历史舞台，但仍有一些残存。中华人民共和国成立后，国家政策和法律彻底取代侗族款约法。但是，作为存在上千年的社会治理模式，侗族习惯法的精神仍然根植于侗族民众心中。

改革开放以来，随着社会治安问题的日益突出和国家法制在侗族地区贯彻的滞后，通道侗族自治县各村寨纷纷制定了村规民约。这种村规民约从制定程序到内容都与侗族传统习惯法具有相似性。第一，"本土性"相似。侗族习惯法根植于地方，体现地方的实际情况和需要；目前村规民约也是根据本村实际情况制定的，针对性强，每个村的村规民约不完全相同。第二，制定程序相似。传统习惯法由全体款民在款首、寨老组织下通过民主协商方式制定，或者由款首、寨老拟订框架，交由全体款民大会通过；现在的村规民约由村委会或老人协会拟订框架，交由村民会议通过。第三，处罚手段相似。侗族习惯法一般情况下都是以罚款和教育为主要制裁方式；现在的村规民约处罚方式也多以罚款为主。当然，现在的村规民约与传统习惯法的差异性还是很大的。例如，村规民约以治理村寨为主，弱化对外防卫。侗族传统习惯法有对内自治和对外防卫的双重功能；现在，官兵入侵盘剥、土匪烧杀抢夺等情况已经不复存在，对内自治成为村规民约的唯一功能。

二、通道侗族自治县村规民约存在的问题及原因

调研发现，通道侗族自治县村规民约总体来看，正向功能和作用值得肯定。但是，从贯彻落实党的二十大精神、加强乡村治理体系建设、实现治理体系和治理能力现代化的要求看，通道侗族自治县村规民约存在的问题不容忽视。

（一）主要问题

1. 制定主体不规范

《中华人民共和国村民委员会组织法》第二十一、二十二条规定，村民会议由本村十八周岁以上的村民组成；召开村民会议，应当有本村十八周岁以上村民的过半数，或者本村三分之二以上的户的代表参加，村民会议所作决定应当经到会人员的过半数通过；必要时可以邀请驻在本村的企业、事业单位和群众组织派代表列席村民会议。党的十一届三中全会以来，随着农村改革的推进，

我国农村社会结构发生了很大的变化。通道侗族自治县农村村民的结构出现多元化趋势。农村青壮年人口外出务工增加，农村个体户、民营企业主、农民大学生也增加，外来长期驻村的人口也增加。因此，村民会议不仅仅从人数上简单机械地符合法律的规定，应该是各个阶层、各种人群也应有其代表。在调研中我们还发现，由于现代法治意识淡薄，通道侗族自治县村规民约存在大量非法制定主体。侗族传统习惯法制定主体是款民（村民），款约法先由德高望重的款首、寨老拟订框架，再交由全体款民商定；现在的村规民约制定权一般掌握在村支书、村委会主任等村干部的手中，而一些村干部制定村规民约时更多是考虑自己的利益。

2. 制定程序不规范

有些村制定村规民约时，基本上是村里的几个"头头"说了算。制定的程序基本上是：先由一个文笔较好的"头头"起草，然后，"头头"们碰头看一看。由于大家文化水平有限，基本上提不出什么意见和建议，因此，程序上"看看"后就通过了，然后就张榜公布，交付实施了。村民们也认为这是"合法"程序，因为千百年来都要是村里"头人"说了算，大家基本上认为这没有什么不妥的。这其实是典型的"家长制"和忽视村民权利的表现。

3. 内容不规范

一是内容雷同。侗族传统习惯法充分考虑本款组织内的实际情况，款约法的内容对本组织针对性强。通道侗族自治县现在许多村的村规民约也体现了这一特点，但一些村也有例外。有些村支"两委"偷懒，将他村的村规民约拿来抄袭了事，有的是网上抄袭，有的找邻村抄袭，完全不看是否符合本村实情，能否保证正常运行。二是内容违法。有的村规民约带有封建色彩，如规定外嫁女不享有继承权；有的超出法律规定，如法律规定罚款是国家专门机关的职权，但大量的村规民约以罚款为主。典型的如通道侗族自治县南部各村的"3个100"或者"3个300"（即对违反村规民约者，罚100斤或300斤肉，100斤或300斤酒，100元或300元钱，供全村吃喝），许多违法情况一罚了之。

4. 缺乏有效监督

一是村级监督错位。调研发现，一些村对村规民约监督出现错位现象。例如，村委会或者老人协会既是村规民约制定者又是执行者，还是监督者。因此，在一些村出现对纠纷处理不公，群众意见很大。对执行者的亲戚处理起来较轻，对非亲非故者处理较重。与传统社会款首、寨老"一碗水端平"相比，退步很大。二是乡级监督有限。《中华人民共和国村民委员会组织法》规定，村规民约的制定需要报请报乡镇人民政府备案。调研中发现一些村的村规民约没有拿到乡镇政府去备案，一些乡镇政府也不会如何对村规民约进行备案审查。三是司法监督缺位。司法机关是法律"最后的保护者"，理应对村规民约进行审查和监督，然而由于司法机关认识上认为对村规民约的监督是"软任务"不是"硬任务"，同时司法机关人手有限，其他任务繁重，对村规民约的监督长期缺位。

（二）存在问题的主要原因

1. 法律法规不完善

改革开放以来，我国法治建设取得显著成就，但是规范村规民约的法律法规仍然不多。例如，《中华人民共和国村民委员会组织法》只是规定各村可以制定村规民约，但是对于如何制定、谁来制定、如何指导制定、如何监督制定、如何备案，等等，都没有作出规定，造成了该法在规范村规民约方面的可操作性不强。

2. 政府普遍指导不足

许多村的村规民约内容多为空洞的口号，一些村的村规民约违反法律法规，一些村的村规民约保留有传统文化的糟粕。造成结果的原因，我们认为是各级政府，特别是乡镇政府对村规民约的指导普遍缺位。调研中，一些乡镇工作人员承认，自己对国家法律法规不熟悉，对农村的情况也不熟悉，无法指导农村工作。

3. 村民法律素质不高

村民和村干部中初中文化居多，高中以上学历者鲜有留在村里务农的。文化素质偏低，法律素质更低。因此，有些村的村规民约仅从形式上看就知道是不懂法的人制定的，严肃的村规民约被写成口水话，毫无逻辑性，错别字大量存在，语句不通，甚至前后矛盾。

三、通道侗族自治县乡村治理体系建设中完善村规民约的建议

（一）加强政府参与，寻求坚持村民主体地位与强化政府介入之间的平衡

1. 加强政府对制定村规民约的指导

《中华人民共和国村民委员会组织法》规定，乡镇政府对村民制定村规民约负有指导义务。因此，乡镇政府既要介入村规民约的制定和实施，又要做到不越位、不代为。笔者认为，乡镇政府对于村规民约制定的指导，重点应放在监督制定程序上。由于传统观念的影响，人们重视实体不重视程序。其实，程序不合法，实体也难以做到真正的合法。监督制定程序，说简单也简单，只要严格按照法定程序一步一步地进行下去，从村规民约制定的提议，到起草、讨论、修改、通过，严格按照法律法规规定的步骤进行。当然，除了重点监督制定程序外，对村规民约的内容合法性也要审查。。

2. 加强对现行村规民约的清理和修改

鉴于通道侗族自治县目前各村的村规民约在几年前就已经制定，现在政府的工作重点应是组织对现有村规民约的清理和修改。要组织对现有村规民约的检查，对检查结果区别对待：对合法的宣布有效，对过时的宣布作废，对违法的宣布无效。由于形势是不断发展变化的，清理也应是经常性的，政府应不定期地组织人员对各村的村规民约进行清理，及时发现问题，及时提出修改、废除的意见建议。

3. 加强村规民约内容规范化建设

从全国来看，各个地区农村的情况千差万别，但是，从县域情况来看，一个县内的农村情况差别不大，特别是乡镇内的各村，情况大同小异。因此，乡镇政府完全可以在加强村规民约内容的规范化建设上有所作为。例如，可以请法律专家深入本乡镇各村，在摸清村情的情况下，制定出符合本乡镇各村通用的村规民约蓝本。各村以蓝本为基础，再结合本村实际情况，增、删、改一些内容。这样做的好处是，可以基本保证村规民约内容的合法性。当然，由于我国农村是实行村民自治的，因此，政府不能过度干预村级事务，提供的村规民约蓝本是建设性、建议性的，不是强制性的，强调各村一定要结合本村的实际制定出符合本村需求的村规民约。

4. 加强普法宣传教育

村规民约属于民间法，有其传统的法理在其中。但是，我国现在正在全面建设社会主义现代化国家，现代法治是中国特色社会主义应有的内容。传统法理和现代法理有冲突之处，我们要教育村民既要继承和弘扬民族传统优秀法律文化，又要遵循现代法治理念。因此，在农村中加强普法教育十分重要。通过普法教育，使村民明白，村规民约是维护村民权益的规范性文件，也是实现国家治理体系和治理能力现代化的有效手段。

（二）坚持因地制宜，突出特色，弘扬道德，丰富村规民约自治内涵

1. 因地制宜，循序渐进

通道侗族自治县各个侗族村寨"十里不同风，百里不同俗"，每个村寨都有自己独特的历史和风俗习惯。由于农村传统习惯是千百年形成的，因此，村里在制定村规民约时，我们不应要求他们一步到位地与国家法律法规完全吻合。在实际操作过程中，我们可以从原来的村规民约或者原来的风俗习惯中与国家法律法规冲突严重的地方改起，一步步来，循循善诱、循序渐进。在原来成效的基础上，在村民思想觉悟和法治观念不断进步的基础上，再逐步规范化、法治化。

2. 弘扬侗族优秀传统文化

村规民约必须和法律、道德联动，社会实现治理成效才能显现。应从侗族传统文化中汲取营养，引优良道德风俗入约。例如，侗族有尊老爱幼的传统，村规民约可以将些引入规约，大力提倡。在引导人情消费方面，村规民约也大为可为。村规民约可以以移风易俗、发扬侗族勤俭美德作为突破口，制订红白喜事的统一规格来进行管理和引导。

（三）完善程序，形成村民会议、村委会和乡镇政府各负其责、相互制衡的状态

在村规民约的提议立项、起草、讨论、表决、审批、执行和监督各个环节，都需要村民、村委会、乡镇政府多方的参与，形成各负其责，相互制衡的状态。

1. 提议、草案起草环节

由于《中华人民共和国村民委员会组织法》在村规民约的立项、起草等方面未作出明确的规定，因此，结合现行的做法，由村民委员会行使立项和起草的权力是可行的。原因在于村民委员会是农村社会治理的最低层级，它对本村的情况非常了解；同时，现在的村委会成员的文化水平比一般村民较高，由他们来立项和起草，理论上可以基本保证村规民约文本的文字水平。当然，在立项和起草过程中，村委会要安排一部分村民代表参与其中。

2. 讨论、表决环节

第一，讨论环节。这个环节包括向村民征求意见和经村民充分的酝酿等。笔者认为，参与征求意见和酝酿讨论的人数应尽量多。具体来讲，可以由村民会议或者村民代表会议进行；如果条件允许，可以由各村民小组甚至全体村民进行。这样，可以尽最大可能集中民智。在征求意见、酝酿讨论的过程中，村委会主要做联络协调以及意见汇总的工作。第二，表决环节。这个环节要严格按照《中华人民共和国村民委员会组织法》的规定，要突出强调村民会议和村民代表会议是制定村规民约唯一主体的地位。正因为村民会议和村民代表会议的地位如此重要，因此，要严格规范村民会议和村民代表会议代表的构成。表决时，要采取直接民主的方法。这样才能增大村规民约的民主性和权威性，减少实施过程中的阻力。

3. 审查、监督环节

乡镇政府在村规民约的制定过程中是未直接参与进去。因此，村规民约通过后，为了及时纠正村规民约中不合法的规定，应当增加乡镇政府对村规民约的审查环节。一是防止不合法的条款生效，二是避免先生效后审查调整，给村规民约的权威带来损害。

（四）健全监督保障机制，维护村民合法权益

1. 加强备案审查

备案审查十分必要。但是，部分人士，乡镇政府缺乏法律人才，无法履行备案审查职责。笔者的建议是：由县法制部门（司法行政部门）审查各乡镇的村规民约。具体做法是：县法制部门（司法行政部门）对村规民约审查后，提出审查意见，再交乡镇政府进行备案或返回修改。根据法律规定是应表决后备案，目的是尊重村民的自治权。但是，为了使表决通过后的村规民约能在备案时顺利通过审查，建议在表决之前，专责机构先对村规民约进行形式审查，形式审查通过后，再交由村民会议或村民代表会议表决。表决通过后，专责机构再对表决后的村规民约进行实质审查。这样做的好处，是减少表决通过后的村规民约被打回修改的几率，增强表决的严肃性。

2. 完善司法审查

司法审查是一种事后审查，即人民法院在审理民事案件中，如发现其中涉及村规民约的，可以对村规民约进行审查。如认为该村规民约符合法律法规，人民法院则予以认可；如发现其与国家的法律法规相抵触的，人民法院有权对该村规民约作出不予适用。目前，对村规民约进行司法审查的法律法规还很少，这是我国法治建设的短板，要逐步加强和完善。

3. 探索行政诉讼

调研中收集到两起相似案例：某村民因违反村规民约被处罚，该村民不服，声称要向法院起诉，要求宣告村规民约中用来处罚他的条款无效。这类案件适用行政诉讼还是民事诉讼？我们倾向于行政诉讼。理由有二。第一，村规民约有别于民事契约，它的通过和生效并非要求全体村民一致赞成，而民事契约必须经所有参与方一致同意；第二，村民自治和村集体有公权背景，村民自治和村集体的建立源自国家授权，村集体可视为公法人。在实务操作中，制定者村民会议是临时机构，无法成为被告，建议将村委会作为被告。

郴州市苏仙区现代设施农业高质量发展研究

⊙ 罗文华（中共郴州市苏仙区委党校）

党的二十大报告中提出，要树立大食物观，发展设施农业，构建多元化食物供给体系。2023年6月，农业农村部制定印发了《全国现代设施农业建设规划（2023—2030年）》，这是我国出台的第一部现代设施农业建设规划，为国家未来现代农业发展列出了"时间表"和"路线图"。现代设施农业是利用工程技术、设施设备和工业化生产方式，为动植物生产提供适宜的生长环境，使其在最经济的生长空间内，获得最高的产量、品质和经济效益的高效农业。现代设施农业是现代农业的重要标志，也是建设农业强国的必由之路。加快建设现代化设施农业，对于夯实现代农业发展基础，保障粮食和重要农产品安全供给，提升农业产业竞争力，促进农民增收，具有十分重要作用。

一、苏仙区现代设施农业发展的基本情况

苏仙区是湖南省郴州市的市辖区，别称"福城"。地处湖南省南部，郴州市中部，湘江支流耒水上游。近年来，全区抢抓粤港澳大湾区菜篮子建设、国家乡村振兴示范县（区）建设的机遇，大力发设施农业，全面推进产业大融合、产业大发展，实现了全区农业产业新发展、新突破。截至2022年，全区有温室、大棚2000多座，设施农业面积达6.8万亩，设施农业总产值达16亿元，全区粤港澳大湾区菜篮子基地认定33家，"湘江源"授牌企业8家，两项工作均居全省第一，郴州市苏仙区瑞祥智能化肥猪场是目前湘南地区最大的智能化生猪养殖场。

（一）坚持对接粤港澳大湾区，推进湘江源设施蔬菜基地建设

依托区位优势和规模优势，对接粤港澳湾区，打造湘江源蔬菜大基地品牌，重点建设了三个现代设施蔬菜生产园区，提升蔬菜产业综合生产能力。一是西河沿线设施蔬菜区。主要以西河沿线的栖凤渡镇的庄门、株梓塘等村为主体，以温室大棚反季节瓜果、葡萄、蔬菜为主，形成种植核心示范基地1万亩，带动周边村民蔬菜种植面积2万亩，重点打造集生产、休闲、观光为一体的综合性农业产业示范园。二是西南片设施高山蔬菜区。主要以五盖山镇、良田镇一部分为主体，以优质的辣椒、大葱和高山蔬菜为主，形成区域种植面积达5000亩。三是郴江上游设施外销蔬菜区。以坳上镇坳上村为中心，主要涉及坳上镇的坳上村、水塘村及良田镇堆上村，以生产菜苔、白菜、蒜苗等叶类蔬菜为主，发展外销蔬菜面积1万亩，辐射带动蔬菜种植面积2万亩（见表1）。

表1　苏仙区现代设施种植业产业分布情况

种植片区	覆盖镇（村）	种类	基地面积
西河沿线设施蔬菜区	栖凤渡镇	温室大棚反季节瓜果、葡萄、蔬菜为主	1万亩
西南片设施高山蔬菜区	五盖山镇、良田镇	优质的辣椒、大葱和高山蔬菜为主	5000亩
郴江上游设施外销蔬菜区	坳上镇、良田镇	菜苔、白菜、蒜苗等叶类蔬菜为主	1万亩，辐射带动各类蔬菜种植面积2万亩

（二）坚持内引外联，拉动设施养殖业全产业链发展

按照高要求规划生猪产业布局，高质量服务生猪养殖，高起点打造龙头企业，高水平开辟冷链物流，高标准破解粪污治理，已初步形成"饲料生产—生猪养殖—屠宰加工"一体化的全产业链。一是合理引导。按照"创新、协调、绿色、开放、共享"的新发展理念，坚持"种养结合、以养促种、就近消纳、综合利用"原则，合理引导区内区外资本投入设施养殖业发展，累计投资1.65亿元，对全区158家规模养殖场进行改造，（粪污）资源化利用配套设施达到100%，通过畜禽粪污资源化利用，清除面源污染，促进畜牧业转型升级。二是

示范带动。积极引进国内知名企业广西扬翔、湖南新五丰、正大集团等大型养殖公司入驻，通过合股、租赁、代养等合作方式在区内新建大型养殖场21家，促进全区生猪养殖升级转型，快速恢复发展生猪生产。三是全产业链打造。引进社会资本，做大做强设施养殖业品牌，推动养殖业向绿色、智能、规模化发展。目前全区在建的大型养殖场有：年出栏生猪40多万头的瑞祥智能化肥猪场、年出栏12.8万头生猪的新希望长青养殖场、年出栏28.8万头的阡墨养殖有限公司等8家，每年新增生猪产能120万头以上。

（三）坚持因势利导，提升设施农业生态农庄品位

立足区位优势和资源优势，重点发展三个板块观光休闲设施农庄，提升全区旅游农业品位。一是依托郴资桂交通优势布局。在郴资桂沿线布局，重点建设仙乐水上乐园、观山农庄、和平村农庄等郊区旅游农业，建成设施农庄30多个。二是围绕栖河风光带沿线布局。依托西河美丽风光带，大力推动亲子游乐、生产研学、观光休闲等设施农庄建设，大力发展了休闲垂钓园、体验园、采摘园等，面积上万平方米。三是立足飞天山国家地质公园布局。依托国家地质公园品牌，重点发展设施农业采摘园、观光园，打造水仙楼、樱花园等景区边休闲农庄农园，面积达2万多平方米。

（四）坚持模式创新，推动设施农业多元化投入

设施农业具有高投入、高产出和高效益的特点，是最具活力的现代新农业。全区设施农业发展主要有四种模式有：一是政府引导型。围绕"菜篮子工程"，大力实施绿色食品行动计划，大力发展现代设施农业，特别是智能化设施农业。区财政通过设施奖补、贷款贴息等方式，每年支持设施蔬菜财政资金上千万元，引导发展现代设施蔬菜产业。目前，全区50亩以上的蔬菜基地39个，1000亩以上的蔬菜基地11个。二是产业融合型。通过"产业＋设施＋农户"的方式，促进农村土地向优势产业流转。目前，全区形成了设施蔬菜、设施养殖业、设施庄园等产业融合，实现了产业化、集约化、规模化经营。如良田镇芝草农业

公司，先后投资千万元，打造了集观光、种养一体的休闲农业产业企业，每年实现产值可达3个多亿。三是行业支持型。依托区位优势和产业优势，采用"行业+设施+大户"的方式，通过土地流转，逐步形成行业产业优势，进一步扩大种植面积、种植规模。全区烟叶种植采用智能化育苗，国家烟叶种单元面积达2.3万亩，亩均产值达到5000元以上。四是科技园区型。积极推进农业产业示范园区建设，加大设施农业投入力度，走"产—学—研"相结合的发展之路。凤楚传奇公司先后在栖凤渡镇瓦灶村流转当地村民土地300多亩，通过合同制、合作制、股份制等多种利益联结方式，同村民结成利益共同体，实现产业化经营、集约化生产，打造成了集鱼粉加工、生产研学、观光休闲一体化的农业龙头企业（见表2）。

表2 苏仙区现代设施农业模式类型

类型	主要特点
政府引导型	区财政通过设施奖补、贷款贴息等引导发展现代设施蔬菜产业
产业融合型	"产业+设施+农户"
行业支持型	"行业+设施+大户"，典型代表：烟叶种植
科技园区型	农业产业示范园区建设，典型代表：凤楚传奇公司

二、苏仙区设施农业高质量发展存在的主要问题

目前苏仙区现代设施农业发展还处于粗放阶段，存在科技含量不够、配套服务不够、集约化生产不足、要素保障不足等问题。具体如下。

（一）设施农业质量不高

设施农业发展总量不足，质量不高，设施种植业虽有一定规模，但布局不合理，装备较为落后，全区设施种植业以蔬菜、烟叶为主，占设施农业总面积80%以上（见图1），而设施种植业还属粗放式发展，中小拱棚和塑料大棚面积占比80%以上。设施畜牧业和设施渔业总量不足，规模化、集约化生产还没有

全面推广，多数农户都是人工饲养，靠天吃饭，养殖户抗市场风险意识不强。据统计全区设施农业总面积为 6.8 万亩，其中设施渔业面积仅为 118 亩，仅占总面积的 0.17%，设施畜牧业约 12 000 亩，约占总面积的 17.65%。技术装备不配套，专业种养、精细化调控等重要数据管理软件很少应用，智能化、数字化水平不高。

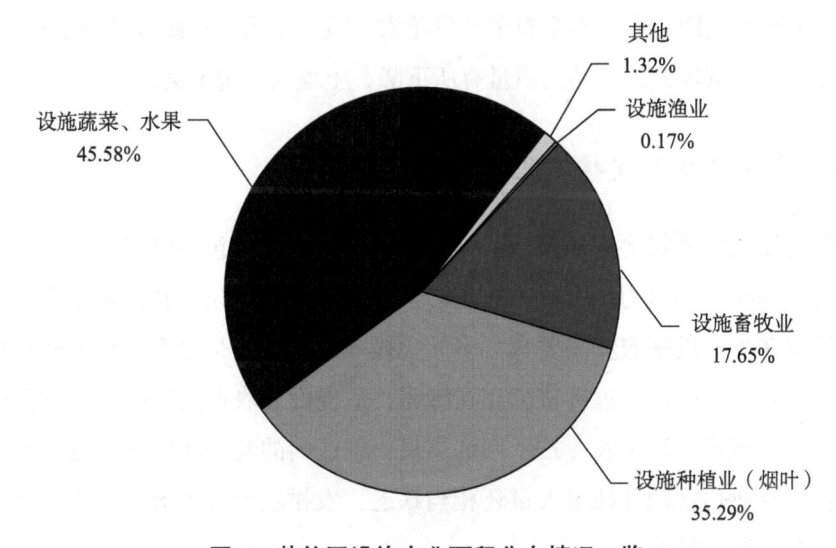

图 1 苏仙区设施农业面积分布情况一览

（二）基础配套服务滞后

目前全区设施农业以简易型为主，抗自然风险能力差，对设施农业温光、水肥等环境因素的控制技术少，一旦受到气候影响，农产品产量都受到较大影响。政府财力投入不足，设施农业装备老化严重，存在综合利用率低，基础设施建设滞后的情况。因为资金和技术方面的原因，全区现代农业设施机械化程度不高，农村农户很少有自动灌溉系统，智能化设备基本上是在消费端，劳动生产率低。农业部门的技术服务力量不够，不能完全满足广大农户的需求和设施农业进一步发展。

（三）集约化经营不强

目前全区设施农业的土地利用较为粗放，农村经营主体规模小，组织化程度低，缺少具有区域性辐射带动作用的设施农业龙头企业。由于大多数村庄农民都是自给自足的自然经济生产模式，人均生产效率和生产水平低，如全区从事畜牧行业从业人员，人均饲养家畜仅为8头左右，水产养殖不到3亩，较发达地区有很大差距。由于资金有限，设施农业投入不足，设施种植业品种单一，农药化肥使用量较大，产品的质量有所下降，土壤板结情况突出。

（四）要素保障支撑不足

发展设施农业需要用地保障，但由于目前的家庭承包制经营，农村大规模土地流转存在很多阻力，农村土地流转多是小规模无序化流转，集中连片大规模土地流转少。设施农业需要建立多元化投入机制，但是地方制订的奖励性政策不多，农村"两权"抵押贷款存在障碍，适应设施农业发展的适销对路的金融保险产品不多。设施农业技术培训不足，辖区内的院校和职业学校缺少相关的专业，专业化管理和技术人员还相当缺乏，农村缺少人才流入，难以适应现代设施农业发展需要。

三、苏仙区推进现代设施农业高质量发展的对策探讨

加快设施农业发展步伐，是实现代农业发展高质量发展的必由之路，也是推动农业强区的重要支撑。全区上下必须根据市场需求调整设施农业布局，提升设施农业效能，优化要素支撑，进而实现设施农业由量的增长向质的提升。

（一）坚持政策驱动，着力推动设施农业转型升级

要对标先进地区，树立国际视野，立足大湾区、粤港澳后花园开展大调研，高标准高质量做好设施农业发展专项规划，以规划引领发展。一是注重规划引领。要按照"品种调新、布局调优、效益调高"原则，制定发展长远目

标，明确发展目标、重点、保障措施，一年一个目标，一个方案干到底。对接好粤港澳大湾区，依托盖山、坳山等珠江源头区域资源优势，实施菜篮子工程，打造湘江源蔬菜品牌基地；以栖河风光带现代农业产业园、凤楚传奇为依托，在栖凤渡镇的庄门、瓦灶、村头村等改扩建10家示范性设施农业产园，打造高质量现代设施农业示范带。实施畜牧业工程，加快瑞祥智能、长青养殖、阡墨养殖等项目投资扩建，优化设施结构，实现标准化、智能化、数字化生产。二是树牢精品理念。深入了解市场需求特点，发展满足游客需求的特色产业，包括体验、研学、养生、观光等休闲模式，突出板块特色，避免同质化竞争，打造精品项目。充分利用上级给予的土地整理、信贷贴息、税收优惠、补贴奖励等优惠政策和措施，指导企业向上争资立项目，加大升级改造力度，实现跨越式发展。三是推进集聚发展。苏仙区作为郴州市政治经济文化中心，叠加了郴州高新区、郴州自贸片区、跨境电商试验区、海峡两岸产业合作园区等平台优势，这些独一无二的平台优势是全区设施农业发展外向经济的先天优势。以郴州自贸片区建设、国家可持续发展议程示范区创建为契机，大力发展设施农产品出口基地和企业，加大农业产业化龙头企业的扶持，推动设施农业企业向标准化、规模化、品牌化迈进，重点发展以"湘赣红""湘江源"蔬菜、生猪产业为重点的外向型农业。依托五里牌现代农产品加工园区建设，进一步完善园区功能，提升项目承载能力，促进设施农业产业入园，形成规模，引导产业集群、企业集聚发展。

（二）坚持科技赋能，着力提升设施农业管理效能

科技是第一生产力。以打造科教主阵地为契机，围绕设施农业生产加工、流通等环节，分类完善科技、标准、信息等配套服务。一是推进科技创新。发展农业产业化，技术创新是关键。大力做好设施农业技术引进和推广，合理引进嫁接育苗、平衡施肥、高科技除虫等新技术，引入节水灌溉、卷帘机、植物补光等机械化设备，大力推广新的经营模式，提升生产效益。积极同市内院校对接，推动产学研科研深度融，大力推广郴州芝草公司与湘南学院联合科研做

法，解决农业发展中的关键问题，实现科研成果快速转化。二是完善标准体系。完备的标准化生产体系是保障产业快速发展的保障。制定种植、设施畜牧、设施蔬菜等的标准体系，明研确各类生产设施、配套设施标准，推动设施农产品标准化生产。依托全区科教优势，继续加大设施农业科研投入，实施智慧农业工程和"互联网+"现代农业行动，加快农业科技成果转化。三是强化质量监测。重视质量意识和品牌意识，完善好设施农产品评价体系，组织涉农业部门做好设施农产品质量监管，保证农产品质量。加大科技人员涉农科技技能培训，提升农业服务技能，拓展服务范围，推动涉农服务水平提升。

（三）坚持要素支撑，着力优化设施农业发展环境

设施农业发展是以追求生产效益和市扬竞争力为目标，必须立足于区域资源优势及特点，不断优化政策、资金、土地、人才等各种生产要素，充分挖掘潜力，打造最佳产业生产体系，进而实现高质量发展、取得最大经济效益。一是推动多元投入。坚持政府主导作用，制订设施农业投资目录，以直接投资、投资补助、以奖代投等多种方式，带动社会资本扩大有效投资。实施结对帮扶工程，将凤楚传奇、芝草农业等设施农业企业纳入政府支持范畴，实施市区领导结对帮扶，定期邀请专家、学者到企业调研，把脉问诊、对症下药，解决难题，助力企业加速腾飞发展。二是优化空间要素。加快设施农业发展的土地、资金、人才、技术等要素培育，优化设施农业发展环境。指导国土部门做好全区空间规划编制布局，落实好国家设施农业发展政策，探索土地的股份合作、土地托管、代种等土地经营权的流转，鼓励各地利用未确权的荒地、荒山、荒滩发展设施农业。做好从业人员的技能、技术培训，在高校和职业学校开设相关的专业，定期举办人才经验交流活动，为设施农业发展提供人才动力支持。三是创新金融服务。营造互助互助利的银企金融环境，将设施农业经营主体纳入信贷直通车，加强融资、担保、银行和设施农业主体的沟通和交流，助推银企合作，大力开展创新型的信贷和担保服务，为企业健康发展注入"强心剂"。

（四）坚持市场导向，着力培育设施农业产品品牌

农产品流通市场是连接农业生产和消费的桥梁，具有衔接供需、连接城乡、引导生产、促进消费的功能。坚持市场为导向，做好市场的规划建设，不断提升组织流通效能，将区位优势和交通优势变为经济优势。一是完善市场体系。以集镇农村市场、商品市场为依托，建设一批冷链集配中心，整合流通加工、区域分拨、城市配送等功能，优化城市冷链功能设施布局。研究国家物流政策，完善市场功能，抓好中物现代物流枢纽产业园物流项目，完善基础设施配套，打造槐万路现代物流产业带，积极申报湖南省骨干冷链物流基地承载城市。大力实施"郴货出郴"行动，在京港澳高速郴州北互通附近建设辐射粤湘两省的大湘南农副产品综合交易中心，外接粤港澳大湾区，内联郴州市广大农村，彻底打通苏仙区农副产品出村"最后一公里"问题。二是创新营销方式。要加快建立内连农户、外连市场的信息网络平台，大力发展"互联网+"，建设农村电子商务平台，促进设施农业销售。依托粤港澳大湾区湘江源基地，扩大香港、广州、深圳等城市市场经销商合作，发展冷链贮运、连锁经营、直销直供等经营方式，提高产品流通效益。加快物流信息平台建设，鼓励农业中介组织、农户联合体、合作组织（协会）、产销地批发商、收购代理公司、农村经纪人等从事农产品营销流通活动。三是打造特色品牌。积极实施品牌战略，依托本地设施农业龙头企业，重视新产品培育和开发，推出一批如临武鸭、东江鱼一样的区域特色品牌，不断提升产品市场占有率。对接上市公司和500强农业龙头企业，实行体验式招商，落实"保姆式"服务，促进知名头部企业落地，突出质量意识和品牌意识，做大做强苏仙品牌。

衡阳市新的社会阶层联谊组织助力乡村振兴研究

⊙ 陈 佩（衡阳市社会主义学院）

新的社会阶层联谊组织是由新的社会阶层当中具有社会影响力的代表人士组建起的具有联谊性、统战性、专业性的非营利社会组织。从成员构成来看，新的社会阶层人士具有社会覆盖面广、专业性强、身份超脱、流动性大等特点，同时也存在人员分散、难以组织管理等问题。2019年10月，为了提升衡阳市新的社会阶层人士的组织力、凝聚力和行动力，衡阳市成立了新的社会阶层联谊组织（以下简称衡阳市"新阶联"）。虽然衡阳市"新阶联"成立时间短，但发展十分迅速，目前衡阳市"新阶联"的组织架构基本完善，选举产生了第一届理事会，设有会长1名、副会长3名、监事长1名、理事38人，成立了衡阳市"新阶联"秘书处，设有秘书长1人、常务副秘书长3人、发展会员145人。随着衡阳市"新阶联"组织化程度的提高和县级联谊组织覆盖面的扩大，衡阳市新的社会阶层人士在助力乡村振兴过程中发挥了越来越重要的作用，也积累了丰富经验。

一、新的社会阶层联谊组织参与乡村振兴的重要意义

（一）有利于推动新时期的统战工作由大中城市向基层延伸

改革开放的浪潮推动了我国社会结构发生变化，新的社会阶层人士正是适应改革潮流而诞生的新群体。根据中央统战部调研统计测算，截至2021年年底，我国新的社会阶层人士达到了9100万人，其中中介组织和社会组织从业人员超过了1700万人。1976年后，全国仅余的城乡个体户15万户，到现在的9100多万人，短短的四十多年时间里，新的社会阶层人士不仅呈现数量上激增的趋势，

还由原来的大中城市逐步延伸到了中小城市、县域和乡镇。尤其是民营企业和外商投资企业管理技术人员，在东部沿海向内陆地区产业转移的浪潮中，因为众多的劳动密集型的民营企业和外商投资企业向县域和乡镇转移，作为企业的管理人员和技术骨干，他们也随之向县域和乡镇涌入。据统计，目前，我国非公有制经济已经占到县域经济总量的70%，有的地方甚至超过90%[1]。这使市县区域集聚了一大批新的社会阶层人士，他们为非公经济和县域经济的发展都贡献了巨大的力量。

统一战线的实质就是要求大团结大联合，统一战线的工作方针也强调统战范围"宜宽不宜窄"，统战工作的对象由大中城市逐步延伸到县乡基层，这就要求统战工作的覆盖面也应该由城市向基层延伸，基层统战工作的重点也应该向县域和乡镇一级倾斜。因此，发挥新的社会阶层联谊组织的团结引导作用，带动新的社会阶层人士参与乡村振兴战略的实施，既是基层统战工作适应形势变化的需要，也推动统战工作向基层延伸的重要途径。

（二）有利于发挥新的社会阶层人士在乡村振兴中的积极作用

基层统战工作就是党的群众工作在统战领域的延伸。当前，新的社会阶层人士参与乡村振兴战略已成为新时代基层统战工作的重点，发挥新的社会阶层人士在乡村振兴中的积极作用，对于带动农民脱贫致富、促进城乡协同发展、推动共同富裕有着重要的意义。例如，第七次全国私营企业抽样调查表明，私营企业中有过捐赠行为的达84%[2]。新社会阶层中的自由职业人员和新媒体从业人员发挥公益组织优势和电商技术优势，带动乡村产业发展、推动乡村振兴。如耶鲁大学海归、曾任衡山白云村大学生村官的秦玥飞，创建了专门帮助全国大学生村官和农村创客的"黑土麦田"公益组织，让一百多名的优秀大学毕业生成功担任了乡村"扶贫专员"和"村委会主任助理"，并帮助农民开办专业合作社，提供就业创业服务，带动村民脱贫致富；衡阳市祁东县枣园村新的社会阶层人士李方卿，通过创办枣园村电子商务公司帮助贫困村顺利摘掉贫困帽，该公司带动当地贫困户开展红薯种植、竹笋和野葛粉加工，帮助农户开设农村淘宝店销售红薯片、笋干、蕨菜等枣园村的特色农产品和山货，让当地百姓们顺利脱贫，迅速走上了致富增收的道路。

二、衡阳市"新阶联"助力乡村振兴的实践成就

（一）发挥经济优势，推动乡村产业振兴

随着非公经济占县域经济的比重逐步加大，新的社会阶层人士在乡村振兴战略中的作用也日益突显。民营企业和外商投资企业的管理技术人员是新的社会阶层人士的主要力量，也是非公经济发展的主力军和中坚力量，他们在推动农村经济发展和乡村产业振兴方面发挥了重要作用。例如，2018年来，衡阳市调动非公有制经济组织的积极性，组织"大三湘""农民伯伯""力丰现代农业"等200余家非公企业、电商平台、产业合作社投身41个乡村，总投入资金超过25亿元。在衡阳开展的"万企帮万村"活动中，新的社会阶层人士推动非公企业将资金、技术、人才、信息等资源带到农村，推动农村经济发展，根据不同村庄的资源禀赋，进行农产品精深加工、注重产业链延伸，成功打造出南岳云雾茶、珠晖金甲萝卜、祁东黄花菜、常宁茶油等地理标志性产品，培育并壮大了农村特色产业。

（二）发挥智力优势，推动乡村人才振兴

新的社会阶层人士人才荟萃、智力密集，发挥新的社会阶层人士的智力优势，有利于推动乡村人才振兴。因此，近年来，衡阳市积极开展"引资金，招项目，建家乡"活动，发挥异地衡阳商会作用，利用好电子信息、有色金属加工、高端装备等特色产业集群招商，通过湘商大会、湘台经贸交流会、"港洽周""沪洽周""广交会"等系列活动引导引导衡阳籍非公有制经济人士回乡兴业，助推县域经济发展。通过开展"引老乡、回故乡、建家乡"活动，衡阳市工商联成功指导组建24家异地衡阳商会，吸引了一大批衡阳籍新的社会阶层人士回到家乡、建设故乡。例如，衡阳市蒸湘区有40多位创业青年回到了家乡创业，他们一共创办了43家

民营企业，参与产业扶贫项目12项，投入资金2081.8万元。通过项目下乡、技术下乡、资金下乡，新的社会阶层人士不仅成为了反哺乡村、推动产业兴旺的带头人，还成为了致力于造福桑梓、扶贫济困的带头人，有效弥补了乡村振兴的人才短板。

（三）发挥专业优势，推动乡村文化振兴

新的社会阶层人士中，中介组织中集聚了大量的律师、会计师、资产评估师、专利代理师等从业人员；社会组织中也汇聚了大量社会团体、社会服务机构和基金会的从业人员。引导中介和社会组织从业人员下沉到一线开展各类公益活动、志愿活动和社会服务，是新的社会阶层联谊组织的主要职责，能够进一步推动农村社会乡风文明建设，为乡村文化繁荣和文化振兴提供平台和载体。例如，衡阳市"新阶联"组织开展开展"大爱衡阳"志愿服务活动，举办"同心杯"书画作品展览暨爱心助学活动，开展"同心书屋""同心卫生室"捐建活动，在全市多个村建设厚德同心积分银行、科普宣传基地、艺术家部落、同心书屋等一批文化教育基地，有效加强了农村爱国主义、集体主义、社会主义教育，支持农村民俗文学、民间文学和非物质文化遗产的传承发展。

（四）建设美丽乡村，推动乡村生态振兴

衡阳市"新阶联"还积极引导新的社会阶层人士参与全市"同心美丽乡村"建设，积极建设"同心广场""同心道路"等基础设施，对接参与"旅游＋"战略，打造"同心品牌"改善农村人居环境、建设生态宜居的美丽乡村。自2018年来，衡阳市将统战优势与乡村需求精准对接，按照"市统筹、县主抓、乡推进、村主导"的四级联动创建模式，在全市范围内共打造了41个市级"同心美丽乡村"。这41个村庄各具特色，形成了各不相同的同心品牌，这对于挖掘农村特色资源、避免同质化的发展有着重要的作用。例如，在珠晖区堰头村，新的社会阶层人士通过实施"同心梨花产业村"建设，建成了衡阳市规模最大的早熟梨产业休闲农业园区；在衡东县洣水镇，新的社会阶层人士利用乡村优质生态资源较好的乡村，发展观光农业、采摘体验等新业态，打造了集观光旅游、休闲娱乐、研学教育于一体的洣江生态产业园；在常宁市西岭镇平安村，引进大三湘油茶科技有限公司后，大力发展当地油茶种植和林下中药材种植，走农旅结合的新路子，成功打造了油茶小镇这一县域旅游新热点。

（五）完善组织架构，推动乡村组织振兴

在参与实施乡村振兴战略的过程中，新的社会阶层人士既缺乏组织的团结引领，也缺乏制度来规范活动，因此，"组织起来"是新时期做好新的社会阶层人士统战工作的要求。衡阳市于2019年成立了"新阶联"党支部，出台了《联谊会顶层设计方案》等规章制度，成立了企管技术、社会中介、文化艺术、新媒体4个工作委员会，组建了新阶学院、会员联络、参政议政、宣传通联、法律服务、自由职业人员服务部6个工作部门。

在推动乡村组织振兴方面，衡阳市"新阶联"的4个工作委员会和6个工作部门分工合作、相互配合，通过多次召开会长会、理事会、新阶联骨干座谈会，集思广益，共同对调动会员参与乡村振兴的积极性、培育乡村振兴的骨干力量、完善县级"新阶联"工作机制。例如，组织60名新的社会阶层人士参加中国人民大学明德学院企业管理研修班，参观考察蒙牛乳业和润泽科技公司，进一步团结会员推进乡村振兴工作的开展；协调解决"新阶联"专门办公场所，打造"党建引领、统战聚力、资源整合、互助成长、奉献社会"的综合活动基地，帮助建设法治乡村和平安乡村。目前，衡南县、衡山县、南岳区、祁东县、蒸湘区已成立县级"新阶联"的组织架构和活动基地，这为全面推行村级"一核五会"制度、成立乡贤理事会、出台村规民约、制定红白喜事标准、加强村级治理、带动村民"自治"和乡村"善治"奠定了组织基础。

三、衡阳市"新阶联"助力乡村振兴存在的主要问题

（一）体制机制有待完善

目前，衡阳市"新阶联"还处于初创时期，成立时间短，会员人数也

比较少，相比衡阳市众多的新的社会阶层人士而言，"新阶联"中的代表人士的数量还比较少，其代表性也不够广泛，尤其是在衡阳市 7 县 5 区中只成立了 5 个县级"新阶联"，没有实现县域全覆盖，这就限制了"新阶联"在广大农村的组织力度。例如，在推动乡村产业振兴方面，"新阶联"的会员牵线搭桥引进资金、项目、人才之后，由于缺乏成员来完成日常跟踪反馈工作、后续服务保障工作，尤其在协调关系、解决矛盾等方面缺乏人力，这就导致很多项目、企业引进之后难以落地、难以发展壮大，对乡村产业发展造成了不利影响。此外，村一级统战网络没有完善，缺少统战机构和统战干部，也导致统战力量越到地方越薄弱，越到基层越薄弱。

（二）参与的积极性不高

1. 新的社会阶层人士参与乡村振兴积极性不高

新的社会阶层人士包括四大类群体，而且群体内的差异和分化也较为严重，另一方面，新的社会阶层人士的身份超脱，他们大多是体制外的专业人才和社会精英，由于政治认同、经济状况、文化水平、思想观念上的差异及工作性质的不同，他们当中很大一部分人对于参与乡村振兴战略的积极性并不高。例如，民营企业和外商投资企业的管理人员，普遍感到职场压力大、社会竞争激烈、时间和精力都不够，认为企业盈利才是最终目标，参与各种扶贫活动和公益活动对于企业和个人来说都是一种负担，所以把参与乡村振兴看作可有可无的政治任务；中介和社会组织的从业人员也同样存在这些问题，中介组织从业人员当中很多是个体工商户、自负盈亏，社会组织虽然不以营利为目的，但同样面临着生存和竞争的压力，他们在参与乡村振兴的过程中都面临着"钱从哪里来"的经济压力。

2. 新的社会阶层人士参与乡村振兴存在畏难情绪

当前，新的社会阶层人士参与乡村振兴存在畏难情绪，特别是与统一战线服务乡村振兴紧密相关的一些领域，如乡村治理体系构建、土地流转制度改革、产业资本运营等，目前还没有十分有效的解决办法，需要发挥新的社会阶层人士优势、集思广益、创新方式、解决问题。尤其面对自然资源贫乏、基础设施落后、空心化严重、帮扶困难大的一些乡村，由于缺乏足够的心理准备和有效的方式，新的社会阶层人士容易在工作中出现畏难和负面情绪，工作的积极性和主动性减弱，甚至在帮扶过程中出现一些走过场、摆样子的形式主义和面子工程。

（三）统战工作成效不大

1. 缺少方式创新

新时期统战对象和统战任务都发生了新的变化，尤其是基层也涌现出了许多新的社会阶层人士。这些新情况、新问题、新阶层都需要统战部门及时更新统战工作的方式手段。但目前基层统战工作运用传统手段的多，运用现代方法的少。尤其是对于一些新涌现的阶层，如新媒体人士、网络博主、电商网红这些群体的统战方法还不成熟，还是习惯使用传统的行政手段，很少利用思想引导、舆论宣传等方式。这就容易造成一些统战人士对统战工作不理解、不支持、不认同。

2. 缺乏激励措施

目前，统战人士参与乡村振兴并没有具体制度来规定，也没有相应考核办法和激励措施，现有的一些基本制度有些也没有推行下去。例如，之前推行"新社会阶层代表人士联席会议制度"，因为反映问题得不到解决、落实效果不理想，新的社会阶层人士渐渐失去信心，这项制度也推行不下去。此外，现实情况中很多同心工程和统战实践基地的利用率都比较低的，如一些地方的同心广场、同心书屋、同心画室、律师服务团等同心工程，刚开始创建时非常热闹，到后来就门庭冷落，很少使用。这些都容易造成统战资源的浪费，也不利于统战作用的发挥。

四、衡阳市"新阶联"助力乡村振兴的对策建议

（一）提升"新阶联"的组织引领力

1. 健全体制机制，有效组织起来

要充分发挥新的社会阶层人士在乡村振兴中的作用，就必须提升"新阶联"的组织化程度，建立并完善相应制度机制，夯实日常服务管理平台，使点多面广的新的社会阶层人士能够有效组织起来。一是加强两新组织中的党建工作。要在两新组织中实现基层党组织的全覆盖，教育引导新的社会阶层人士增强政治认同、参与社会治理、提供公共服务、承担社会责任。二是抓好新的社会阶层人士的普查工作，要以民营企业、外商投资企业、行业协会、街道社区、网络平台为载体，摸清新的社会阶层人士的底数，做好调查统计、信息管理，为宣传政策、了解情况、规范管理提供技术支撑。三是积极开展专题活动。通过开展交流访问活动、社会公益活动、志愿服务活动、文体艺术活动，加强与新的社会阶层人士的沟通和联系，增强新社会阶层内部的团结，提高新社会阶层联谊组织的凝聚力和向心力。

2. 相互协调配合，形成工作合力

"新阶联"助力乡村振兴过程中涵盖多个行业、多个领域的社会阶层，由于他们身份、职业、能力存在较大的差异，协同工作的难度大，这就需要中国共产党进行统筹和协调，建立由统战部牵头，组织部门、人社部门、文广旅游、工商联、工会、共青团、妇联等部门和团体共同参与乡村振兴工作的协调联动机制，形成齐抓共管的强大合力。同时注重在工作机构、人员编制、工作经费上予以相应保障，切实维护好新的社会阶层人士的合法权益，构建起新社会阶层的"大统战"工作格局。

（二）提高新的社会阶层人士积极性

1. 照顾新的社会阶层人士的利益

"照顾同盟者利益"是新时代党的统一战线工作的重要思想。帮助实现新的

社会阶层人士的利益诉求，是巩固并壮大新时期爱国统一战线的内在要求，也是提高新的社会阶层人士支持国家大政方针的主要抓手。照顾其物质利益方面，是指要对那些积极参与乡村振兴战略并发挥了重要作用的新阶层人士给予经济上的奖励和物质上的支持，同时对经营窘迫和生活困难的企业及个人给予一定补贴，帮助减轻经济负担。在照顾其政治利益方面，是指对政治素质好、经济实力强、专业水平高、社会影响大的代表人士在人大、政协以及群团组织给予必要的政治安排，扩大其议政建言的渠道，使他们能更好地影响和带动一个群体，更好地为乡村振兴建言献策、贡献力量。

2. 加强新的社会阶层人士队伍建设

要加强新的社会阶层人士教育培训的方式方法，将其纳入各级社会主义学院培训的调训计划中来，努力提高他们的参政议政能力、组织协调能力；加强新的社会阶层人士联谊组织的异地交流联谊活动，开展异地参观学习调研活动，借鉴其他地区的先进的经验和做法，激发新的社会阶层人士助推乡村振兴的积极性。

（三）创新统一战线工作的方式方法

1. 分类分众施策

《中国共产党统一战线工作条例》指出新的社会阶层人士统一战线工作的原则是"分类分众施策，强化思想引领，凝聚政治共识"。新的社会阶层人士社会覆盖面广、构成十分复杂、内部分化流动性大，主要包括四大类群体，但不同群体有着鲜明的特色、不同价值观和利益诉求，因此在开展新的社会阶层人士的统战工作时，要采取分类分众施策的办法，对于不同群体进行具体问题具体分析，探索出不同的策略和方法，这样才能发挥新的社会阶层人士在推进乡村振兴战略实施中的重要作用。例如，民营企业和外商投资企业的管理技术人员知识水平高、收入水平高、经济地位高，他们在企业发展中的作用大、影响大对于发展新技术、新产品、新业态有着重要作用[3]。他们大多对农村经济发展和产业布局有专业性建议，因此，做他们的统战工作，要注重搭建载体平台，建立起衡阳市民营企业协会、外商投资企业协会，发挥用人单位和行业协会的作用，建立起良性沟通机制和互助互利机制；以律师为代表的中介组织从业人员政治参与意识较强，渴望得到党政部门、司法机关和社会各界的关注与认可，因此，针对这部分人群，应当培育树立一批典型代表人物，在党外干部和党外代表人士的实职和政治安排中优先考虑，激发他们参政议政的意愿，调动他们参与乡村振兴的积极性。

2. 坚持突出重点

新的社会阶层人士所涵盖的群体一直都在发展变化之中，这对统战工作的开展带来了一定挑战。因此，要结合不同群体的情况和特点，抓住重点人群和关键人物，以点带面，推动新的社会阶层人士在乡村振兴中发挥作用。例如，衡阳市"新阶联"针对新社会阶层当中的不同群体成立了企管技术、社会中介、文化艺术、新媒体4个工作委员会，还组建了新阶学院、会员联络、参政议政、宣传通联、法律服务、自由职业人员服务部6个工作部门和行业协会。通过这些工作部门和专业协会，重点联系新的社会阶层当中主要的代表人士，突出重点、加强沟通、密切联系、积极宣传，充分发挥代表人士的模范带头作用，积极引导新的社会阶层人士在乡村振中出力献策。

3. 拓展统战方式

新的社会阶层人士统战工作是一项新工作，传统的工作方式很难满足新形势下统战工作的需求，尤其新涌现的网络意见人士和新媒体从业人员。开展这类人群的统战工作，要主动参与并融入网络媒体当中去，用互联网语言、新青年语言、新时代语言开展思想交流，创新形式、丰富内容，实现线上和线下结合模式，对新的社会阶层人士参与乡村振兴进行思想引导和舆论宣传。

参考文献

[1] 曹健华，王蔚. 制胜之道·坚持统一战线 [M]. 长沙：湖南教育出版社，2022：240.

[2] 庄聪生，张献生. 基层统战工作概论 [M]. 北京：中央编译出版社，2007：109.

[3] 中共江苏省委统战部 江苏省社会主义学院. 图说统一战线 [M]. 南京：江苏人民出版社，2019：122.

长沙县春华镇组级集体经济发展的现实启示

⊙ 周　扬（中共长沙市委党校）

习近平总书记强调，要把握好乡村振兴战略的政治方向，坚持农村土地集体所有制性质，发展新型集体经济，走共同富裕道路[1]。作为社会主义公有制经济的重要组成部分，新型集体经济是集体成员利用集体所有的资源要素，通过合作或联合实现共同发展的一种经济形态[2]，是新时代深化农村改革、推进农村共同富裕并自主实现现代化的重大战略举措。本文聚焦组级集体经济这一基层经济主体，试图探索其发展过程中的成功经验和规律，以期为长沙乃至全国农村地区发展壮大新型集体经济、推动乡村全面振兴提供一个可借鉴的实践样本。

一、长沙县春华镇塅港组级集体经济发展的主要成就

塅港组是长沙县春华镇春华山村的一个村民小组，全组共有84户380人，其中党员19人，耕地面积434.55亩。春华山村是长沙县春华镇西大门，处于长沙、浏阳、平江等革命老区的旅游干线上，塅港组位于春华山村北端，省道S206、县道春坡公路在此交会，捞刀河蜿蜒而过，具有优越的水资源和临河风光带，地势上以平地为主，拥有大片农田和园地，人文底蕴厚重，"三湘第一渡"春华渡槽横贯全组。

自建制村合并以来，春华山村管理范围扩大，原有村民之间的熟悉程度和融合度有待提升，为此，缩小服务半径、精细化服务内容的网格化管理方式在春华山村应运而生。作为春华山村综合条件最好的村民组，塅港组成为春华镇组级治理示范点之一。2017年6月，在镇村指导带领下，塅港组坚持组级治理与组级集体经济发展互融共促，通过充分联合发动组民成立春渡水花旅游开发有限公司，进一步明确村民主体地位和激活乡村资源要素，创新发展形成了"资

源变资产、资金变股金、农民变股东"三变改革的组级集体经济"塅港模式"，由此开启了蝶变发展之路。

（一）组级自治聚民意，资源变资产

由于集体经济发展需要一体化、整体式的规划与经营，而土地使用权、经营权则分散在每个组民手中，难以实现组级经济集体化发展。对此，塅港组坚持党建引领，以基层网格微治理试点工作为契机，破解了民心难齐、民意难平的难题，为组级集体经济发展打下了坚实基础。一是以改善旧貌提振信心。塅港组整合投资 500 余万元，以改善基础设施为切入口，先后建成组级议事阵地、文化广场、小微水体示范、道路白改黑、污水集中收集处理、智慧公厕、沿河步道、农田提质改造等项目，让组民看到了组容组貌的改变，享受到了更洁净的水源、更美丽的屋场、更便利的交通、更丰富的文化生活，有力地提振了组民共谋发展的信心。二是以践行组规汇聚民心。结合村规民约和组级实际，着重在日常管理、移风易俗、"五零"建设、集体经济等内容上确定组规民约117 条，并利用墙绘、橱窗或制度悬挂等形式进行宣传，增强组民践行"塅港组约"的自觉性和积极性；大力加强组级阵地建设，确保有一处公开的可供全体户主开会或学习的室内场所，推行一户一椅、一户一票等组级议事阵地，并通过悬挂组委会班子构成、组规民约、组级制度、党员干部信息公开栏、全体组民幸福笑脸合集等，增强组民干事创业的荣誉感和获得感。三是以共解难题谋划发展。针对承包土地经营权分散的问题，塅港组依托组级阵地，在多轮议事协商中创新了"确权、确人、确面积"的土地承包模式，将组内土地的经营权和使用权集中起来，集中流转组内耕地 120 亩，因地制宜科学规划农耕产业园，布局农耕体验、露营基地、乡村民俗等特色产品，推动资源转化为乡村旅游开发的宝贵资产。

（二）创新模式汇民智，资金变股金

塅港组通过"代表会议提议—党员会议商讨—户主会议决议"的议事管理

方式，充分采纳组民意见建议，巩固议事协商成果，探讨形成了"组级集体公司1.0到2.0跨越发展"的创新发展模式。一是众筹自发成立公司。通过组民众筹成立长沙春渡水花旅游开发有限公司1.0版本，公司注册资本200万元，全组共有72户农户踊跃筹资，每户利用手头闲钱出资约1万元，共计筹资72万元作为公司本金，用于公司集体开户、建设和运营，并采用现代公司化运营模式，确保组级资产增值保值，实现农民资金变股金。二是招商运作升级发展。组级集体公司1.0版本实现初次营收后，再次引入市场资本，让长沙春渡水花旅游开发有限公司以土地和现有设施入股，与中博教育公司合作成立湖南春华渡槽旅游开发有限公司，实现发展资本和经营模式的再升级，推动组级集体经济的进一步发展。三是推进特色项目品牌化。自塅港组级集体公司成立以来，统一招商开发了农耕文化展示体验、精品菜园认领、小水果小龙虾种养、水上娱乐等项目；协办相约最美乡村启动式，承办"吉林卫视放歌中国湖南赛区复赛"，举办塅港知青迎新春联谊会、抓鱼节等系列活动宣传推广，接待游客人数达5万余人次，走上了一条以农民合作旅游公司开发项目推动集体经济可持续发展的有效路径。

（三）科学分配暖民心，农民变股东

塅港组通过创新确立"6+3+1"利润分配模式，实现了组民切身利益和组级集体经济可持续发展的兼顾与平衡。一是坚持民主议事。组级集体发展公司成立后，公司统一对外招商引资、开发项目，获得了初期收益。塅港组采取组民公开讨论商议的方式，由组长及组级集体经济带头提案，组民全员参与讨论，在多轮协商修改后达成共识，确定了"6+3+1"利润分配模式，即60%为股东（农户）分红，按股东出资比例进行分红；30%预留为公司发展的资金，用于第二年的基础建设、活动开展等；10%为村委会管理资金。二是坚持公正公开。组级集体经济的账目确保公开、透明，建设成本的支出以及每个项目的收入都采取组务栏、微信群等方式公开，并公示《年度分红明细表》，确保让参与筹款的组民"热热闹闹投资、明明白白分红"，让初次未参与筹款

的组民也清清楚楚地获悉组级集体经济发展的机会和希望。三是坚持发展可持续。"6+3+1"利润分配模式让组民在获得了组级集体经济发展红利的同时，又看到了组级集体经济发展的可持续性。30%的公司发展资金，为组级集体经济发展的再升级提供了基础和保障；10%的村委会管理资金体现了组级集体经济发展的"温度"，不仅提升了组民的获得感和幸福感，也增强了组民对实现组级自治的信心。

二、"塅港经验"对于推动乡村全面振兴的意义与功能限度

探索发展组级集体经济是适应农业农村发展新形势的必然选择，是推进乡村全面振兴的有力载体，是实现农村共同富裕的有效途径[3]。塅港组级集体经济发展模式是塅港组在面临治理资源有限、产业发展不强、内生动力不足等现实挑战，为更好凝聚村民力量充分激活乡村资源要素而探索出来的内生发展新模式。作为我国新型集体经济发展的一个缩影，当下所产生的积极意义和面临的功能限度值得深入思考与总结。

（一）"塅港经验"的积极意义

党的二十大报告指出，全面推进乡村振兴，要坚持农业农村优先发展，坚持城乡融合发展，畅通城乡要素流动。扎实推动乡村产业、人才、文化、生态、组织振兴[4]。塅港组级集体经济发展模式以村民小组为微视角，通过强化内部资源、凝聚组民力量、优化组规民约、深化农旅融合、加强党员示范等方式，在全面推进乡村五大振兴的进程中发挥着显著的积极意义。

一是强化内部资源推进产业振兴。塅港组级集体经济发展模式是基于组民更为深厚的情感基础和更为紧密的利益联结度，通过组内全员动议，充分挖掘和整合了组内土地资源、旅游资源和资金探索形成的。其产业发展规划遵循了因地制宜、因势利导、融合发展、以人为本等基本原则，是推动乡村产业振兴的有效路径。

二是凝聚组民力量促进人才振兴。人才力量不仅是农村发展的智力、劳力支撑，更是其他人脉、社会资源的宝库。塅港组通过多次头脑风暴会议，成功带动组民进行筹资并引进社会资本投资，与此同时，从组民中挖掘了对塅港文化有深刻认识、对集体发展有极大热情的组民担任集体经济产业的带头人、管理者和献力者，有力地推动了乡村人才振兴。

三是优化组规民约助力文化振兴。组规民约不仅是对村规民约的进一步细化，也是对组民更深程度认知的进一步融合。塅港组结合村规民约和组级实际来制定组规民约，突出了组规民约内容的特色性和范围的指向性，能够更大程度地规范组民行为，鼓励组民用好用活文化阵地，进一步推动乡村文化振兴。

四是深化农旅互融夯实生态振兴。农旅产业的核心概念是无污染、绿色有机、环保富氧。农旅产业融合发展以较高品质的生态有机环境为基础，并在产业融合发展的过程中进一步推动了生态环境的再优化、再升级。同时，组级集体经济收入的提高可以为乡村基础设施和生态环境的改善提供坚实的经济基础，由此推动乡村生态振兴。

五是加强党员示范推动组织振兴。村民小组与党小组的并行融合了传统规制和功能发展需要[5]，进一步扎牢了党组织的根脚，让党员能够深入到群众中去，也让党员的示范作用发挥得更充分。塅港组级集体经济的发展让村民小组、党小组有效联结起来，在实现组级自治的过程中深化了组织基础进而推动乡村组织振兴。

（二）"塅港经验"的功能限度

纵观浙江、广东等地区新型农村集体经济发展的经验与模式，不难发现，充分挖掘本地区位和资源优势、做好农村资产配置和整体发展规划是发展新型集体经济的重中之重。基于此，从长远来看，塅港组级集体经济发展模式在发展过程中也面临着功能受限的问题。

一是村级基础设施建设滞后。农村基础设施建设往往是以整村规划为主，而组级集体经济的超前发展势必会对农村基础设施和公共服务产生更高的要求，由此形成组级经济超前发展与农村基础设施建设进程滞后的发展矛盾。

二是组级后续支撑资源有限。农村旅游的升级发展，往往需要人力、物力和场地的加持。随着游客的增多，住宿、服务中心、旅游景点设置、游览车停车坪等规划所需要的服务场地、服务类型需求都会相应增加，这就对组级现有的人力、土地、资金等支撑要素提出了现实挑战。

三是集体经济领军人才短缺。组级集体经济开发经营过程中，对公司的重大发展战略、重大问题研究解决、链条式整合发展等方面，需要熟悉地方人与事、又有远见卓识、群众认可的领军人才来领航定向，这与当前乡村人才短缺现状形成了鲜明的矛盾。

三、推进长沙县春华镇组级集体经济发展的现实启示

墈港组级集体经济发展实践是以行政组为基本单元，通过组级治理带动村民充分整合开发组级集体资源并共享所有权益和收益成果的一种新的集体经济治理模式，其对于促进农村共同富裕、推动乡村全面振兴具有重要借鉴意义。未来应该紧扣"组级治理与集体经济发展互融共促"的关键路径，以党建引领夯基础，以激活资源要素强动力，以组级自治优保障，推动形成更多集突破性改革、示范性共富和普遍性推广意义于一体的创新实践。

（一）坚持党建引领，为发展组级集体经济夯基础

农民富不富，关键看支部。基层党组织是党的路线、方针、政策贯彻落实的神经末梢，是密切联系群众的重要纽带；基层党员干部是乡村振兴战略的直接推动者、组织者和实践者。墈港组选择以村民小组为单位来充分调动组民发展组级集体经济，正是得益于党小组的积极推动，坚持把党的全面领导贯穿发展壮大组级集体经济全过程，把发展壮大组级集体经济与全面推进乡村振兴、引领农民群众实现共同富裕紧密结合起来，而其间基层党组织战斗堡垒作用以及党员模范带头作用的有效发挥又为构建与农业农村现代化相适应的组级集体经济长效发展机制奠定了坚实的基础。

发展组级集体经济，必须坚持以党建为引领，大抓组织强队伍。要全面推进党支部设置标准化、组织生活正常化、管理服务精细化、工作制度体系化、阵地建设规范化"五化"建设，持续整顿软弱涣散党组织，提升党建质量。要抓好党小组建设，完善组级阵地、文旅设施、便民服务等基础工程，让"学习有场所、活动有载体、服务有特色"，真正把农村基层党组织建成贯彻党的决定、引领乡村振兴、推动改革发展的坚强战斗堡垒。要突出抓好党组织带头人队伍建设，选优配强乡镇领导班子和支村"两委"成员，选准组长、党小组长、妇女组长"三长"，把担当作为的党员"尖兵"放到乡村振兴一线。要以"先锋工程""农村党组织固本强基工程""党员亮身份行动"等为抓手，把农村党员培养成带富能手，把致富能人培养成党员，全面提升领导力、组织力、号召力、执行力，用组织振兴的力量把组级集体经济发展和推进乡村全面振兴的方方面面融为一体。

（二）激活资源要素，为发展组级集体经济强动力

激活乡村沉睡资源要素是破解"三农"问题，加快推进农业农村现代化的重要举措。中央一号文件多次明确指出，实施乡村振兴战略，要"以完善产权制度和要素市场化配置为重点，激活主体、激活要素、激活市场"。堾港组级集体经济发展的动力来源于对组内土地资源、旅游资源和资金的充分挖掘和整合，来源于对组内村民智慧和积极性的充分调动和汇聚。沉睡资源要素的盘活直接给组级集体经济注入了"强心针"，为新型集体经济发展"添新翼"，由此，堾港组成了富裕组，春华山村成了"潜力村"。

发展组级集体经济，必须坚持以"三变"改革为动力，激活乡村沉睡的资源要素。在发展组级集体经济前，要持续深化农村土地制度改革和农村集体产权制度改革，充分摸清组级集体"三资"现状，通过推广"两山银行""闲置农房激活"等做法，引入各类市场主体，创新推进闲置土地、房屋等资源数字化，运用大数据精准分类、分析和匹配，精准盘活资产资源，推行"三变"改革。在发展组级集体经济过程中，要进一步摸清组级集体"三资"底数，整治侵占

村级集体"三资"行为，规范集体"三资"监管，有效推行"资源发包、物业出租、居间服务、资产参股"等多种集体经济经营模式，不断提高组级集体"三资"利用效益，逐步建立产权明晰、权责明确、经营高效、管理民主、监督到位的组级集体"三资"管理体制和运行机制，推进"三变"改革。

（三）深化组级自治，为发展组级集体经济优保障

组级治理的本质是通过达成集体行动来有效处理组级公共事务和实现村民公共利益而呈现出来的治理逻辑。基于此，组级治理助力新型集体经济发展的可能性在于其依托村民小组而生成的强大组织动员力和内生发展力。村民小组作为村级这一最基层的社会组织再延伸的编组，直接管辖、联络农户和村民，从血缘关系、地缘关系、情感联系和利益联结度上都呈现出较为稳定的状态，组民更为清楚本组的人员情况、资源优势和人文内核，是实现组民自我管理、自我服务、自我监督、自我教育的更优解，更有利于推动村民的联合和集体经济的发展。塅港组级集体经济发展模式正是在深化组级与村镇社的互动，挖掘村民小组的组织动员优势，制定完善全村经济社会发展规划中探索形成的，是对发展市场化、组织化和规模化的新型集体经济的有效回应与积极实践。

发展组级集体经济，必须坚持以组级自治为保障，推动经济与治理互融共促。要通过召开民情恳谈会、民主议事会、组级理事会、组级监事会、群众评议会等，让组民在恳谈中道出心声与诉求、化解矛盾与纠纷，在商议中明晰目标、达成共识，在组级发展方向的探讨、争论中迸发出献力组级发展的热情、激情与斗志，让"你我他"变成"大家庭"，以此来充分整合村内、组内土地、人力、资金资源，充分挖掘集体资产的潜力与活力，有效提升集体资产的市场竞争力，打造有温度、有特色的组级集体经济发展模式。只有深化组级自治，充分撬动组级发展资源、组织动员每一位组民，才能推动经济与治理互融共促，构建村民共建共治共享的基层治理格局，最终实现乡村振兴。

📖 参考文献

[1] 习近平.论"三农"工作[M].北京：中央文献出版社，2022：280.

[2] 魏建.新型集体经济促进农村共同富裕的机制与路径研究[J].当代世界社会主义问题，2022，40（3）：13-22.

[3] 魏建.以新型集体经济促进农村共同富裕[N].光明日报，2022-09-20（11）.

[4] 习近平.高举中国特色社会主义伟大旗帜 为全面建设社会主义现代化国家而团结奋斗——在中国共产党第二十次全国代表大会上的报告[N].人民日报，2022-10-25（1）.

[5] 李斌，周欣.村民自治视域下组级治理的集体行动逻辑——基于组织—益—制度三维框架的分析[J].湖南师范大学社会科学学报，2023，52（3）：40-46.

邵阳市北塔区民营企业助力乡村振兴的路径研究

⊙ 李忠华　肖芳苞（中共邵阳市北塔区委党校）

　　党的二十大报告提出要全面推进乡村振兴，强调要发展乡村特色产业，拓宽农民增收致富渠道。2023年中央一号文件部署全面推进乡村振兴重点工作，提出"健全乡村振兴多元投入机制"。2023年7月19日发布《关于促进民营经济发展壮大的意见》提出，支持民营企业参与乡村振兴，推动新型农业经营主体和社会化服务组织发展现代种养业，高质量发展现代农产品加工业，因地制宜发展现代农业服务业，壮大休闲农业、乡村旅游业等特色产业，积极投身"万企兴万村"行动。民营经济是助力乡村振兴的重要支撑、重要力量，积极投身"万企兴万村"行动，使命光荣，责任重大，既需要发挥好民营经济的作用，更需要民营经济把握好全面推进乡村振兴这一重大历史机遇，充分激发"十四五"期间民营经济的巨大潜能，推进农业农村现代化。近几年，邵阳市北塔区民营企业助力乡村振兴取得了积极成效，同时还存在实践动力不足、参与路径不宽、合力不强等问题，要统筹下好一盘棋、练好基本功、稳固基本盘、打好扶农拳，让民营企业在助力乡村振兴中展现责任担当，实现更好发展。

一、邵阳市北塔区民营企业助力乡村振兴的现状

　　近三年来，北塔区扶植脱贫村发展"一村一品"产业，促进第一、第二、第三产业融合发展。民营企业、乡村、农民三方力量形成建设共同体和利益共同体，发展格局渐入佳境，实现既兴村富民，又促产兴企。

（一）推动产业"接二连三"融合发展

1. 探索"租赁+返聘务工"模式

民营企业流转土地发展农业，吸引农户就地务工，增加收入。呙氏老农民公司与陈家桥乡陈家桥村委会合同流转土地 400 亩，年租金 500 元/亩/年，惠及建档立卡贫困户 24 户 56 人。公司每年安排贫困人口 12 户 23 人务工，年收入 55.2 万元，人均月收入 2000 元。邵阳碧霖园林绿化公司在望城坡村种植蓝莓，流转土地 300 亩，按租金每亩每年 2~3 担稻谷市场价格计算，村民每年获土地流转收入 15 余万元，常年在基地务工近 30 人，增加劳务收入 72 万元。

2. 农户做股东、村企共创收模式

依托村级农业合作社，引导农户以土地、资金、劳务等入股，由村合作社与新型农业经营主体签订经营合作协议，合作社每年按照不低于利润的 3.0% 分红。湖南美蔬达生态农业公司租赁贺井村土地 120 亩种大棚蔬菜，吸纳大户入股 30%，其他租地农民以自然人身份占股并在基地务工。这种模式既调动群众积极性，又能整合资金、保障企村联结，做到企业强起来、村集体经济壮起来、脱贫群众带起来。

3. 村合作社统一建设、村民分租大棚的种植模式

企业按照统一种植品种、统一技术标准、统一产品质量、统一收购价格的"四统一"要求，组织农户发展生产。苗儿村合作社统一租赁村民土地建设大棚，然后再租给农户，企业免费提供种子和技术培训，并统一收购农产品。2014 年至 2021 年，村合作社带动农户种植蔬菜 1600 余亩，实现利润 2000 万元。湖南省宏升蔬菜种植公司实行保护价与市场价相结合统一收购、销售，既旱涝保收，又对高于生产成本价格的收益，以公司 5% 与种植户 95% 的方式分成，让利于农户。

（二）扶贫车间促就业稳增收

邵阳市美丽湘龙发制品扶贫车间每年解决马家村、新利村等 5 个村近 100

名脱贫户就业，每人年务工收入 1.5 余万元。茶元头村建成发制品厂、砖厂、家具厂、混凝土公司共 5 家，加上村合作社，实现了 2 千余人家门口就业。

（三）兼顾"利"与"义"涵养文明乡风

1. 踊跃参与教育帮扶

初步统计，2021 年来全区民营企业累计捐资捐物 100.32 万元。恒远混凝土等 18 家企业捐资 44.2 万元帮助 160 名贫困学子圆梦。湖南省君志达保温材料捐赠价值 10.1 万元的空调改善学生住宿条件。湘窖连续第五年启动"湘窖·我的大学梦"，截至去年全省有 5481 名优秀寒学子接受捐助，捐款 2640 余万元。

2. 主动援助弱势群体

民营企业无私援助老弱、孤寡、病残、特困受灾等群体。2021 年以来，该区组织民营企业深入李子塘、资新等村社区开展义务诊治、免费救治近 10 次，捐赠医疗物资 13.6 万元，诊治近千人；捐资捐物 20 余万元慰问老年人；东信棉业捐 5 万元支持资新社区建设玖玖红食堂。

二、邵阳市北塔区民营经济助力乡村振兴存在的不足

（一）当前企业参与乡村产业建设力度不大

1. 投资乡村产业建设的民营企业较少

近三年来，由于受新型冠状病毒感染等影响，原材料价格不断上涨，物流运输受限，企业的生存压力很大。目前，全区实施乡村振兴的重点村，普遍存在民营企业参与程度不高的问题。大部分村是村合作社唱大戏，只有 1~2 家民营企业参加，个别村为零。

2. 民营企业实力、参与力量较薄弱

受人才、土地、技术、资金等因素制约，民营企业投资传统产业居多，新

兴产业少，技术含量高的产业更少，且结构比较单一，主要分布在养殖、种植等领域，商贸发展相对落后，想参与乡村振兴却也力不从心。从全区参与乡村产业建设的企业来看，大部分投资为 200 万元以下，上千万元的产业很少。

3. 特色农产品生产标准化、品牌化程度较低

农产品的生产、质量、销售标准等制度不够完善，市场准入、质量安全溯源等方面尚没有一套完善的机制，拥有 QS 认证的农产品企业较少，难以建立起涵盖生产、质检、分级包装、冷藏保鲜等环节的一整套质量管理体系。

（二）农业投资认识不足，企业普遍认为农业投资的利润较低

1. 农业投入较大，利润难以达到预期效果

在小额信贷产业分红上，李文食品为全区近 1000 户建档立卡户分红近 900 万元。但是，目前该公司食品厂已经停产。企业反映，每年机器设备保养、更新占利润 50% 以上，不更新设备，产品没有市场竞争力，而且市场压力日益增加，工厂一年利润近 300 万元，公司投入与回报反差较大，不愿继续经营。

2. 龙头企业发展下滑，带动农村产业建设发展的信心缺失

2017 年列入扶贫重点企业的呙氏老农民公司，由于租赁合同纠纷，前几年一直没扩大投资，该问题解决后，企业的投资重点也转移到其他领域。没有龙头企业的带动，农业建设缺乏样板，企业投资信心缺失。

3. 专业管理人才短缺，村合作社产业项目建设普遍亏损

目前，全区每个村建立了农业开发合作社，每个合作社投入数百万元发展产业。但是没能吸引民营企业的入股，普遍存在管理方法落后、规划不长远等短板，大部分合作社亏损。茶元头村合作社，2019 年开始重点发展蘑菇种植业，合作社先后投资近 300 万元建硬件，走出去请省专家、赴长沙培训等，每年蘑菇产值 25 万元，而实际成本 30 万元，净亏损 5 万元。

（三）招商引资、本土能人回乡投资乏力

1. 乡村产业投资建设的政策宣传不够到位

当前各部门下发的乡村振兴产业项目建设的优惠政策，缺乏汇总、规范，从镇街道到村社区，再到工作队，很少人能够把相关的优惠政策弄通做实，大部分企业在观望中。

2. 本村人才的邀请工作做得不实

大部分村没有建立村级人才档案，对于本村走出去的贤能人士现状掌握不够。大部分村干部反映本村某人在外面发展好，具体好在什么地方，从事什么工作，却回答不出来；也未就本村建设征询在外能人的建议，更没有邀请他们参与本村产业建设。

3. 村级产业发展缺乏正确定位

走访中，我们让村"两委"干部站在民营企业投资角度换位思考，本村最吸引投资的资源、项目有哪些，大部分村"两委"干部说不清楚。

（四）企业法规制度不全，银行融资贷款难

1. 法人治理结构不规范

大部分村合作社和民营企业实行"家庭式"管理，企业发展基本是老板说了算，法人治理结构不规范，没有投融资主管，管理制度不健全，经营信息不透明，会计资料不完整，资产债务不清，盈亏不明，风险预判缺失。

2. 缺乏基本的金融知识

大部分企业负责人不了解金融产品，不与金融部门主动对接。

3. 征信体系建设重视不够

针对纳税信用在A、B级的企业，法人和法人代表征信良好，无须担保即可申请100万元以内的网络快捷信用贷款。但从银行反馈情况来看，多数企业会计资料不健全，无法真实反映企业运转情况，难以快速获得贷款审批。

三、邵阳市北塔区民营企业助力乡村振兴的实践路径

乡村振兴的全面推进，需要绵绵用力、久久为功，习近平总书记强调，要科学规划、注重质量、从容建设。因此，应构建起政府、民企、乡村多元主体共建共享、致力共同富裕的格局，为邵阳市全面推进乡村振兴激发新活力、注入新动能。

（一）共抓一盘棋，强化党建引领

习近平总书记指出，乡村振兴是一盘大棋，要把这盘大棋走好。乡村振兴是新时代"三农"工作的总抓手，需要坚持党建引领，因地制宜下好"一盘棋"。严格依照党中央、国务院关于实施乡村振兴战略的重要部署，严格落实五级书记共抓乡村振兴要求，实行层层落实责任的工作机制，谋划好并落实好民营经济参与乡村振兴的具体行动。夯实坚强有力的基层组织体系，选优配强"第一书记"，充分发挥农村党组织"主心骨"作用，落实各项工作部署，为民营企业助力乡村振兴提供各项服务保障。

（二）练好基本功，筑巢引企兴企

1. 加快人才振兴

乡村振兴的根本在于彻底解决农村产业和农民就业的问题，而这些都需要人来实现，需要人才加持为民营企业强筋壮骨。村支两委要加强组织领导，明确分工，责任到人，摸清底子，建立本村所有在外的退休人员、高学历人员、经商务工人员人才档案，邀请能人回乡助力乡村振兴。同时，既要千方百计为民营企业引进人才搭桥开路，吸引更多的外出人员返乡入企就业，又要加强对民营企业管理和技术人员的培训，激活人才振兴的一池春水。

2. 做好"土特产"文章

大力挖掘当地资源禀赋，把企业的力量与乡村的需求匹配好、对接好，让企业、乡村、农民形成建设与利益共同体。统筹兴业与兴村，鼓励企业在乡村发展链条长、村民长远受益而参与度高、覆盖面广的项目。

3. 主动扩大招商引资朋友圈

千方百计引资引智，充分发挥商会的桥梁作用，发挥人脉优势，务实真情推介本村产业项目，让本乡能人带着项目、资金、技术、情感返乡发展。

（三）稳固基本盘，提供硬核服务

1. 为乡村产业装上"数字引擎"

抢抓《鼓励引导民营企业投身乡村振兴》报告实施机遇，创立乡村公共技术服务平台，加速推动信息共享和产业融合，引导民营企业投身乡村振兴。要坚持政府引导，民营企业主体积极搭建区域产学研平台，数字化赋能乡村振兴，将相关政策落到实处。要建立健全引导机制，支持民营企业搭建云平台，提高其数字化应用水平，破解乡村产业融合度不够、产业供应链不完善、人才流失较多等瓶颈，助力乡村产业高质量发展。

2. 优惠政策落地破解难题

既要坚决落实已有激励政策，又要加强对民营企业参与乡村振兴过程的监管。切实解决好民营企业融资难、贷款难、用地难、供电难等实际问题。可以优先安排转换指标，在保证耕地的前提下，有效盘活土地资源，保障必要的开发用地。定期召开政银企座谈、协商会议，经常性开展项目推介、银企洽谈等活动。加大金融政策的宣传解读，提高金融政策的知晓度和业务知识的普及率。要挖潜提质创新金融产品，量身打造服务实体经济发展的专属产品，特别要以乡村振兴为引领，以推广"党支部＋合作社联农户连龙头企业"全覆盖模式为重点，推出无抵押信用贷款。

3. 宣传引导增添强劲动力

重视舆论引导的重要性，各相关部门把本部门下发的优惠政策汇编成册，组织各乡村振兴参与人员及时学习，做到政策法规人人清楚。通过宣传引导，让企业经济利益和社会效益的有机结合可视化，促进企业经济效益与社会效益的有机统一。同时，弘扬企业家精神和工匠精神，讲好乡村振兴本土故事，提升民营企业的社会责任与奉献意识。

4. 营商环境赋能融合发展

优化市场环境，健全民营企业参与乡村振兴的准入、退出、资格审查和监管等制度，严厉打击影响项目推进、扰乱民营企业正常经营秩序等违法行为。要为企业实打实解决难题，营造良好营商环境，吸引更多民营企业参与乡村产业建设。要优化政务环境，加快构建"权责清晰、上下贯通、指挥顺畅、运行有效、保障有力"的执法队伍，提升地方政府的公共服务质量。

（四）打好扶农拳，拓宽助农领域

回馈社会、造福桑梓是每个民营企业的社会责任。当前北塔区还有不少投资欠缺的民生领域，可以给民营企业助农扶农助力乡村振兴提供广阔舞台。

1. 农村养老行业潜力巨大

党的二十大报告中提出，要发展养老事业和养老产业，推动实现全体老年人享有基本养老服务，民营企业助推农村养老产业，是社会责任担当，更是市场经济发展的客观要求。建议在政府的引导扶持下，民营企业以农村区域养老服务中心为点，辐射村社区开花，积极参与困难家庭适老化改造、乡镇敬老院公建民营、农村幸福院质量提升改造、农村夕阳红幸福食堂工作；同时参与居家和农村基本养老服务提升行动、"农村＋幸福食堂＋养老"服务试点，切实推动农村养老事业和养老产业高质量发展。

2. 农村留守儿童的兴趣培训市场空白

目前，在农村开展兴趣培训活动的企业相当少，周末节假日留守儿童无处可去的现象相当严重，建议培训机构加大市场延伸与扩展，让农村留守儿童与城市儿童同享优质培训的福利。

3. 农民工就业劳务派遣市场有待建设

当前，农民工在市区灵活就业的主要途径是自己找、亲朋带，信息不畅通是制约就近就业的大难题。住房装修方面，用工较多，建议由民企出资成立劳务派遣公司，以镇街道为单位，加强对农村各类灵活就业人员的摸底，加强与用工单位对接，及时传递用工信息，为村民精准就业提供保障。

4. 近郊乡村旅游市场建设项目市场潜力巨大

北塔区旅游资源十分丰富，茶元头村的丹霞地貌绵延数十千米，李子塘村的杨梅、黄桃和成片百年古柿林，苗儿村拟建的乡村公园，等等。当前市区乡村旅游成新宠，建议民营企业连片抱团发展，利用全区近郊旅游资源，打造集休闲、娱乐、研学一体的旅游场所，兴起农旅产业、文旅产业热潮。

民族要复兴，乡村必振兴。民营企业助力乡村振兴，要坚持两手抓、两手硬。民营企业要以敏锐的目光，借助全面乡村振兴战略，在投入乡村产业建设中不断提升竞争力，在助力乡村振兴中增强对抗风险的经验和能力，实现全面推进乡村振兴与民营企业发展"比翼齐飞"。